PAUL WEISSENBERG

Die Kompetenz der Europäischen Wirtschaftsgemeinschaft zum Abschluß von Handels- und Kooperationsabkommen gemäß Art. 113 EWG-Vertrag

Schriften zum Internationalen Recht

Band 9

Die Kompetenz der Europäischen Wirtschaftsgemeinschaft zum Abschluß von Handels- und Kooperationsabkommen gemäß Art. 113 EWG-Vertrag

Von

Dr. Paul Weissenberg

DUNCKER & HUMBLOT / BERLIN

Gedruckt 1978 bei Buchdruckerei Bruno Luck, Berlin 65
Printed in Germany
ISBN 3 428 04132 1

Meinen Eltern

Vorwort

Die vorliegende Arbeit ist im März 1977 von der rechtswissenschaftlichen Fakultät der Universität Genf als Dissertation angenommen worden. Sie verdankt ihre Entstehung und endgültige Form mehreren Personen und Institutionen, denen ich an dieser Stelle meinen Dank sagen möchte.

Mein Dank gilt zunächst meinem Lehrer, Herrn Prof. Dr. Charles-Albert Morand, der mir während all der Jahre mit freundschaftlichem Rat, Sympathie und Verständnis zur Seite stand.

Diese Arbeit hätte nie zu Ende geführt werden können ohne die Hilfe der Dienststellen der Kommission der Europäischen Gemeinschaften in Brüssel und Genf, zu denen mir in großzügigster Weise Zugang gewährt wurde. Besonderen Dank schulde ich den Rechtsberatern des juristischen Dienstes der EG-Kommission, Herrn Friedrich-Wilhelm Albrecht und Herrn Robert Fischer. Letzterer hat in geduldigen und unermüdlichen Diskussionen wesentlich zum Zustandekommen der Arbeit beigetragen.

Wertvolle Impulse erhielt diese Arbeit auch durch Herrn Prof. Dr. Pierre Pescatore, Richter am Europäischen Gerichtshof, dem ich vor allem für seine Ermunterung äußerst dankbar bin.

Meinen Dank möchte ich schließlich auch den übrigen Mitgliedern der Dissertations-Kommission, Herrn Prof. Dr. Blaise Knapp und Herrn Prof. Dr. Lazare Kopelmanas, für ihre hilfreichen Anregungen aussprechen.

Freiburg im Breisgau, im Oktober 1977

Paul Weissenberg

Inhaltsverzeichnis

Teil B

Die Auslegung von Art. 113

Teil C

**Der Umfang der Vertragsschluß-
befugnis in den wichtigsten Sachbereichen
des Handels und der Kooperation**

Abkürzungsverzeichnis

A.	=	Auflage
a. A.	=	anderer Ansicht
a. E.	=	am Ende
Abg.	=	Abgeordneter
Abl.	=	Amtsblatt der Europäischen Gemeinschaften
Abk.	=	Abkommen
AETR	=	Europäisches Übereinkommen über die Arbeit der im internationalen Straßenverkehr beschäftigten Fahrzeugbesatzungen
AFDI	=	Annuaire Français de Droit International
AG	=	Aktiengesellschaft
AP	=	Außenpolitik, Zeitschrift
AWD BB	=	Außenwirtschaftsdienst des Betriebsberaters
bes.	=	besonders
BGBl.	=	Bundesgesetzblatt
BR	=	Bundesrat der Schweizerischen Eidgenossenschaft
BRD	=	Bundesrepublik Deutschland
BReg.	=	Bundesregierung der Bundesrepublik Deutschland
BT	=	Bundestag
Bull.	=	Bulletin
BV	=	Bundesversammlung der Schweizerischen Eidgenossenschaft
BVerfG	=	Bundesverfassungsgericht
CE	=	Communautés Européennes
CEE	=	Communauté Économique Européenne
CDE	=	Cahier de droit européen
CSSR	=	Tschechoslowakei
COCOM	=	Coordinating Committee
COMECON	=	Council for Mutual Economic Assistance
D	=	Dokumente des Europa-Archivs
DDR	=	Deutsche Demokratische Republik
dt.	=	deutsch
Dok.	=	Dokument
EA	=	Europa-Archiv
EAG	=	Europäische Atomgemeinschaft
ECE	=	Economic Commission for Europe
EFTA	=	European Free Trade Association
EG	=	Europäische Gemeinschaft
EGKS	=	Europäische Gemeinschaft für Kohle und Stahl
eig.	=	eigene
endg.	=	endgültig
engl.	=	englisch
EP	=	Europäisches Parlament
EuGH	=	Europäischer Gerichtshof
EuR	=	Europarecht, Zeitschrift für
EWG	=	Europäische Wirtschaftsgemeinschaft
EWG-V.	=	Vertrag zur Gründung der Europäischen Wirtschaftsgemeinschaft
FAZ	=	Frankfurter Allgemeine Zeitung
FF	=	Feuille Fédérale Suisse

Fn.	= Fußnote
frz.	= französisch
GA	= Generalanwalt
GATT	= General Agreement on Tariffs and Trade
GB.	= Gesamtbericht
GG	= Grundgesetz
ggf.	= gegebenenfalls
GH	= Gerichtshof der Europäischen Gemeinschaft
GZT	= Gemeinsamer Zolltarif
H.	= Herrn
HB	= Handbuch
h. M.	= herrschende Meinung
HWB	= Handwörterbuch
HWWA	= Hamburger Weltwirtschaftsarchiv
i. d.	= in der
i. E.	= im Ergebnis
Info	= Information
i. R.	= im Rahmen
i. S.	= im Sinne
it.	= italienisch
i. V.	= in Verbindung
i. Verh.	= im Verhältnis
jur.	= juristisch
Kap.	= Kapitel
KOM	= Kommission
Komm.	= Kommentar
KSE	= Kölner Schriften zum Europarecht
KSZE	= Konferenz über Sicherheit und Zusammenarbeit in Europa
Les Nov.	= Les Novelles
Lit.	= Literatur
LKW	= Lastkraftwagen
mdl.	= mündlich
Mrd.	= Milliarden
m. w. N.	= mit weiteren Nachweisen
NATO	= North Atlantic Treaty Organisation
NfA	= Nachrichten für den Außenhandel
niederl.	= niederländisch
NJW	= Neue Juristische Wochenschrift
NZZ	= Neue Zürcher Zeitung
o.	= oder
OECD	= Organisation for Economic Cooperation and Development
OEEC	= Organisation for European Economic Cooperation
Okt.	= Oktober
R.C.A.D.I.	= Recueil des cours de l'Académie de droit international de la Haye
Rec.	= Recueil
Ref.	= Referat
RGDIP	= Revue Générale de Droit International Public
RGW	= Rat für Gegenseitige Wirtschaftshilfe
RMC	= Revue du Marché Commun
Rs	= Rechtssache
RSE	= Revue des Sciences Économiques
Rspr.	= Rechtsprechung
RTDE	= Revue Trimestrielle de Droit Européen
Sept.	= September
Slg.	= Sammlung der Rechtsprechung des Europäischen Gerichtshofes
sog.	= sogenannt
sowj.	= sowjetisch
SU	= Sowjetunion

SZ	= Süddeutsche Zeitung
UdSSR	= Union der Sozialistischen Sowjetrepubliken Rußlands
UN	= United Nations
US / USA	= United States of America
u. U.	= unter Umständen
v.	= von, vom
Verf.	= Verfasser
VN	= Vereinte Nationen
VO	= Verordnung
vol.	= volume
Vorb.	= Vorbemerkung
VR	= Volksrepublik
VWD	= Vereinigte Wirtschaftsdienste
WB	= Wörterbuch
WiLex	= Wirtschaftslexikon
WiR	= Wirtschaftsrecht, Zeitschrift
ZaöRV	= Zeitschrift für ausländisches öffentliches Recht und Völkerrecht
z. T.	= zum Teil
z. Z.	= zur Zeit

Einleitung

Fortschritte im außenwirtschaftlichen Bereich und Stagnation oder gar Rückschritte im Innern kennzeichnen die aktuelle Lage der Europäischen Gemeinschaft. Diese Diskrepanz[1] belebt das Interesse an den politischen und rechtlichen Dimensionen der für die Außenbeziehungen der Gemeinschaft maßgebenden Instrumente[2].

Unter ihnen fällt der Bestimmung des Art. 113 EWG-Vertrag eine Schlüsselrolle zu[3]. Nach dieser Vorschrift liegt u. a. die Kompetenz zum Abschluß von Zoll- und Handelsabkommen seit dem 1. 1. 1970 in den Händen der Gemeinschaft. Die umfassende Realisierung dieser Bestimmung scheiterte allerdings an dem Ratsbeschluß vom 16. 12. 1969, durch den die Inkraftsetzung für den politisch bedeutsamen Bereich des Verhältnisses zu den Staatshandelsländern für 2 Jahre suspendiert wurde[4]. Erst seit dem 1. 1. 1973 sind daher die Artikel über die kontraktuelle Seite der gemeinsamen Handelspolitik uneingeschränkt anwendbar. Handelsabkommen sind fortan ausnahmslos mit der Gemeinschaft abzuschließen.

Die vorliegende Arbeit ist der Versuch, den rechtlichen Rahmen handelspolitischer Aktivitäten für die Gemeinschaft abzustecken. Die beiden wichtigsten Aspekte des gemeinschaftsrechtlichen Problemkreises sind auf der horizontalen Ebene die Frage nach dem Umfang der vertrag-

---

1 *Deringer / Sedemund* nennen als Bsp. auf der *Positivseite* den Abschluß des Abkommens von Lomé (Abl. L 25/164 v. 30. 1. 76), das gemeinsame Auftreten bei der KSZE (Bull. EG 9/73 Nr. 1203; Bull. EG 7/8/75 Nr. 1201), bei der 7. Sondertagung der UN-Vollversammlung (Bull. EG 9/75 Nr. 1101) und bei der Pariser Konferenz für Internationale Wirtschaftliche Zusammenarbeit — Nord-Süd Dialog — (Bull. EG 11/75 Nr. 1103 f.). Auf der *Negativseite* wird vor allem der stockende Integrationsprozeß im Bereich der Wirtschafts- und Währungsunion vermerkt.

2 Der „außenpolitische Werkzeugkasten" der Gemeinschaft (*Dahrendorf*, Plädoyer S. 157) setzt sich zusammen aus den Art. 110 ff., Art. 238 und Art. 235; hinzu kommen die aus dem System des Vertrages der Gemeinschaft zuwachsenden Befugnisse (hierzu grundlegend die AETR-Entscheidung des EuGH Slg. 1971 S. 263 ff.).

3 Art. 113 Abs. 1 lautet: „Nach Ablauf der Übergangszeit wird die gemeinsame Handelspolitik nach einheitlichen Grundsätzen gestaltet; dies gilt insbesondere für die Änderung von Zollsätzen, den Abschluß von Zoll- und Handelsabkommen, die Vereinheitlichung der Liberalisierungsmaßnahmen, die Ausfuhrpolitik und die handelspolitischen Schutzmaßnahmen, zum Beispiel im Fall von Dumping und Subventionen."

4 Entscheidung des Rats vom 16. 12. 1969, Abl. L 326/39 vom 29. 12. 1969.

lichen Handelspolitik und auf der vertikalen Ebene die Frage nach dem Verhältnis der gemeinschaftlichen Vertragsschlußbefugnis zu den nationalen Kompetenzen in diesem Bereich. Beide Aspekte sind wiederholt Gegenstand wissenschaftlicher Erörterungen gewesen[5]. Es bedarf daher einer rechtfertigenden Erklärung, daß sie abermals aufgegriffen werden.

Das Gesicht des grenzüberschreitenden Wirtschaftsverkehrs hat sich in den letzten Jahren grundlegend verändert. Als traditionelle Lenkungswerkzeuge haben Zölle und Kontingente ihre Bedeutung weitgehend eingebüßt. Moderne, handelsschaffende Instrumente, die unter dem Begriff Kooperation firmieren, treten ergänzend und ablösend an ihre Stelle und bestimmen in vielerlei Varianten das außenwirtschaftliche Bild der Gegenwart. Dieser qualitative Wandel in den internationalen Wirtschaftsbeziehungen läßt die handelspolitische Kompetenz der Gemeinschaft nicht unberührt. Kooperationselemente finden vermehrt Aufnahme in internationale Abkommen und stellen die Gemeinschaft vor die Schwierigkeit ihrer rechtlichen Beurteilung im Hinblick auf die gemeinsame Handelspolitik. Die politisch wie rechtlich bedeutsame Fragestellung liegt auf der Hand: Sind Abkommen mit mehr oder minder starkem kooperationspolitischem Bezug als Abkommen im Bereich der gemeinsamen Handelspolitik zu qualifizieren, besteht an der Vertragsschließungskompetenz der Gemeinschaft auf diesem Gebiet kein Zweifel[6].

Besonders auffällig ist die Verlagerung der handelspolitischen Gewichte in den Ost-West-Wirtschaftsbeziehungen zu beobachten. Kooperation als Zauberformel zur Überwindung und Minderung systembedingter Schwierigkeiten nahm im Ost-West-Geschäft ihren Ausgang und bildet in der gegenwärtigen Phase das Schwergewicht wirtschaftlicher Aktivitäten[7]. Auf diesem Hintergrund schien es angebracht, den

[5] Grundlegend die Arbeiten von *d'Orville* und *Greifelt*, beide m. w. N.

[6] Zur klaren Herausarbeitung der Fragestellung s. *Ehlermann*, Ref. S. 1. Seine Untersuchung beschränkt sich allerdings auf die gemeinschaftsrechtliche Problematik bilateraler nationaler Abkommen; dazu grundlegend als jüngste Untersuchung die Arbeit von Sachs.

[7] Nach einer Schätzung der Wirtschaftskommission der VN für Europa (ECE), der sowohl die westlichen Industrieländer als auch die Staatshandelsländer des Ostens angehören, gab es 1972 in ihrem Zuständigkeitsbereich rund 600 zwischenbetriebliche Kooperationsvereinbarungen zwischen West- und Ostpartnern, wovon ein Drittel erst im Laufe der letzten zwei bis drei Jahre zustandegekommen sind, ECE-Bericht S. 4. 1975 soll diese Zahl bereits auf 700 angewachsen sein, ECE-Dok. R 320.

Die zwischenbetrieblichen Vereinbarungen werden unter dem Dach zwischenstaatlicher Kooperationsförderungsabkommen geschlossen, die heute zwischen allen Mitgliedstaaten der Gemeinschaft — abgesehen von Irland, das noch keine Kooperationsverträge geschlossen hat — und allen RGW-Ländern Osteuropas bestehen. Ausnahmen: CSSR/Dänemark, Italien; DDR/Bundesrepublik Deutschland. (Stand: 1. Oktober 1975). Paraphierte Abkomhandels- und kooperationspolitischen Fragen im Verhältnis der Gemeinschaft zu den Staatshandelsländern[8] besondere Aufmerksamkeit zu widmen.

Autonome handels- und kooperationspolitische Maßnahmen, die ebenfalls auf der Grundlage von Art. 113 getroffen werden können, bleiben der thematischen Fragestellung entsprechend weitgehend außer Betracht[9]. Soweit jedoch allgemeine Feststellungen zur handelspolitischen Qualifikation einer Regelung getroffen werden, gelten diese auch für den Bereich der autonomen Handelspolitik.

Einer abschließenden Vorbemerkung bedarf die Begrenzung der Untersuchung auf die Rechtsgrundlage von Art. 113. Neben dieser Vorschrift stellt der EWG-Vertrag in seinen Artikeln 238 und 235 weitere Normen zur Begründung einer EG-Außenkompetenz zur Verfügung. Auch die vom Europäischen Gerichtshof zum ersten Male in der AETR-Entscheidung[10] entwickelte EG-Außenzuständigkeit als Ausfluß des allgemeinen Systems des Gemeinschaftsrechts ist in die Abgrenzungserwägungen einzubeziehen.

Naheliegend ist zunächst die Annahme einer umfassenden handels- und kooperationspolitischen Regelungskompetenz der Gemeinschaft auf der Grundlage von Art. 238[11]. Diese Vorschrift, die den Abschluß umfassender Assoziationsabkommen zwischen der Gemeinschaft und dritten Ländern vorsieht, gewinnt zunehmend an praktischer Bedeutung: Das Abkommen von Lomé[12] sowie die Globalabkommen im Rahmen der EG-Mittelmeerpolitik mit den Maghreb- und Maschrik-Ländern[13] wurden auf der Basis von Art. 238 geschlossen und tragen zudem die Bezeichnung Kooperationsabkommen. Diese Entwicklung vermag die eigenständige Rolle von Art. 113 im handels- und kooperationspolitischen Sektor indes nicht zu beeinträchtigen:

---

men sind bereits berücksichtigt. — Zur Notwendigkeit eines solchen Daches s. *Schmitt* S. 64.

8 Die Terminologie Staatshandelsländer umfaßt folgende Staaten: UdSSR, Rumänien, Bulgarien, CSSR, Ungarn, Polen, Albanien und die DDR (auch die DDR wird von der Gemeinschaft als Staatshandelsland betrachtet, ohne daß hierdurch der innerdeutsche Handel in Frage gestellt wird, hierzu s. *Ehlermann,* Handelspartner) als europäische Staatshandelsländer und China, Nordkorea, Mongolei, Vietnam als asiatische Staatshandelsländer sowie Kuba. Die vorliegende Untersuchung beschränkt sich auf die europäischen Staatshandelsländer mit Ausnahme von Albanien.

9 Zur autonomen Seite der gemeinsamen Handelspolitik s. *d'Orville* S. 52 ff. und 144 ff.

10 EuGH Slg. 1971 S. 263 ff.

11 So versucht z. B. *Schumacher,* EuR 1977 S. 26 ff. das Problem der rechtlichen Einordnung der Kooperation über das Instrument der Assoziation in den Griff zu bekommen.

12 9. GB-EG Nr. 472 - 479 und 10. GB-EG Nr. 518 - 535.

13 10. GB-EG Nr. 509 - 513.

(1) Bei den genannten Abkommen handelt es sich um sog. gemischte oder besser vermischte Abkommen, d. h. neben der Gemeinschaft treten im Rahmen derselben Vereinbarung auch die Mitgliedstaaten als Vertragspartner auf. Dieses politisch-pragmatische Vorgehen verstößt nicht nur gegen den Wortlaut von Art. 238[14], sondern verwischt zudem die Konturen zwischen den EG-Außenkompetenzen und der Zuständigkeit der Mitgliedstaaten und ist damit einer Entwicklung förderlich, die zur Rechtsunsicherheit auf internationaler Ebene führt[15].

(2) Bis vor kurzem hatte die Gemeinschaft den Typus des Assoziationsabkommens für diejenigen Länder reserviert, die als Beitrittsländer in Betracht kamen[16]. Wenngleich dieses politische oder ideologische Kriterium in jüngster Zeit nicht mehr streng Anwendung findet[17], ist fraglich, ob sich die Gemeinschaft im augenblicklichen Entwicklungsstand bereit finden würde, Art. 238 als Rechtsgrundlage für ein umfassendes Kooperationsabkommen z. B. mit einem Staatshandelsland heranzuziehen[18].

(3) Der handels- und kooperationspolitische Anwendungsbereich von Art. 238 bleibt hinter dem von Art. 113 in dem Sinne zurück, daß sich die Aktionen der Gemeinschaft auf der Grundlage von Art. 238 ausschließlich im vertraglichen Bereich bewegen, während Art. 113 zusätzlich den Einsatz autonomer Maßnahmen erlaubt.

Im Verhältnis von Art. 113 zu Art. 235 dürfte ein Rückgriff auf die Ausnahmevorschrift des Art. 235[19] nur unter der Voraussetzung zu vertreten sein, daß weder Art. 113 noch Art. 238 ausreichen, um im handels- und kooperationspolitischen Bereich die Beziehungen zu dritten Ländern zu gestalten. Angesichts der umfassenden Regelungskompe-

---

[14] Art. 238 I spricht nur von der Gemeinschaft als Abkommenspartner; Abs. III sieht für den Fall, daß die Abkommen die Zuständigkeit der Gemeinschaft überschreiten, ausdrücklich eine Vertragsänderung vor. Die Möglichkeit, daß Gemeinschaft und Mitgliedstaaten je nach Zuständigkeitsgebiet räumlich getrennte Vereinbarungen schließen, wird dadurch nicht berührt. Die gegenwärtige Praxis, die in einem Gesamtpaket die Zuständigkeiten vermischt, wird jedoch zu Recht von einigen Autoren als vertragswidrig angesehen, z. B. *Schumacher* S. 39.

[15] Auf beide Bedenken hat bereits *Fischer* auf dem 4. Emser Kolloquium hingewiesen, NJW 1974 S. 1604.

[16] Ausgangspunkt und Wegweiser waren die Assoziationsabkommen mit Griechenland und der Türkei; vgl. 6. GB-EWG (1962) Nr. 238 ff. bzw. 7. GB-EWG (1963) Nr. 279 ff.

[17] Dies beweisen die Kooperationsabkommen mit den Maghreb- und Maschrik-Ländern, s. Fn. 13.

[18] Abgesehen von der mangelnden Bereitschaft dieser Länder, derartige vertragliche Bindungen mit der Gemeinschaft einzugehen. Nach *Schumacher* S. 39 stehen wohl selbst in einem solchen Fall politische Gegensätze einer Assoziierung nicht entgegen.

[19] Vgl. *Sachs* S. 98.

tenz, die Art. 113 und Art. 238 der Gemeinschaft in diesen Bereichen gewähren, erübrigt sich eine Bezugnahme auf Art. 235[20].

Neben Art. 238 und Art. 235 ist schließlich eine Abgrenzung zu den Befugnissen angebracht, die der Gemeinschaft aus dem System des Vertrages zuwachsen. In der AETR-Entscheidung entwickelte der Gerichtshof den Grundsatz, daß sich eine Zuständigkeit der Gemeinschaft zum Abschluß internationaler Vereinbarungen nicht nur aus einer ausdrücklichen Erteilung durch den Vertrag ergibt; „sie kann auch aus anderen Rechtsakten der Gemeinschaftsorgane fließen"[21]. Dieser höchstrichterliche Grundsatz wurde im Kramer-Urteil[22] und im Gutachten 1/76[23] erneut bestätigt und verfeinert. Die Anwendung des Prinzips umfassender potentieller Außenkompetenz, die nach und nach zu einer reellen Kompetenz führt, im Bereich des Handels und der Kooperation stößt auf zwei Hindernisse:

(1) Handel und vor allem Kooperation als spezifisches Instrument in den Beziehungen zwischen Ländern unterschiedlicher Wirtschaftsstruktur finden im Innern des Gemeinsamen Marktes nur in beschränktem Umfang ihre Entsprechung. Damit entfällt eine wesentliche Voraussetzung für die aus dem allgemeinen System des Gemeinschaftsrechts ableitbare Außenzuständigkeit, daß nämlich „das Gemeinschaftsrecht den Gemeinschaftsorganen im Hinblick auf ein bestimmtes Ziel im Innenverhältnis eine Zuständigkeit verleiht"[24].

(2) Darüber hinaus dürfte auch im Verhältnis von Art. 113 als ausdrücklicher materieller Kompetenznorm zu der erst aus dem System jeweils abzuleitenden Außenzuständigkeit der Grundsatz „lex specialis derogat legi priori" Anwendung finden.

Zusammenfassend kann daher festgestellt werden, daß Art. 113 seine eigenständige Rolle als ausdrückliche Kompetenznorm im handels- und kooperationspolitischen Bereich weder durch die in der Abkommenspraxis sichtbare Tendenz, Art. 238 verstärkt im Kooperationssektor anzuwenden, noch durch die jüngste Spruchpraxis des Gerichtshofs, den Grundsatz der aus dem System des Vertrages ableitbaren EG-Außenkompetenz auszudehnen, eingebüßt hat.

---

20 Dennoch hat sich die Praxis vereinzelt zu einem derartigen Vorgehen entschlossen; dazu näher Fn. 15 von Kap. 2.

21 EuGH Slg. 1971 S. 263 (275).

22 EuGH Slg. 1976 S. 1279 (1309 ff.); dazu *Tomuschat,* Anmerkung S. 157 ff. und *Bleckmann,* Kompetenz S. 109 (118 ff.).

23 Abl. C 107/4 v. 3. 5. 77.

24 So die im Gutachten 1/76 (Fn. 23) übernommene Formulierung.

Methodisches Vorgehen

Die Schwierigkeiten, die einer einheitlichen Definition der Begriffe Handel bzw. wirtschaftliche Zusammenarbeit entgegenstehen, waren für die Wahl eines empirischen Vorgehens verantwortlich.

Welche kooperationspolitischen Regelungen in ein Gemeinschaftsabkommen aufgenommen werden, richtet sich nicht zuletzt nach den Bedürfnissen und Wünschen der Mitgliedstaaten, die bereits in bilateralen nationalen Kooperationsabkommen, vor allem im Verhältnis zu den Staatshandelsländern, ihren Niederschlag gefunden haben. Da auch die Gemeinschaft in jüngster Zeit wiederholt kooperationspolitisch tätig geworden ist, sollen außerdem die EG-Handelsabkommen, soweit sie kooperationspolitischen Bezug aufweisen, in die Betrachtung einbezogen werden. Für die sog. klassischen Handelsregelungen auf dem Gebiet des Warenverkehrs konnte auf einen Katalog zurückgegriffen werden, der z. T. von der Literatur erarbeitet worden ist und sich z. T. in der älteren Abkommenspraxis der Gemeinschaft herausgebildet hat. Kooperationsabkommen zwischen den EG-Mitgliedstaaten und den Staatshandelsländern Osteuropas sowie Handelsabkommen der Gemeinschaft mit kooperationspolitischem Bezug werden also zunächst summarisch auf ihre Grundstruktur hin untersucht (Kap. 1 und 2), die ermittelten Grundformen alsdann auf ihren allgemeinen Charakter wie Waren- und Dienstleistungverkehr zurückgeführt und diese allgemeinen Regelungsbereiche einer Prüfung auf ihre handelspolitische Relevanz unterzogen (Teil C). Den Maßstab für die rechtliche Einordnung kooperationspolitischer Regelungen in den Anwendungsbereich von Art. 113 liefern die im Wege der Auslegung gewonnenen Erkenntnisse zum Begriff der gemeinsamen Handelspolitik (Teil B).

TEIL A

Die wirtschaftlichen und rechtlichen Grundlagen der Handels- und Kooperationspolitik

Kapitel 1: Die bilateralen Kooperationsabkommen der EG-Mitgliedstaaten mit den Staatshandelsländern Osteuropas

I. Kooperation als neue Dimension in den Ost-West-Wirtschaftsbeziehungen

In den auslaufenden sechziger Jahren sind die Ost-West-Wirtschaftsbeziehungen in eine neue Phase getreten. Während zuvor Abkommen mit einer Laufzeit von 5 Jahren, deren Schwergewicht auf dem bloßen An- und Verkauf von Waren einschließlich ihrer Kontingentierung lag, den zwischenstaatlichen Handelsverkehr kennzeichneten[1], tauchten bereits Ende der sechziger Jahre neue Erscheinungsformen im Wirtschaftsverkehr beider Systeme auf, die unter dem Begriff Kooperation zusammengefaßt werden. Damit sind einerseits betriebliche Vereinbarungen zwischen den Wirtschaftssubjekten in Ost und West gemeint, andererseits aber auch zwischenstaatliche Übereinkommen, die einer Unternehmenskooperation der erstgenannten Kategorie als Rahmen und Dach dienen[2]. Dieser Unterscheidung kommt erhebliche Bedeutung zu, da nur die zwischen Trägern öffentlicher Gewalt geschlossenen Abkommen für die Fragestellung der Arbeit unmittelbar relevant sind. Mit diesen Abkommen wird die Absicht verfolgt, ein politisch und wirtschaftlich günstiges Klima zu schaffen sowie Rahmenbedingungen zu setzen, um die Unternehmenskooperation auf privater Ebene positiv zu beeinflussen. Die Entscheidung und Verhandlung über die einzelnen Kooperationsprojekte liegt bei den Privatunternehmen. Diese Vorhaben entziehen sich dem direkten Zugriff öffentlicher Einflußnahme und damit auch der unmittelbaren handelspolitischen Einflußnahme. Als neuer Typus des internationalen Wirtschaftsverkehrs symbolisieren Kooperationsvereinbarungen, die in den letzten Jahren ständig und rasch zahlenmäßig gestiegen sind[3], die Hoffnungen auf eine Lösung der Schwierigkeiten, die für die Ost-West-Wirtschaftsbeziehungen typisch sind[4].

---

[1] Zu dieser Phase der Ost-West-Wirtschaftsbeziehungen s. *Boano*, Dok. EP 36.125 Nr. 19 f.; zur allgemeinen Entwicklung des Handels mit dem Osten in den Jahren 1968 - 1973 s. Bull économique pour l'Europe, vol. 25 S. 53 ff.

[2] *Tomuschat* S. 154.

1. Die wirtschaftlichen Probleme als Ausgangspunkt der Ost-West-Kooperation

Aus der Fülle der Faktoren, die das Problemfeld der Wirtschaftsbeziehungen zwischen der Gemeinschaft und den Staatshandelsländern Osteuropas kennzeichnen, verdienen vor allem die systembedingten, politischen und strukturell-wirtschaftlichen Schwierigkeiten besondere Beachtung.

a) Systembedingte Schwierigkeiten

Unter den weltweiten Handelsbeziehungen der Gemeinschaft nimmt der Ost-Handel aufgrund der unterschiedlichen Außenhandelssysteme der Handelspartner eine Sonderstellung ein. Während in dem ordnungspolitischen System der EG und ihrer Mitgliedstaaten die Grundsätze der freien Marktwirtschaft auch auf die Wirtschaftsbeziehungen zu dritten Ländern Anwendung finden, laufen in den Staatshandelsländern alle grenzüberschreitenden Bewegungen über sog. Außenhandelsmonopole ab. Diese sind Teil der gesamtwirtschaftlichen Planung und sorgen dafür, daß die außenwirtschaftlichen Beziehungen nicht mit den Grundsätzen der übergreifenden Planung kollidieren. Die Konsequenzen dieser Monopolisierung liegen auf der Hand: Die mit dem Außenhandel befaßten Organisationen zeichnen sich durch geringe Flexibilität[5] und Transparenz aus, Zölle als marktregulierende Mechanismen werden entbehrlich[6], in Handelsabkommen aufgenommene Liefer- und Ab-

---

3 Trotz der Zunahme (dazu im einzelnen Fn. 7 der Einleitung) haben Kooperationsgeschäfte global, bezogen auf die gesamte Volkswirtschaft der Mitgliedstaaten der Gemeinschaft, geringe Bedeutung. Nur sektoriell, d. h. für einige Wirtschaftszweige wie Anlagen-, Maschinen- und Fahrzeugbau haben sie erhebliches Gewicht. Dazu *Knirsch* S. 65.

4 Kooperation ist jedoch keineswegs ein Spezifikum der Ost-West-Wirtschaftsbeziehungen. Auch im Nord-Süd-Verhältnis findet dieser Abkommenstypus mehr und mehr Verwendung, um die unausgeglichenen Wirtschaftsbeziehungen zwischen industrialisierten Staaten und Entwicklungsländern auf eine neue Grundlage zu stellen.

5 Allerdings sind Bestrebungen im Gange, planungsbedingte Unbeweglichkeiten auszugleichen. So sind z. B. in Ungarn die staatlichen Unternehmen seit 1968 befugt, selbständig in Verhandlungen mit westlichen Firmen einzutreten und Kooperationsverträge zu schließen. Auch eine größere Unabhängigkeit im organisatorischen Bereich gegenüber den vorgeordneten Instanzen konnte dort realisiert werden; vgl. Dok. ECE R 300 Nr. 27 - 29. Zur jüngsten ähnlichen Lockerungspraxis in der Tschechoslowakei vgl. NZZ v. 28. 7. 76 („Ausländische Handelsvertretungen in der Tschechoslowakei").

6 Die Erhebung von Zöllen wäre lediglich ein buchungstechnischer Vorgang — Zahlung von einer öffentlichen Kasse in die andere — ohne wirtschaftliche Bedeutung. Dennoch verzichten einige Comecon-Mitglieder nicht auf die Erhebung von Einfuhrzöllen, so die CSSR, UdSSR, Ungarn, Bulgarien und Rumänien. Als letztes Mitgliedsland des GATT führte Polen Ende 1975 einen Zolltarif ein; vgl. NZZ v. 11. 11. 75 („Ein Zolltarif für Polen"). Die Annahme liegt nahe, daß diese Maßnahmen ergriffen wurden, um in bi- oder multi-

nahmemengen haben verbindlichen Charakter und die Preise exportierter Produkte spiegeln nicht immer die tatsächlichen Gestehungskosten wider, so daß bei ihrem Verkauf leicht der Eindruck einer Dumping-Aktion entsteht[7].

Eine weitere systembedingte Schwierigkeit hat ihre Ursache in der sozialistischen Eigentumsordnung der Staatshandelsländer. Während sich in den westlichen Ländern die direkte Auslandsinvestition als effektives Instrument des Technologietransfers erwiesen hat[8], steht in den kommunistischen Ländern der elementare Grundsatz des staatlichen Eigentums an Produktionsmitteln einer kapitalmäßigen Beteiligung westlicher Unternehmen entgegen. Nur Jugoslawien, Ungarn, Rumänien und Polen haben sich zu einer Relativierung dieses Grundsatzes entschlossen[9].

b) Politische Aspekte

Der Ost-West-Handel unterliegt in besonderem Maße politischen Strategien. „Außenhandel ist ebensosehr ein ökonomischer Faktor wie ein politisches Instrument; so wie die Dinge in der Welt vorläufig noch liegen, ein Instrument der Außen- und Außenwirtschaftspolitik. Beide Tatsachen bestimmen die Fragestellung und die Problematik des Ost-West-Handels, insbesondere aber die des Osthandels der Gemeinschaft[10].“ Schon durch die Allgegenwart des Staates ist der Westhandel der kommunistischen Länder notwendigerweise politischer als dies für den Osthandel der westlichen Industrieländer gilt[11]. Dennoch bestimmen gewichtige politische Erwägungen auch auf westlicher Seite die Wirtschaftskontakte mit dem Osten. Die Frage nach den politischen Aspekten des Osthandels wird immer wieder diskutiert: Welche Wirkungen hat das wirtschaftliche Engagement auf den politischen Entspannungsprozeß in Europa; kann eine Intensivierung des Wirtschaftsverkehrs auf längere Sicht eine Annäherung der Systeme bringen?

Hermes kommt in seiner Untersuchung über den politischen Stellenwert des Osthandels zu dem Schluß[12]:

---

lateralen Verhandlungen über ein Tauschobjekt zu verfügen; so *Seidl-Hohenveldern* S. 197.

7 Weitere konkrete Beispiele bei *Knirsch* S. 68.

8 *Nötzold*, AP 1974 S. 300.

9 Diese Länder haben die gesetzlichen Voraussetzungen für die Bildung gemischter Unternehmen auf ihrem Gebiet geschaffen; zu den Einzelheiten s. u. Kap. 1 II. 6.

10 *Hahn*, Dok. EP 205/68 Nr. 3.

11 *Löhr*, Dok. EP 10/1965 - 1966 Nr. 9.

12 *Hermes* S. 14; ähnlich *Tomuschat* S. 156; *Sasse* S. 695; s. ferner *Jahn*, Dok. EP 425/74 Nr. 19.

„Je mehr wirtschaftliches Engagement, desto mehr Verflechtung wirtschaftlicher Interessen. Je mehr Verflechtung gemeinsamer wirtschaftlicher Interessen, desto weniger objektive Möglichkeiten östlicher Gewaltanwendungen. Also: durch intensives wirtschaftliches Engagement zu einem sicheren Frieden."

Die Grenzen dieser Verknüpfung politischer und wirtschaftlicher Inhalte sind indes wiederholt deutlich geworden. Das Beispiel der Kündigung des amerikanisch-sowjetischen Handelsvertrages von 1972 durch die Sowjetunion im Januar 1975[13] hat erkennen lassen, daß man nicht bereit ist, jeden politischen Preis für wirtschaftliche Zusammenarbeit zu zahlen. Zumindest aus der Sicht der Staatshandelsländer werden die Ost-West-Wirtschaftsbeziehungen trotz wechselseitiger Abhängigkeiten in absehbarer Zeit ihren wirtschaftlichen Eigenwert behalten[14].

c) Strukturelle Schwierigkeiten

In engem Zusammenhang mit den systembedingten Schwierigkeiten stehen die strukturell-wirtschaftlichen Probleme der Ost-West-Wirtschaftsbeziehungen. Die Struktur der Außenhandelsströme ist durch eine Asymmetrie gekennzeichnet: Während die EG-Mitgliedstaaten hauptsächlich technologisch hochentwickelte Industriegüter in den Osten liefern, bestehen die Exporte der Staatshandelsländer in die Gemeinschaft in erster Linie aus Agrarprodukten, Rohstoffen und Industriewaren mit relativ niedrigem Verarbeitungsniveau[15]. Diese unausgeglichene Handelsstruktur, die als Reflex des unterschiedlichen Entwicklungsstandes der osteuropäischen Länder und als Folge der Außenhandelssysteme und ihrer Außenhandelsprioritäten zu werten ist, findet in der passiven Handelsbilanz der kommunistischen Staaten ihren Niederschlag[16]. Es ist dem Osten in den letzten Jahren nicht gelungen, eine Produktion aufzubauen, die westlichen Qualitätsansprüchen ausreichend Rechnung trägt. Die „terms of trade", die durch den hohen Einfuhrbedarf westlicher Industriegüter zunehmend unter Druck gerieten,

---

[13] Dazu NZZ vom 16. 1. 75 („Ein drastischer Schritt der Sowjetführung").

[14] Vgl. NZZ vom 28. 7. 75 („Moskauer Theorien über die Endphase des Kapitalismus").

[15] Eine Aufschlüsselung dieser Warenströme enthält KOM Info 50/73 S. 4 ff. Im Vergleich zu anderen Wirtschaftsräumen der Welt ist der Warenverkehr der Gemeinschaft mit den Staatshandelsländern Osteuropas überdurchschnittlich gestiegen; zu den einzelnen Zuwachsraten s. KOM Info 50/73 S. 4 und Dok. KOM (72) 4500 S. 3. Der absolute Umfang des Ost-West-Handels ist hingegen gering. Er belief sich im Jahre 1974 auf ca. 7 % aller Ein- und Ausfuhren der Gemeinschaft (Quelle: Ost-West-Statistik 1974); diese machen allerdings etwa 11 % der Gesamtein- und ausfuhren der Mitgliedstaaten des RGW aus (Quelle: *Sasse* S. 695).

[16] Dies gilt nicht für das Verhältnis der Gemeinschaft zur SU. Zur allgemeinen Situation der Handelsbilanz EWG-Staatshandelsländer s. Ost-West-Statistik 1974.

konnten somit nicht durch die Einnahmen aus dem Export im Westen gefragter Güter ausreichend entlastet werden. Der chronische Devisenmangel und die Nichtkonvertierbarkeit östlicher Währungen[17] zwangen folglich dazu, die Einfuhr westlicher Technologie auf Kreditbasis zu finanzieren[18]. Inzwischen hat die Verschuldung östlicher Länder Größenordnungen erreicht, die auf längere Sicht kaum zu vertreten sind[19].

2. Der Kooperationsbegriff

Was inhaltlich unter dem Begriff Kooperation zu verstehen ist, konnte bislang nur unzulänglich von Literatur und Praxis geklärt werden. Eine einheitliche Definition wird durch den Umstand erschwert, daß „Kooperation im Regelfall durch mehrere Merkmale gekennzeichnet wird, wobei Teilmerkmale anderen Formen wirtschaftlicher Zusammenarbeit (z. B. Warenlieferungen, Kredit- und Lizenzgeschäfte) zugeordnet werden“[20].

Einigkeit besteht in der Literatur lediglich über die Intensität und Langfristigkeit der Bindungen als charakteristische Merkmale der Kooperationsvereinbarungen[21]. Beide Elemente unterscheiden sie von den traditionellen Liefergeschäften[22].

Unter den von der Praxis entwickelten Definitionen sei die von der Wirtschaftskommission der VN für Europa verwendete Formulierung, die auch bei den Institutionen der EG Berücksichtigung fand[23], hervorgehoben:

---

[17] In jüngster Zeit wird allerdings die Frage diskutiert, wie die östliche Verrechnungseinheit, der Transferrubel, gegenüber westlichen Währungen konvertierbar gemacht werden kann; vgl. hierzu FAZ vom 24. 11. 75 („Können Ostblockwährungen konvertibel werden?“).

[18] Grundlegend zur Frage der Finanzierung des Ost-West-Handels: *Drach*. Eine Übersicht über die von einigen Staatshandelsländern erhaltenen Kreditmengen findet sich in: Le Courrier des pays de l'Est, 12/74 S. 45.

[19] Zur Gesamtproblematik der Verschuldung s. *Bolz*, Wirtschaftsdienst II/76 S. 56. Nach seinen Angaben betragen allein die von der BRD an Osteuropa gewährten Kredite etwa 15 Mrd. DM.

[20] *Bolz / Plötz* S. 19.

[21] z. B. *Schmitt* S. 61; *Bolz / Plötz* S. 20 f.; *Knirsch* S. 61 ff.; beispielhaft sei auf die Definition von *Bystricky* S. 35 verwiesen: „Par coopération économique, on entend habituellement une relation contractuelle visant à associer, coordonner, adapter différentes activités économiques entre partenaires appartenant à des systèmes économiques et sociaux différents en vue de créer entre eux une communauté d'intérêts stable et durable. Les accords de coopération industrielle sont une forme de coopération économique dont le trait caractéristique consiste dans les opérations de production, ou dont le centre de gravité se situe dans l'industrie et dans la technologie.“

[22] z. B. *Bystricky* S. 35: „Les accords de coopération économique se distinguent des simples contrats de commerce par la durée et la continuité des transactions économiques, ...“

[23] Vgl. *Jahn*, Dok. EP 425/74 Nr. 24.

„La coopération industrielle, dans le cadre Est-Ouest, désigne des relations et des activités économiques découlant:

a) de contrats étalés sur plusieurs années, conclus entre des partenaires appartenant à des systèmes économiques différents, qui vont au-delà de la vente ou de l'achat simple de biens et de services pour englober un ensemble d'opérations qui se complètent ou s'allient (au niveau de la production, du développement et du transfert des techniques, de la commercialisation, etc.);

et

b) de contrats entre de tels partenaires, qui ont été désignés comme contrats de coopération industrielle par les gouvernements dans des accords bilateraux ou multilateraux[24]."

Diese Definition zeigt, wie schwierig es ist, die Vielfalt der Kooperationsvarianten allein abstrakt-begrifflich zu erfassen. Daher wird der materielle Definitionsteil a) durch einen formellen Aspekt b) ergänzt: Maßgebend für den Kooperationscharakter einer Vereinbarung ist hiernach ihre Aufnahme in ein zwischenstaatliches Abkommen. Dieses empirische Element des Kooperationsbegriffs stellt zusätzlich auf die staatliche Praxis ab, in der sich bestimmte Kooperationsformen herausgebildet haben. Diese Betrachtungsweise soll auch den Überlegungen zur Gemeinschaftskompetenz im Kooperationssektor zugrunde gelegt werden. Die in den zwischenstaatlichen Abkommen anzutreffenden Kooperationsformen folgen zusammenfassend den Formen privater Kooperationsverträge, so daß sich insoweit gewisse Bezugnahmen und Parallelen ergeben.

II. Die Grundformen wirtschaftlicher Zusammenarbeit

1. Zusammenarbeit bei der Errichtung industrieller Großprojekte

Spektakuläre Großprojekte wie das deutsche LKW-Werk an der Kama[25] oder das gescheiterte Projekt der Errichtung westdeutscher Kernkraftwerke in Ostpreußen[26] stehen stellvertretend für diese Form der wirtschaftlichen Zusammenarbeit. Sie besteht in der Lieferung kompletter Produktions- oder Fabrikanlagen durch den Westpartner, der die Anlagen im Heimatland vorfertigt, anschließend exportiert und im Aufnahmeland durch westliche Techniker montieren läßt. Die Bezahlung erfolgt in der Regel mit Gütern aus der späteren laufenden Produktion (sog. Kompensationsgeschäfte)[27].

[24] ECE-Bericht S. 2.

[25] Vgl. Handelsblatt v. 6. 11. 75 („Im Maschinensaal hängt Lenins Konterfei").

[26] Die Kraftwerke sollten der BRD und Westberlin eine Strommenge liefern, die den Baukosten entsprach. Nach langen Verhandlungen ist dieses Projekt jedoch aus politisch-wirtschaftlichen Gründen 1976 gescheitert. Zur gemeinschaftsrechtlichen Problematik dieses Vorhabens s. Anfrage des Abg. *Glinne* an die KOM und den RAT, Abl. C 94/32 vom 26. 4. 1975.

Das Interesse des Ostpartners an derartigen Geschäften ist groß: Devisen werden eingespart, Kreditierungen vermieden, und die in der Anlage verkörperte Technologie ermöglicht die Produktion von Waren, die westlichen Qualitätsansprüchen genügen und zu einem späteren Zeitpunkt nach der Bezahlung ggf. auch in einem anderen Land als dem des westlichen Vertragspartners abgesetzt werden können. Für den westlichen Kontrahenten besteht das Hauptinteresse in der Regel im Verkauf der Anlage; nur in Ausnahmefällen wird er auch an den Gegenlieferungen interessiert sein[28]. Dies dürfte bei Rohhstoffprodukten eher der Fall sein als bei verarbeiteten Waren, es sei denn, diese können vom Westpartner in seinem Betrieb weiterverwertet werden.

2. *Lizenz- und know-how-Geschäfte*

Lizenz- und know-how-Geschäfte bilden als Transmissionsriemen westlicher Technologie die geläufigste Form der Ost-West-Kooperation[29]. „Der Lizenzvertrag ist der Kern des Kooperationsgeschäfts[30].“ Durch ihn erhält der Lizenznehmer gewerbliche Schutzrechte, z. B. Patente, zur Ausübung, während Gegenstand eines know-how-Vertrages jedes

---

[27] Die Sowjetunion ist aufgrund ihrer Größe und des Reichtums an natürlichen Vorkommen in besonderem Maße an dieser Kooperationsform interessiert. Daher finden sich diesbezügliche Klauseln gerade in den Kooperationsabkommen mit diesem Land, z. B.: Art. 3 des Abkommens über die Entwicklung der wirtschaftlichen, industriellen und technischen Zusammenarbeit zwischen der BRD und der SU vom 19. 5. 73: „Die Zusammenarbeit im Rahmen dieses Abkommens umfaßt insbesondere — die Errichtung von Industrieanlagen, die den beiderseitigen Interessen entspricht ...“.

Art. 2 des Abkommens zwischen der BRD und der SU über die weitere Entwicklung der wirtschaftlichen Zusammenarbeit vom 30. 10. 74: „... In diesem Rahmen werden sie auch die Durchführung von Großprojekten unterstützen; dabei wird bei beiderseitigem Interesse die Bezahlung mit der Lieferung von Erzeugnissen vorgenommen, die aus der Zusammenarbeit hervorgehen.“

[28] In Übereinstimmung mit der Formulierung von Art. 2 des zitierten Abkommens (Fn. 27) sind nach h. M. Kompensationsgeschäfte nur dann als Kooperation zu qualifizieren, wenn das Interesse des West-Partners an den Gegenlieferungen bejaht werden kann; z. B. *Lingelsheim* S. 98; *Tomuschat* S. 157 f.; *Moecke* S. 65; *Schmitt* S. 70.

[29] Vgl. z. B.: Art. 6 des Kooperationsabkommens zwischen Frankreich und Rumänien vom 28. 7. 1975: „La coopération entre les entreprises et organismes des deux pays pourra prendre notamment les formes suivantes:

— ...

— échange de savoir-faire, d'informations techniques, de brevets et licences; ...“.

Art. 6 des Abkommens zwischen der BRD und der SU vom 30. 10. 74: „Die Beteiligung der Organisationen und Unternehmen beider Seiten an der in Art. 5 dieses Abkommens aufgeführten Zusammenarbeit kann insbesondere in der Einbringung von Patenten, Lizenzen, know-how, technischer Information, neuer Technologien, ... bestehen ...“

[30] *Moecke* S. 65.

rechtlich nicht geschützte Geschäfts- oder Fertigungsgeheimnis ist[31]. Allerdings ist nicht jede Lizenz- oder know-how-Vereinbarung als Kooperation zu qualifizieren. Wesentlich für den Kooperationscharakter ist der Umstand, daß sich beide Partner „längerfristig aneinander binden, indem sich diese verpflichten, sich gegenseitig laufend auch die Fortentwicklung z. B. eines technischen Verfahrens anzubieten“[32]. Den Anstoß für die Vergabe von Lizenzen und know-how liefern oftmals Großanlagenaufträge, während in anderen Fällen diese Kooperationsform die erste Etappe auf dem Weg zu einer noch intensiveren Zusammenarbeit darstellt. Die Gegenleistung des Ostens besteht entweder in Barzahlung durch Devisen oder in der späteren Lieferung von Produkten, die mit Hilfe der Lizenzen gefertigt werden.

3. Zusammenarbeit in der Produktion

Bei der Produktionskooperation handelt es sich um die arbeitsteilige Mitwirkung zweier oder mehrerer Partner an der Herstellung eines bestimmten Produktes. In der Praxis haben sich mehrere Spielarten und Kombinationen herausgebildet[33]:

(1) Bei den sog. Lohnveredelungsverträgen tritt der Westpartner als Auftraggeber auf und liefert die Vormaterialien, während der Ostpartner die Arbeitsleistung (Lohnveredelung) beisteuert[34]. Das Endprodukt wird nach der Fertigung an den Westpartner geliefert. Diese Aufteilung

---

[31] Diese Unterscheidung ist in der Praxis unbedeutend, da der Lizenzgeber fast immer gleichzeitig das Fertigungs-know-how (Arbeitsunterlagen, technische Assistenz beim Anlauf der Produktion etc.) gewährt, s. *Lingelsheim* S. 66.

[32] *Bolz / Plötz* S. 23. — Zur Frage der Einbeziehung reiner Lizenzgeschäfte in den Kooperationsbegriff s. *Knirsch* S. 63.

[33] Zu den einzelnen Arten der Produktionskooperation s. *Lingelsheim* S. 70 ff.; *Bolz / Plötz* S. 23 f.; *Schmitt* S. 82 ff. Die nationalen Kooperationsabkommen sind in dieser Hinsicht sehr allgemein. Vgl. Art. 6 des Abkommens zwischen Frankreich und Rumänien v. 28. 7. 75 und die gleichlautende Formulierung in Art. 5 des Abkommens zwischen der belgisch-luxemburgischen Wirtschaftsunion und Rumänien vom 7. 11. 75 (Paraphierdatum): „La coopération entre les entreprises et organismes des deux pays pourra prendre notamment les formes suivantes:

— ...

— fabrication et commercialisation en commun, spécialisation de productions.“

Ein ausführlicher Katalog der verschiedenen Arten von Produktionskooperation findet sich noch im deutsch-ungarischen Abkommen über den Warenverkehr und die Zusammenarbeit auf wirtschaftlichem und technischem Gebiet vom 27. 10. 1970, abgedruckt bei *Moecke* S. 67.

[34] Ebenso wie die einfachen Lizenzgeschäfte werden auch die sog. „short-term-sub contracting“, die abgeschlossen werden, um in Spitzenzeiten die eigene Produktion zu entlasten, nicht mehr dem Kooperationsbegriff zugerechnet. Dies gilt selbst dann, wenn derartige Verträge wiederholt zustande kommen. So *Lingelsheim* S. 96 und *Moecke* S. 67.

des Produktionsprozesses, die vorwiegend im Konsumgüterbereich, bei Textilien, Lederwaren, Spielzeug und polygraphischen Erzeugnissen praktiziert wird, ist in der Regel mit einem Transfer von Technologie verbunden. Bei der Übermittlung wertvollen technischen Wissens schlägt sich dieser Transfer in einem separaten know-how-Vertrag nieder.

(2) Bei der Lohnfertigung steuert der Ostpartner die Vormaterialien ganz oder zum Teil bei. Ansonsten entspricht die Situation der der Lohnveredelung.

(3) In sog. Spezialisierungsvereinbarungen stellen sich die Vertragspartner neben Lizenzen bestimmte Fertigteile zur Verfügung, die in einem Land oder beiden Ländern zu Endprodukten verarbeitet werden. Kennzeichnend für diese Kooperationsart ist das innere Beziehungsgefüge zwischen Lieferung und Gegenlieferung[35].

4. Zusammenarbeit im Vertrieb

Mit der Vertriebskooperation verfolgen die Vertragspartner den Zweck, Waren, die allein oder gemeinsam hergestellt worden sind, getrennt unter Aufteilung des Marktes oder in gemeinsamer Regie abzusetzen[36].

(1) Die Aufteilung kann in der Weise vorgenommen werden, daß der Ostpartner das Vertriebsrecht für den heimischen Markt sowie für alle Oststaaten oder bestimmte sonstige Drittländer erhält, während der Westpartner die Produkte auf dem Markt seines Landes oder auf anderen Drittmärkten vertreibt. Mit dieser Vertriebsart soll versucht werden, die dem Kooperationspartner leichter zugänglichen Wirtschaftsräume für den Export gemeinsamer oder eigener Produkte als Absatzmarkt zu nutzen. So kann es durchaus sein, daß der Ostpartner über gute politische Beziehungen zu einem Drittland verfügt, während der Westpartner aus politischen Gründen auf diesem Markt keinen Fuß fassen kann[37].

(2) Kennzeichen des Gemeinschaftsvertriebes ist die gemeinsame Nutzung vorhandener Vertriebsnetze des Kooperationspartners oder

---

[35] *Lingelsheim* S. 76.

[36] Vgl. Art. 3 des Kooperationsabkommens zwischen der BRD und Rumänien vom 29. 6. 73: „Die Kooperation zwischen beiden Ländern umfaßt insbesondere:

— ...

— die gemeinsame Produktion und den gemeinsamen Vertrieb von Waren sowie die Spezialisierung in Produktion und Vertrieb,

— die Gründung von gemischten Gesellschaften für Produktion und Vertrieb."

Zu den einzelnen Variationsmöglichkeiten s. *Moecke* S. 66.

[37] *Knirsch* S. 66.

der Aufbau gemeinsamer neuer Vertriebswege durch die Gründung gemischter Absatzgesellschaften bei Kooperationen größeren Umfangs.

5. *Zusammenarbeit in dritten Ländern*

Bei dieser Form der wirtschaftlichen Zusammenarbeit, die bislang nur wenig praktiziert wurde[38], beteiligen sich die Vertragspartner gemeinsam an der Errichtung von Großanlagen in dritten Staaten, vor allem in Entwicklungsländern. Derartige Projekte können aus technischen, finanziellen oder politischen Gründen zuweilen von einem Partner allein nicht bewältigt werden. West- und Ostpartner können hierbei entweder als Unterlieferanten auftreten[39], weil gewisse Teile der Anlage nur vom betreffenden Partner erhältlich sind, oder nach einem bestimmten Verhältnis als Teilnehmer des Konsortiums in Erscheinung treten[40].

6. *Zusammenarbeit durch die Gründung gemischter Gesellschaften (joint-ventures)*

Die Gründung gemischter Gesellschaften[41], die im Wirtschaftsverkehr mit westlichen Ländern als Hauptintegrationsform entwickelt wurde, stößt im Verhältnis zu den Staatshandelsländern auf die erwähnten systembedingten Schwierigkeiten[42]. Nur Jugoslawien[43], Rumänien[44],

---

[38] Dies hat seine Ursache in der oft fehlenden gegenseitigen Erfahrung, die Voraussetzung dieser hochentwickelten Kooperationsform ist. Die gesetzlichen Rahmenklauseln in nationalen Abkommen liegen jedoch vor. Vgl. Art. 7 des Kooperationsabkommens zwischen Großbritannien und Rumänien von Ende September 1975: "The contracting Parties shall encourage cooperation in third countries between their firms, entreprises and organisations."

[39] *Schmitt* S. 85.

[40] So vereinbarten beisipelsweise tschechische und deutsche Unternehmen den Bau einer kompletten Zementwerkanlage in Persien. Dazu FAZ v. 28. 10. 75 („Deutsche und Tschechen planen Zementwerk für Persien").

[41] Gemischte Gesellschaften sind an sich als Produktions- oder Vertriebskooperationsart einzustufen; vgl. Art. 5 b des Abkommens zwischen Großbritannien und Rumänien von September 1975: "For the purpose of this agreement cooperation shall include, ... the following forms: b) the establishment of joint-ventures in the respective countries, including the joint production and marketing of goods."
In der Literatur wird z. T. selbst die Qualifikation gemischter Gesellschaften als Kooperationsform in Frage gestellt. *Moecke* S. 70 möchte z. B. die Figur der joint-ventures dem Kooperationsbegriff ausgliedern und zwischen Kooperation und Investition unterscheiden.

[42] s. o. Kap. 1 I 1 a.

[43] Gesetz über ausländische Investitionen in der Neufassung vom 13. 4. 1973, deutsche Übersetzung in: Berichte und Dokumente zum ausländischen Wirtschafts- und Steuerrecht, Nr. 40 Sept. 1973, in: Rechtsinformationen der Bundesstelle für Außenhandelsinformation.

[44] Gesetz über die Außenhandelstätigkeit, die ökonomische und technisch-

Ungarn[45] und Polen[46] gestatten eine Beteiligung ausländischen Kapitals an heimischen Produktionsmitteln bis zur Höhe von 49 %. Durch diese Quote ist sichergestellt, daß das Unternehmen weiterhin der zentralen Wirtschaftsplanung und dem staatlichen Außenhandelssystem unterliegt, was die Attraktivität für westliche Investoren verständlicherweise reduziert. Schwierigkeiten, die sich aus der Ermittlung und Verteilung des Gewinns und dem gemeinsamen Management ergeben, tragen ebenso wie die Frage nach den Rechtsgarantien solcher Investitionen dazu bei, daß diese Kooperationsform bislang nur eine marginale Rolle in west-östlicher Richtung gespielt hat. Die Vorteile dieser Zusammenarbeit (hohes Mitbestimmungsinteresse und Verfügungsrecht des ausländischen Partners, Entbehrlichkeit spezieller Lizenzverträge und Koproduktionsvereinbarungen) vermögen die genannten Nachteile nicht aufzuwiegen. Die Neigung westlicher Unternehmen, sich direkt mit ihrem Kapital an ausländischen Vorhaben in osteuropäischen Ländern zu beteiligen, ist daher gegenwärtig gering[47].

In umgekehrter Richtung sind gemischte Ost-West-Unternehmen häufiger anzutreffen, da sie auf dem Gebiet des Westpartners als systemkonformer Kooperationstypus günstigere Entwicklungsmöglichkeiten finden[48].

---

wissenschaftliche Kooperation der Sozialistischen Republik Rumänien v. 17. 3. 1971; deutsche Übersetzung in: Rechtsinformationen ... (wie oben Fn. 43).

45 Verordnung mit Gesetzeskraft Nr. 19/1970 v. 7. 8. 1970; englische Übersetzung in: Hungarian Law Review 1970 Nr. 2 und 1971 Nr. 1 S. 105 - 113; Verordnung des Finanzministeriums Nr. 28/1972 vom 3. 10. 72; deutsche Übersetzung und Erläuterungen: *Mádl,* AWD BB 1973 S. 121 ff.

46 Verordnung des Ministerrats vom 14. 5. 76 über die Erteilung von Genehmigungen an ausländische juristische und natürliche Personen zur Ausübung bestimmter wirtschaftlicher Tätigkeiten sowie die Anordnung des Finanzministers vom 26. 5. 76 über die Genehmigung einiger Geschäfte im Devisenverkehr durch Gesellschaften mit gemischtem Kapital. Deutsche Übersetzung in: Berichte und Dokumente zum ausländischen Wirtschafts- und Steuerrecht Nr. 88, Okt. 1976 in der Reihe Rechtsinformation der Bundesstelle für Außenhandelsinformation. — Mit diesen Gesetzen schafft Polen nicht nur die rechtliche Grundlage für westliche Kapitalbeteiligungen an gemischten Gesellschaften, sondern ermöglicht sogar Investitionen mit ausschließlich westlichem Kapital.

47 Ausgenutzt wurden die Investitionsmöglichkeiten am meisten in Jugoslawien. Dort investierten westliche Firmen von Juli 67 bis Mitte 73 annähernd 112 Mill. US-Dollar in Gemeinschaftsunternehmen. In Rumänien wurden insgesamt vier, in Ungarn bislang nur eine gemischte Gesellschaft gegründet (Quelle: *Nötzold,* AP 75 S. 25).

48 Ende 1972 gab es ca. 40 ungarisch-, 30 polnisch- und 20 rumänisch-westliche Betriebe mit unterschiedlichen Kapitalbeteiligungsverhältnissen im Westen (Quelle: *Bolz / Plötz* S. 144).

Bemerkenswert ist die Entwicklung im Banksektor: Neben den bereits existierenden sowjetischen Bankniederlassungen in London (Moscow Narodny Bank) und Paris (Banque commerciale pour l'Europe du Nord) kamen weitere sowjetische Gründungen in Frankfurt (Ost-West-Handelsbank) 1971

Kapitel 2: Die handels- und kooperationspolitische Abkommenspraxis der Gemeinschaft

I. Die Handelsabkommen mit Argentinien, Uruguay und Brasilien

Auch in der Abkommenspraxis der Gemeinschaft fand der qualitative Wandel in den internationalen Wirtschaftsbeziehungen seinen Niederschlag. Das Handelsabkommen mit Argentinien[1] markiert den zeitlichen Ausgangspunkt einer Entwicklung, die kooperationspolitische Elemente vermehrt bei der Gestaltung vertraglicher Handelsbeziehungen berücksichtigt[2].

Bereits in der Präambel kommt der Wunsch der Parteien zum Ausdruck, den Handel und die Entwicklung einer wirtschaftlichen Zusammenarbeit zwischen der Gemeinschaft und Argentinien auszuweiten. Diese allgemeine Absichtserklärung erfährt in Art. 3 des Abkommens ihre Konkretisierung:

„Die Gemeinschaft und Argentinien führen untereinander eine Zusammenarbeit auf landwirtschaftlichem Gebiet ein.

Zu diesem Zweck

a) unterrichten sie sich regelmäßig über die Entwicklung ihrer Märkte und des gegenseitigen Handelsverkehrs;

b) prüfen sie wohlwollend die Ausfuhrmöglichkeiten, durch die sich Mangellagen beheben lassen;

c) prüfen sie im Geiste der Zusammenarbeit die Schwierigkeiten, die durch die Anwendung gesundheitspolizeilicher oder pflanzenschutzrechtlicher Maßnahmen entstehen können;

d) arbeiten sie auf internationaler Ebene bei der Lösung von Fragen gemeinsamen Interesses zusammen.

Die unter den Buchstaben a), b) und c) genannten Maßnahmen werden im Rahmen des in Artikel 5 vorgesehenen Gemischten Ausschusses durchgeführt."

---

und in Luxemburg (Banque unie Est-Ouest SA) 1974 hinzu. Weitere Bankniederlassungen osteuropäischer Staaten: Banque franco-roumaine, Paris 1971, Mitteleuropäische Bank AG, Frankfurt 1972, Anglo Romanian Bank, London 1973 (Quelle: ECE-Dok. R 300 Nr. 51).

Die einseitige Gründung gemischter Gesellschaften auf dem Gebiet der Westpartner figuriert ausdrücklich in Art. 8 des Kooperationsabkommens zwischen der BRD und der SU vom 30. 10. 74: „Zur Herstellung und Pflege von Geschäftskontakten gehört insbesondere

— ...

— Bildung gemischter Firmen unter Beteiligung sowjetischer Außenhandelsorganisationen in der Bundesrepublik Deutschland."

[1] Abl. L 249/19 v. 10. 11. 71.

[2] Die nachfolgende Darstellung der Klauseln im Abkommen mit Argentinien trifft i. E. auch auf die Abkommen der Gemeinschaft mit Uruguay (Abl. L 333/2 v. 4. 12. 73) und Brasilien (Abl. L 102/24 v. 11. 4. 74) zu. Diese Vereinbarungen enthalten aufgrund der wirtschaftlich gleichgelagerten Problematik gleichlautende oder ähnliche Vertragsbestimmungen.

Nach dieser Bestimmung ist der sachliche Anwendungsbereich der Zusammenarbeit auf den Bereich der Landwirtschaft beschränkt. Als Subjekt der Zusammenarbeit sind nur die vertragsschließenden Parteien, nicht aber Privatpersonen angesprochen.

Art. 5 umschreibt die Aufgabe des Gemischten Ausschusses, der nach Methoden und Mitteln zu suchen hat,

„welche die Entwicklung einer Zusammenarbeit zwischen der Gemeinschaft und Argentinien auf dem Gebiet der Wirtschaft und des Handels begünstigen können, soweit diese den Ausbau des Handelsverkehrs fördern und für beide Vertragsparteien Vorteile bringen kann".

Auffallend hieran ist zunächst die generelle Kompetenzzuweisung an den Gemischten Ausschuß auf dem Gebiet der Wirtschaft und des Handels, die aber wenig später dadurch relativiert wird, daß die Methoden und Mittel einer wirtschaftlichen Zusammenarbeit nur soweit in sein Aufgabenfeld fallen, als dies den Ausbau des *Handels*verkehrs fördern und für beide Parteien Vorteile bringen kann. Erläuternd heißt es hierzu in der gemeinsamen Erklärung Nr. 3 des Abkommens mit Uruguay, daß es sich hierbei um Maßnahmen handelt betreffend:

„a) die Förderung der beiderseitigen Ausfuhren

b) die Möglichkeit von Aktionen, bei denen sowohl die Zweckmäßigkeit einer besseren Koordinierung als auch die Ziele des Entwicklungsplanes Uruguays berücksichtigt werden."

Weitere Elemente wirtschaftlicher Zusammenarbeit sind in allen drei Abkommen außerhalb des eigentlichen Vertragstextes in Erklärungen der Vertragsparteien angesiedelt:

In einseitigen Erklärungen äußern die südamerikanischen Vertragspartner ihren Wunsch nach einer Intensivierung der Investitionen von Gemeinschaftsunternehmen und sind bereit, entsprechende zufriedenstellende Bedingungen für derartige Investitionen zu gewährleisten.

Angesichts der Bedeutung des Seeverkehrs in ihren Beziehungen bekunden die Vertragsparteien entweder in einseitigen Erklärungen oder in Briefwechseln ihre Absicht, im Geiste gegenseitiger Zusammenarbeit nach Lösungen zu suchen, die sich aus den Schwierigkeiten des Seeverkehrs zwischen ihnen ergeben. In den Abkommen mit Uruguay und Brasilien ist der Gemischte Ausschuß mit diesem Problemkreis befaßt.

Sowohl die Investitionserklärungen als auch die Dokumente über den Seetransport deuten auf eine Erweiterung des Feldes gegenseitiger Zusammenarbeit hin. Durch die Ansiedlung der entsprechenden Texte am Rande der Abkommen wird allerdings die kompetenzbezogene Zurückhaltung der Gemeinschaft zum Ausdruck gebracht. Dies wird besonders deutlich im Falle der Briefwechsel über den Seetransport. Auf Gemeinschaftsseite treten neben der EG zusätzlich die Mitgliedstaaten als Unterzeichner des Briefes auf[3].

II. Das Handelsabkommen mit Jugoslawien

Besondere Beachtung verdient das Handelsabkommen der Gemeinschaft mit Jugoslawien vom 26. 6. 1973[4]. Trotz der politischen und wirtschaftlichen Sonderstellung dieses Landes bestehen zwischen Jugoslawien und der Gemeinschaft ähnliche ökonomische Probleme wie im Verhältnis der Gemeinschaft zu den Staatshandelsländern Osteuropas. Als Gegenstand vertraglicher Vereinbarungen bietet sich Kooperation zur Überwindung der strukturellen Schwierigkeiten gerade im Verhältnis zu diesem Land an.

In Anlehnung an die Handelsabkommen mit Argentinien, Uruguay und Brasilien sind dem Gemischten Ausschuß des Abkommens mit Jugoslawien im Bereich der Zusammenarbeit gleichlautende Aufgaben zugewiesen[5]. Neu hingegen und kooperationspolitisch interessant ist Art. 7 des Abkommens:

> „Die Vertragsparteien können in den Bereichen, die für die Parteien von beiderseitigem Interesse sind, die wirtschaftliche Zusammenarbeit als ergänzenden Faktor des Handelsverkehrs nach Maßgabe der Entwicklung der Wirtschaftspolitiken der Europäischen Gemeinschaft ausbauen."

Wirtschaftliche Zusammenarbeit wird erstmalig im Verhältnis zum Handelsverkehr als dessen ergänzender Faktor charakterisiert. Handel und wirtschaftliche Zusammenarbeit erscheinen als trennbare Bereiche, ohne einander auszuschließen. Mit der Formulierung von Art. 7 ist allerdings nicht generell das Feld wirtschaftlicher Zusammenarbeit in den Anwendungsbereich des Abkommens aufgenommen. Diese Bestimmung eröffnet den Parteien lediglich die Möglichkeit („können"), künftig im Bereich der wirtschaftlichen Zusammenarbeit tätig zu werden. Konkrete Schritte zur Anwendung dieser Evolutivklausel wurden von den Vertragsparteien bereits eingeleitet: In einer Erklärung zum Abschluß der Gespräche zwischen einer Gemeinschaftsdelegation und der jugoslawischen Regierung vom 1. und 2. 12. 76 heißt es unter Hinweis auf Art. 7 des Abkommens u. a.[6]:

> Der Technologieaustausch zwischen den Parteien soll erleichtert werden, um insbesondere zur Entwicklung der jugoslawischen Industrie auf den Sektoren beizutragen, die von der Sozialistischen Föderativen Republik Jugoslawien als vorrangig für das Wachstum seiner Volkswirtschaft angesehen werden.

---

[3] Zur rechtlichen Bedeutung dieser Doppelunterzeichnung s. u. Kap. 14 Fn. 12.

[4] Abl. L 224/2 v. 13. 8. 73.

[5] s. o. Kap. 2 I.

[6] Bull. EG 11/1976 Ziff. 2340.

> Die Zusammenarbeit zwischen der jugoslawischen Industrie und den Industrien der Gemeinschaft soll insbesondere durch die Verbesserung und Ausweitung der Kontakte zwischen den Marktteilnehmern der beiden Parteien im Hinblick auf die Entwicklung einer langfristigen Zusammenarbeit zwischen ihnen verstärkt werden.
>
> Die Ausweitung der gesamten Wirtschaftsbeziehungen zwischen der Gemeinschaft und ihren Mitgliedstaaten und der Sozialistischen Föderativen Republik Jugoslawien müßte auch durch Förderung der Investitionen, insbesondere in der Form von „joint-ventures", unterstützt werden.
>
> Nach Auffassung der beiden Parteien sollten ferner die Untersuchungen zur Ermittlung spezifischer Sektoren, auf denen die Zusammenarbeit fortgesetzt und verstärkt werden könnte, gefördert werden; solche Sektoren sind beispielsweise die Bereiche Verkehr, Fischerei, Eisen- und Stahlindustrie, Energie, Fernmeldewesen, Informatik, Umweltschutz, Fremdenverkehr sowie wissenschaftliche und technische Zusammenarbeit, ohne irgendeinen anderen Sektor von gegenseitigem Interesse auszuschließen.

Erst diese Formulierungen (Technologieaustausch, joint-ventures) erinnern an Passagen aus den nationalen Kooperationsabkommen der EG-Mitgliedstaaten. Was dort noch Eingang in die Abkommen selbst gefunden hat, ist hier auf der Durchführungsebene angesiedelt.

III. Die Abkommen über eine handelspolitische Zusammenarbeit mit Indien, Sri Lanka, Bangla Desh und Pakistan

Die Abkommen über eine handelspolitische Zusammenarbeit mit den Entwicklungsländern Indien[7], Sri Lanka[8], Bangla Desh[9] und Pakistan[10] signalisieren bereits durch die neuartige, erstmals in der Gemeinschaftspraxis verwendete Bezeichnung ihren kooperationspolitischen Bezug.

Bereits in der Präambel des Abkommens mit Indien wird Handel nicht als Selbstzweck, sondern als Mittel zur Erreichung größerer wirtschaftlicher und sozialer Ziele charakterisiert. Beide Parteien drücken ihre Überzeugung aus, daß moderne Handelspolitik ein wichtiges Werkzeug zur Förderung der zwischenstaatlichen wirtschaftlichen Zusammenarbeit ist und sind von dem Wunsch geleitet, ihren Beitrag zu einer neuen Phase internationaler Zusammenarbeit auf wirtschaftlichem Gebiet zu leisten. In konsequenter Fortführung dieser Gedanken heißt es in Art. 6:

> „Die Vertragsparteien können in Bereichen, die für beide Parteien von Interesse sind, unter Berücksichtigung der Entwicklung der Wirtschaftspolitik der Gemeinschaft und der Republik Indien die wirtschaftliche Zusammenarbeit, sofern sie den Handel betrifft, ausbauen."

---

[7] Abl. L 82/2 v. 27. 3. 74.

[8] Abl. L 247/2 v. 23. 9. 75.

[9] Abl. L 319/2 v. 19. 11. 76.

[10] Abl. L 168/1 v. 28. 6. 1976.

Diese Formulierungen lassen erkennen, daß Handel und wirtschaftliche Zusammenarbeit nicht als gegensätzliche Begriffspaare verstanden werden, sondern nach dem Wortlaut der Präambel funktionell und nach dem Wortlaut von Art. 6 inhaltlich miteinander verbunden sind. Wenn Art. 6 von einer wirtschaftlichen Zusammenarbeit, sofern sie den Handel betrifft, spricht, so heißt dies, daß sich wirtschaftliche Zusammenarbeit und Handel wenigstens teilweise überlagern, daß andererseits aber auch die wirtschaftliche Zusammenarbeit nur insoweit in den Anwendungsbereich des Abkommens einbezogen werden kann[11], als dieser handelspolitische Bezug gegeben ist. Diese Einschränkung wird noch deutlicher in Art. 9, der dem Gemischten Ausschuß u. a. die Aufgabe überträgt,

> „nach Mitteln und Wegen zu suchen, welche die Entwicklung einer Zusammenarbeit zwischen der Gemeinschaft und der Republik Indien in Wirtschaft und Handel begünstigen können, soweit diese den Ausbau und eine größere Vielfalt des Warenverkehrs fördern und beiden Vertragsparteien Vorteile bringen können".

Die Entwicklung einer Zusammenarbeit in Wirtschaft und Handel wird in dieser Vorschrift auf den Regelungsbereich des Warenverkehrs begrenzt.

Das Abkommen über eine handelspolitische Zusammenarbeit mit Sri Lanka ist im wesentlichen dem Abkommen mit Indien nachgebildet. Zusätzlich wird im Anschluß an die Kooperationsklausel in einer gesonderten Bestimmung (Art. 6) auf die Durchführung des Abkommens hingewiesen:

> „Die Vertragsparteien vereinbaren, zur Durchführung der Artikel 4 und 5, die Kontakte und die Zusammenarbeit zwischen ihren Wirtschaftsorganisationen zu fördern und die zu diesem Zweck geschaffenen oder zu schaffenden Einrichtungen zu unterstützen."

Art. 7 erwähnt die Zusammenarbeit im Handel und in verwandten Wirtschaftsbereichen in dritten Ländern ausdrücklich als eine Form der bilateralen Kooperation, während im Abkommen mit Indien die Zusammenarbeit in dritten Ländern allein die Ausfuhrseite betrifft.

Jüngste Beispiele von Abkommen über eine handelspolitische Zusammenarbeit sind die Abkommen der Gemeinschaft mit Pakistan und Bangla Desh. Inhaltlich entsprechen sie bis auf kleinere Abweichungen den Abkommen mit Indien und Sri Lanka, so daß auf die hierzu gemachten Bemerkungen verwiesen werden kann.

---

[11] Durch das Wörtchen „können" in Art. 6 ist ebenso wie in der Kooperationsklausel mit Jugoslawien angedeutet, daß die wirtschaftliche Zusammenarbeit nicht automatisch Gegenstand des Abkommens ist, sondern nur die Möglichkeit einer Einbeziehung ins Auge gefaßt wird.

IV. Das Abkommen mit Mexiko

Die Situation Mexikos als Entwicklungsland, die in Art. 1 des Abkommens[12] ausdrücklich Erwähnung findet, macht verständlich, daß dieser Vertrag viele Gemeinsamkeiten mit den Abkommen über die handelspolitische Zusammenarbeit mit Sri Lanka und Bangla Desh aufweist; insofern treffen die zu diesen Abkommen gemachten Feststellungen auch auf die terminologisch schlicht als Abkommen bezeichnete Vereinbarung mit Mexiko zu.

V. Das Rahmenabkommen über eine handelspolitische und wirtschaftliche Zusammenarbeit mit Kanada

Das Rahmenabkommen über eine handelspolitische und wirtschaftliche Zusammenarbeit mit Kanada[13] bildet für die Gemeinschaft einen neuen Ausgangspunkt in der Gestaltung ihrer Beziehungen zu Industrieländern. Die bisher zwischen der Gemeinschaft und Industriestaaten getroffenen Vereinbarungen, vor allem die Abkommen mit den sog. Rest-EFTA-Staaten[14], beschränkten sich auf die Schaffung einer Freihandelszone und entbehrten kooperationspolitischer Elemente. Andererseits waren Abkommen mit kooperationspolitischem Bezug in der Vergangenheit weniger entwickelten Drittstaaten vorbehalten.

Bereits die neuartige Bezeichnung „Rahmenabkommen über eine handelspolitische und wirtschaftliche Zusammenarbeit" liefert einen Hinweis auf die vermehrte kooperationspolitische Anreicherung des Abkommens. Als Rechtsgrundlage wird neben Art. 113 im Gegensatz zu den vorstehend skizzierten Abkommen ausdrücklich Art. 235 herangezogen, offenbar in der Erwägung, die in der Abschlußverordnung zum Ausdruck kommt, „daß bestimmte in dem Abkommen geplante Maßnahmen der wirtschaftlichen Zusammenarbeit die im Bereich der gemeinsamen Handelspolitik vorgesehenen Handlungsbefugnisse überschreiten"[15].

---

[12] Abl. L 247/11 v. 23. 9. 1975.

[13] Abl. L 260/2 v. 24. 9. 76.

[14] Schweiz (Abl. L 300/189), Schweden (Abl. L 300/97), Österreich (Abl. L 300/2) v. 31. 12. 72; Portugal (Abl. L 301/165), Island (Abl. L 301/2) v. 31. 12. 72; Finnland (Abl. L 328/2) v. 28. 11. 73.

[15] Soweit sich später herausstellen sollte, daß die im Abkommen aufgeführten Bereiche der wirtschaftlichen Zusammenarbeit von Art. 113 ausreichend gedeckt sind, erscheint die zusätzliche Heranziehung von Art. 235 bedenklich. Die gleichzeitige Bezugnahme auf Art. 235 in den Fällen, in denen andere Rechtsgrundlagen des Vertrages in Betracht kommen, dürfte mit dem Zweck von Art. 235 als Ausnahme-Vorschrift schwer zu vereinbaren sein.

Eine ähnliche Frage war u. a. Gegenstand der Rs 8/73 (Massey-Ferguson), EuGH Slg. 1973 S. 897 ff. Der GH hatte über die Rechtsgültigkeit einer VO „über den Zollwert von Waren" aus dem Jahre 1968 zu befinden, die als Rechtsgrundlage „den Vertrag zur Gründung der Europäischen Wirtschafts-

Die in der Abkommensterminologie und bei der Wahl der Rechtsgrundlage berücksichtigte Aufteilung in eine handelspolitische und eine wirtschaftliche Zusammenarbeit wird auch im Abkommen durchgehalten. Während Art. II ausschließlich der handelspolitischen Zusammenarbeit gewidmet ist, heißt es in Art. III unter der Überschrift wirtschaftliche Zusammenarbeit:

„(1) Die Vertragsparteien fördern in Anbetracht der ergänzenden Natur ihrer Volkswirtschaften sowie ihrer Fähigkeiten und langfristigen wirtschaftlichen Bestrebungen eine gegenseitige wirtschaftliche Zusammenarbeit in allen von ihnen als geeignet erachteten Bereichen. Diese Zusammenarbeit ist unter anderem auf folgende Ziele gerichtet:

— die Förderung und Entwicklung der Industrie der Vertragsparteien,
— die Förderung des technologischen und wissenschaftlichen Fortschritts,
— die Erschließung neuer Versorgungsquellen und neuer Märkte,
— die Schaffung neuer Beschäftigungsmöglichkeiten,
— die Verringerung regionaler Ungleichgewichte,
— den Schutz und die Verbesserung der Umwelt,
— ganz allgemein einen Beitrag zur Entwicklung der Wirtschaft und des Lebensstandards der Vertragsparteien.

(2) Zur Verwirklichung dieser Ziele fördern und erleichtern die Vertragsparteien in geeigneter Weise unter anderem:

— umfangreichere Geschäftsverbindungen zwischen ihren Industrieunternehmen, insbesondere in Form von ‚joint-ventures‘,
— eine größere Beteiligung ihrer Unternehmen an der industriellen Entwicklung der Vertragsparteien zum beiderseitigen Vorteil,
— gesteigerte und beiderseitig vorteilhafte Investitionen,
— den Austausch technologischer und wissenschaftlicher Kenntnisse,
— gemeinsame Aktionen ihrer Unternehmen und Organisationen in dritten Ländern.

(3) Die Vertragsparteien ermutigen in geeigneter Weise den regelmäßigen Austausch von industriellen, landwirtschaftlichen und sonstigen für die handelspolitische und wirtschaftliche Zusammenarbeit zweckdienlichen Informationen sowie Kontaktaufnahmen und Förderungsmaßnahmen zwischen Unternehmen und Organisationen der Gemeinschaften und Kanadas in diesen Bereichen.

(4) Unbeschadet der einschlägigen Bestimmungen der Verträge zur Gründung der Gemeinschaften werden durch dieses Abkommen und alle auf seiner Grundlage getroffenen Maßnahmen in keiner Weise die Befugnisse der Mitgliedstaaten der Gemeinschaften berührt, im Bereich der wirtschaftlichen Zusammenarbeit mit Kanada bilateral tätig zu werden und gegebenenfalls neue Abkommen über wirtschaftliche Zusammenarbeit mit Kanada zu schließen."

---

gemeinschaft, insbesondere ... Art. 235" anführt. Obwohl der GH erkennen ließ, daß die VO dem Anwendungsbereich der gemeinsamen Handelspolitik zugeordnet werden kann, durfte nach seiner Auffassung „der Rat zu Recht davon ausgehen, daß der Rückgriff auf das Verfahren des Artikels 235 im Interesse der Rechtssicherheit zulässig war, zumal die fragliche Vereinbarung während der Übergangszeit erlassen wurde".

Bemerkenswert hieran ist zunächst, daß der sachliche Anwendungsbereich der wirtschaftlichen Zusammenarbeit nicht auf den Handel beschränkt bleibt, wie dies in den übrigen Abkommen der Fall war, sondern auf alle von den Parteien als geeignet empfundenen Bereiche ausgedehnt werden soll. Absatz 2 der Bestimmung enthält einen nicht abschließenden Katalog von konkreten Kooperationsmöglichkeiten, die bisher, wenn sie überhaupt im Rahmen von Gemeinschaftsabkommen erwähnt wurden, nur auf der Durchführungsebene angetroffen werden konnten[16]. Sie finden damit unmittelbar ohne den Umweg über die „Kann"-Klausel wie z. B. in den Abkommen mit Mexiko und Jugoslawien Eingang in den Anwendungsbereich der Vereinbarung. Ein Teil der in Art. III aufgeführten Formen wirtschaftlicher Zusammenarbeit (joint-ventures, Austausch technologischer und wissenschaftlicher Kenntnisse) stimmt mit den Grundformen überein, denen wir bereits in den bilateralen Kooperationsabkommen der EG-Mitgliedstaaten mit den Staatshandelsländern Osteuropas begegnet sind. Neue Kooperationsmöglichkeiten enthält der Katalog nicht.

Für die vertikale Kompetenzfrage ist Art. III Abs. 4 von Interesse, der als konkrete Ausformung der in der Präambel enthaltenen Erkenntnis, daß die direkte Verbindung zwischen der Gemeinschaft und Kanada „die Zusammenarbeit zwischen den Mitgliedstaaten der EG und Kanada stützt, ergänzt und ausweitet", den Mitgliedstaaten ausdrücklich das Recht vorbehält, im Bereich der wirtschaftlichen Zusammenarbeit bilateral mit Kanada tätig zu werden[17]. Um Konflikte zwischen nationalen und gemeinschaftlichen Aktionen zu vermeiden, bestimmt schließlich Art. V Abs. 3:

> „Vorbehaltlich des Artikels III Abs. 4 über die wirtschaftliche Zusammenarbeit ersetzen die Bestimmungen dieses Abkommens die Bestimmungen von Abkommen zwischen Mitgliedstaaten der Gemeinschaft und Kanada, die mit ihnen unvereinbar oder identisch sind."

---

[16] Die Bildung gemischter Gesellschaften bildete bereits im Gemischten Ausschuß des Abkommens mit Mexiko (s. o. Kap. 2 IV) den Gegenstand von Erörterungen; bei der Durchführung des Abkommens mit Jugoslawien (s. o. Kap. 2 II) tritt zur Bildung gemischter Gesellschaften der Technologieaustausch als zusätzlich angestrebte Kooperationsform hinzu.

[17] Zum Aussagewert dieser Bestimmung s. u. Kap. 20 I.

Kapitel 3: Die gemeinschaftsrechtliche Problematik vertraglicher Handelsbeziehungen

I. Die Koordinierung der vertraglichen Handelsbeziehungen der Mitgliedstaaten mit Drittländern während der Übergangszeit

Die Übernahme der von den Mitgliedstaaten mit Drittländern geschlossenen Handelsabkommen in Gemeinschaftsregie, so wie es Art. 113 nach Ablauf der Übergangszeit vorsieht, machte eine vorangehende schrittweise Koordinierung erforderlich. Aus diesem Grund bestimmt Art. 111 Abs. 1:

„Die Mitgliedstaaten koordinieren ihre Handelsbeziehungen mit dritten Ländern derart, daß am Ende der Übergangszeit die erforderlichen Voraussetzungen für die Durchführung einer gemeinsamen Politik auf dem Gebiet des Außenhandels gegeben sind."

Zur Erfüllung dieser Voraussetzungen sind drei wichtige Beschlüsse auf Gemeinschaftsebene gefaßt worden:

(1) Durch Ministerratsbeschluß vom 20. Juli 1960 wurde die Aufnahme einer sogenannten EWG-Klausel in alle künftigen Handelsverträge vorgesehen[1]. Diese Entscheidung verpflichtete die Mitgliedstaaten, bei handelspolitischen Vertragsverhandlungen mit dritten Ländern auf der Einbeziehung folgender Klausel zu bestehen[2]:

„Wenn die aus dem Vertrag zur Gründung der Europäischen Wirtschaftsgemeinschaft sich ergebenden Verpflichtungen bezüglich der schrittweisen Einführung einer gemeinsamen Handelspolitik es erfordern, werden so kurzfristig wie möglich Verhandlungen eingeleitet, mit dem Ziel, alle zweckdienlichen Änderungen in diese Abkommen aufzunehmen."

Diese Verpflichtung konnte nicht immer eingehalten werden. Vor allem im Verhältnis der Mitgliedstaaten zu den Staatshandelsländern stieß die Aufnahme der Revisionsklausel auf Widerstand[3].

(2) Am 9. Oktober 1961 wurde in einer Entscheidung des Rats[4] festgelegt, daß die Laufzeit von Handelsabkommen die Übergangszeit nicht überschreiten dürfe. Abkommen, die weder die EWG-Klausel noch eine jährliche Kündigungsfrist enthielten, durften hiernach nur für eine Geltungsdauer von einem Jahr geschlossen werden. Mit dieser Maßnahme sollte einer Beeinträchtigung der gemeinsamen Handelspolitik nach Ablauf der Übergangszeit vorgebeugt werden.

(3) Eine Entscheidung des Rats vom gleichen Tage[5] sah u. a. vor, ein Konsultationsverfahren auf Gemeinschaftsebene bei der Aushandlung

[1] 4. GB-EG Nr. 192.
[2] Nähere Einzelheiten s. *Kim* 115 ff.; *Raux* S. 269.
[3] Vgl. *Löhr* Dok. EP 10/1965 - 66 Nr. 16.
[4] Abl. v. 4. 11. 1961 S. 1274.

von Abkommen über die Handelsbeziehungen zwischen den Mitgliedstaaten und dritten Ländern vorzuschalten. Eine bedeutende Rolle fiel hierbei der Kommission zu, die durch Empfehlungen eingreifen konnte, um die Überführung nationaler Abkommen in Gemeinschaftsabkommen zu erleichtern[6].

II. Die Verlängerung bestehender bilateraler Handelsabkommen über den Ablauf der Übergangszeit hinaus

Angesichts der physischen und politischen Unmöglichkeit[7], bis zum 1. 1. 1970 alle zwischen den Mitgliedstaaten und dritten Ländern bestehenden Handelsabkommen in Gemeinschaftsabkommen zu überführen, sah sich der Rat gezwungen, an seiner Laufzeitentscheidung vom 9. 10. 1961[8] Änderungen vorzunehmen. Die für die Folgezeit bedeutsame Entscheidung des Rats vom 16. 12. 1969[9] eröffnete die Möglichkeit, in Kraft befindliche nationale Abkommen über den Ablauf der Übergangszeit hinaus zu verlängern oder stillschweigend zu erneuern, sofern ein Mitgliedstaat dies wünscht und die Weitergeltung der vertraglichen Beziehungen kein Hindernis für die Einführung der gemeinsamen Handelspolitik darstellt[10]. Eine vorherige Konsultation diente dem Ziel, diese Voraussetzungen nachzuprüfen. Allerdings durfte der Zeitraum der in Betracht zu ziehenden Verlängerung die Dauer eines Jahres nicht überschreiten. Von dieser Möglichkeit haben die Mitgliedstaaten in der Folgezeit mehrfach Gebrauch gemacht[11].

Bei der gemeinschaftsrechtlichen Genehmigung mußte jeweils in die Überlegung einbezogen werden, welches Land dem antragstellenden Mitgliedstaat als Vertragspartner gegenüberstand. Dabei hatte sich die Gemeinschaft sowohl am wirtschaftlich Nötigen als auch am politisch Möglichen zu orientieren:

(1) In den Beziehungen zu den Nicht-Staatshandelsländern konnten die nationalen Handelsabkommen weitgehend durch Gemeinschaftsabkommen ersetzt werden. Die Nicht-Staatshandelsländer erkennen alle die Gemeinschaft an, so daß sich von daher keine Schwierigkeiten ergaben, mit ihnen in Vertragsverhandlungen einzutreten. Wenn die Gemeinschaft mit einigen dieser Staaten zur Zeit dennoch keine vertraglichen Beziehungen unterhält, hat dies seinen Grund darin, daß vom wirtschaftlichen Standpunkt aus augenblicklich keine Notwendig-

5 Abl. v. 4. 11. 1961 S. 1273.

6 Näher dazu *Raux* S. 270 und *Kim* S. 122.

7 *von der Groeben*, Komm.Art. 113 I b.

8 Siehe oben Fn. 4.

9 Abl. L 326/39 v. 29. 12. 69.

10 Titel I der Entscheidung.

11 s. z. B. 5. GB-EG Nr. 501.

keit besteht, auf Gemeinschaftsebene vertragliche Vereinbarungen mit diesen Ländern zu treffen. Die zwischen einigen Mitgliedstaaten und einigen Nicht-Staatshandelsländern bestehenden Handelsabkommen werden auch weiterhin wegen ihrer marginalen wirtschaftlichen Bedeutung mit Genehmigung der Gemeinschaft verlängert oder stillschweigend erneuert[12].

(2) Im Verhältnis zu den Staatshandelsländern stößt die Überführung nationaler Abkommen in Gemeinschaftsabkommen auf politische Schwierigkeiten. Die Weigerung dieser Staaten, die Gemeinschaft als Verhandlungspartner anzuerkennen, verbaute den Weg zur Aufnahme von Verhandlungen. Dennoch entschlossen sich die Mitgliedstaaten im Zusammenwirken mit den Gemeinschaftsorganen, die bilateral bestehenden Handelsbeziehungen zu den Staatshandelsländern definitiv am 31. 12. 1974 auslaufen zu lassen[13].

III. Besonderheiten im Verhältnis zu den Staatshandelsländern nach dem 1. 1. 1970

Die Bedeutung der Entscheidung des Rats vom 16. 12. 1969[14] erschöpft sich nicht in der Möglichkeit, bilaterale Handelsabkommen über den 1. 1. 1970 hinaus zu verlängern oder stillschweigend zu erneuern. Neben Bestimmungen über das nähere Verfahren, das im Falle der Aushandlung von Gemeinschaftsabkommen mit dritten Ländern einzuhalten ist[15], enthält die Ratsentscheidung wichtige Übergangs- und Ausnahmebestimmungen[16] für Sonderfälle, in denen die Gemeinschaft noch keine Verhandlungen über den Abschluß von Handelsabkommen mit einigen Ländern führen kann. Ausnahmsweise konnte der Rat in derartigen Fällen bis zum 31. 12. 72 „bilaterale Verhandlungen zwischen den Mitgliedstaaten und bestimmten dritten Ländern genehmigen“[17]. Damit waren die Staatshandelsländer angesprochen, die

---

[12] Vgl. Dok. KOM (72) 4500 endg. S. 23/24 und 9. GB-EG Nr. 370. In einigen Fällen erfaßt die Verlängerungsgenehmigung auch Abkommen mit Drittstaaten, in denen bereits auf Gemeinschaftsebene vertragliche Handelsbeziehungen bestehen, z. B. „Accordo commerciale“ zwischen Italien und Indien vom 6. 10. 59.

[13] s. Bulletin des Presse- und Informationsamtes der Bundesregierung Nr. 93/1974 S. 967 Ziff. 20: „Der Rat bestätigte am 7. 5. 74, daß die Handelsabkommen der Mitgliedstaaten mit einzelnen Staatshandelsländern 1974 auslaufen.“ Einer offiziellen Entscheidung des Rats hierüber bedurfte es nicht, da zu diesem Punkt kein Antrag eines Mitgliedstaates vorlag.

[14] Siehe oben Fn. 9.

[15] Titel II der Entscheidung. Er bildet bis heute die praktische Grundlage für das Vorgehen der Gemeinschaft im Bereich der konventionellen Handelspolitik.

[16] Titel III der Entscheidung.

[17] Art. 9 der Entscheidung; von dieser Möglichkeit haben Gebrauch gemacht: Frankreich für Abkommen mit Bulgarien, Rumänien, Nordvietnam

aus politischen Gründen nicht bereit waren, die Existenz der Gemeinschaft anzuerkennen[18]. Mit dieser Entscheidung konnten sie einen politischen Erfolg für sich verbuchen. Durch die Derogationsmöglichkeit sollte eine Unterbrechung der vertraglichen Beziehungen mit den betreffenden Staaten vermieden werden[19]. Die zeitlich befristete Ausnahmebestimmung galt jedoch nur bis zum 31. 12. 1972. Seitdem ist im Verhältnis zu den Staatshandelsländern die gleiche Situation eingetreten wie zu den übrigen Drittländern: Abkommen sind von der Kommission auszuhandeln und vom Rat abzuschließen.

Angesichts der festen Entschlossenheit der Gemeinschaft, keine weiteren Ausnahmen nach diesem Zeitpunkt zuzulassen, zeichnete sich ein allmählicher Gesinnungswandel der Staatshandelsländer in der Beurteilung ihres Verhältnisses zur Gemeinschaft ab.

Eingeleitet wurde diese Entwicklung durch zwei Reden des Generalsekretärs der KPdSU, Breschnew, im Jahre 1972. Am 20. März 1972 erklärte er[20]:

> „Die Sowjetunion ignoriert keineswegs die reale Lage in Westeuropa, darunter auch das Bestehen einer solchen ökonomischen Gruppierung kapitalistischer Länder wie die des Gemeinsamen Marktes. Wir verfolgen aufmerksam die Aktivitäten des Gemeinsamen Marktes und seine Evolution. Unsere Beziehung zu den Teilnehmern dieser Gruppierung wird natürlich davon abhängen, wie weit sie ihrerseits die Realitäten im sozialistischen Teil Europas, besonders die Interessen der Mitgliedländer des RGW, anerkennen. Wir sind für die Gleichberechtigung in den Wirtschaftsbeziehungen und gegen Diskriminierung."

Am 21. Dezember 1972 berührte er das Thema erneut und erklärte[21]:

> „Können Grundlagen für irgendwelche Formen sachlicher Beziehungen zwischen den in Europa bestehenden zwischenstaatlichen Handels- und Wirtschaftsorganisationen, zwischen dem RGW und dem Gemeinsamen Markt gefunden werden? Wahrscheinlich ja, wenn die dem Gemeinsamen Markt angehörenden Staaten sich jeglicher Diskriminierungsversuche gegenüber der anderen Seite enthalten, wenn sie zur Entwicklung natürlicher bilateraler Beziehungen und einer gesamteuropäischen Zusammenarbeit beitragen werden."

Aus diesen Erklärungen wird bereits die Tendenz des Ostens, vor allem der Sowjetunion, sichtbar, ihr Verhalten der Gemeinschaft gegenüber in einem bestimmten Maße vom Verhalten der Gemeinschaft

---

und Jugoslawien; Italien für Abkommen mit Ungarn, Polen und Rumänien; BRD für Abkommen mit Polen und Hongkong (Quelle: Anselme-Rabinovitch S. 1088).

[18] Statt vieler: *von der Groeben*, Komm.Art. 113 II 2.

[19] Dieses Motiv kommt deutlich in der Präambel der Entscheidung zum Ausdruck.

[20] Zitiert nach *Klepsch* Dok. EP 425/74 Nr. 38.

[21] Ebd. Nr. 39.

und ihrer Mitgliedstaaten dem RGW gegenüber abhängig zu machen[22]. Während die Gemeinschaft anfänglich noch davon ausging, die bilateralen nationalen Handelsabkommen ebenfalls durch bilaterale Abkommen mit den einzelnen Staatshandelsländern zu ersetzen[23], konnte sie sich der vom Osten ins Spiel gebrachten Akzentverschiebung nicht entziehen. Die Möglichkeit, auch oder sogar allein mit dem RGW als solchem Verträge abzuschließen, wurde fortan nicht mehr ausgeschlossen. Nach einer Periode vorsichtigen Abtastens wurden im August 1973 erste inoffizielle Kontakte zwischen dem RGW-Generalsekretär Faddejew und dem damaligen amtierenden Ratspräsidenten Nørgaard in Kopenhagen aufgenommen[24]. Diese mündeten Ende 1974 nach einigem diplomatischen Tauziehen[25] in eine Einladung an den Präsidenten der Kommission zur Kontaktaufnahme mit dem Comecon in Moskau. Auf diese Einladung hin begab sich eine Gemeinschaftsdelegation im Februar 1975 nach Moskau, um festzustellen, „auf welchen in ihren jeweiligen Zuständigkeitsbereich fallenden Gebieten die beiden Organisationen gemeinsame Interessen haben, die zu einer etwaigen Zusammenarbeit führen könnten“[26]. Die bei dieser Gelegenheit ausgesprochene Gegeneinladung blieb bis heute unbeantwortet.

---

[22] In diesem Sinne auch *Dumesnil* S. 58. Der Rat für gegenseitige Wirtschaftshilfe (RGW), auch Comecon genannt, ist die Organisation zur wirtschaftlichen Integration der Staatshandelsländer Osteuropas. Außer den osteuropäischen Staaten gehören ihm die Mongolei und Kuba an. Albanien ist den Tagungen seit 1962 ferngeblieben.

[23] In den Dok. KOM (72) 4500 und KOM (74) 3539 ist nur von den Beziehungen zwischen der Gemeinschaft und den einzelnen Staatshandelsländern die Rede. Vgl. auch die Antwort der Kommission auf die schriftliche Anfrage des Abg. *Vredeling* (Abl. C 85/2 vom 7. 8. 72), in der von der Schwierigkeit die Rede ist, aufgrund der Kompetenz- und Strukturunterschiede zwischen EWG und Comecon vertragliche Beziehungen zu etablieren. Zur Frage der Vertragsschließungskompetenz des RGW s. *Lebahn* m. w. N. De facto hat der RGW in jüngster Zeit wiederholt den Beweis erbracht, als internationaler Verhandlungspartner auftreten zu können. An das Abkommen mit Finnland (EA 5/74 S. D 99 ff.) schlossen sich die Abkommen RGW-Irak (NZZ v. 15. 7. 75) und RGW-Mexiko (NZZ v. 11. 9. 75) an.

[24] s. 8. GB-EG Nr. 451.

[25] 19. 9. 73: Rechenschaftsbericht von Nørgard im EP. — 20. 9. 73: Beschluß des Rats, von diesem Gespräch offiziell Kenntnis zu nehmen sowie Mitteilung dieses Beschlusses an H. Faddejew mit dem Hinweis, für künftige Verhandlungen sei die Kommission zuständig. — 13. 3. 73: Soames erklärt erneut die Position der Gemeinschaft gegenüber dem RGW in einer Antwort auf die mündliche Anfrage des Abg. Patijn. — 3. 5. 74: Beschluß des Rats, in dem bestätigt wird, daß für Vertragsverhandlungen mit Staatshandelsländern grundsätzlich nur die Kommission zuständig sei. — 7. 5. 74: Erneute Bestätigung der Gemeinschaftshaltung durch Ratsbeschluß unter Bezugnahme auf den Beschluß vom 20. 9. 73 und die ausgebliebene Reaktion des RGW. — 15. 5. 74: Mitteilung des Beschlusses an H. Faddejew durch H. Sahm, den deutschen Botschafter in Moskau.

[26] 8. GB-EG Nr. 451 a. E. Zur kritischen Wertung der „historischen“ Begegnung s. die schriftliche Anfrage der Abg. Della Briotta und Cancas in Abl. C 138/15 vom 19. 6. 75.

Um für die Zeit nach dem 31. 12. 1972, spätestens aber nach Auslaufen der nationalen Handelsabkommen Ende 1974 zur Aufnahme von Verhandlungen gerüstet zu sein, unternahm die Gemeinschaft seit 1972 vermehrt vorbereitende Anstrengungen:

In einer Mitteilung an den Rat vom 20. 12. 1972 über die vertragliche und autonome Handelspolitik gegenüber den Staatshandelsländern zog die Kommission Bilanz der Entwicklung der letzten Jahre und stellte fest, daß die schrittweise Vereinheitlichung der vertraglichen Handelsbeziehungen zwischen den Mitgliedstaaten und den Staatshandelsländern so weit gediehen sei, daß einer vertraglichen Vereinbarung zwischen der Geminschaft und diesen Ländern nichts mehr im Wege stehe[27]. In der Folgezeit erarbeitete sie ein Abkommensschema, welches die Grundlinien eines Globalangebots der Gemeinschaft an die Staatshandelsländer enthält[28]. Mit diesen Präzisierungen erhoffte man sich näheren Aufschluß über die Vorstellungen der künftigen Partner. Auf Bitten des Rates übermittelte die Kommission dieses Schema allen Staatshandelsländern mit einem aide-mémoire im November 1974[29].

Der Verhandlungsentwurf sieht langfristige, nicht präferenzielle Handelsabkommen vor, die auf der Basis gegenseitiger Rechte und Pflichten mit den einzelnen Staatshandelsländern geschlossen und über eine Evolutivklausel auf Bereiche der wirtschaftlichen Kooperation ausgedehnt werden können. Ziel der anvisierten Vereinbarungen ist eine Normalisierung und eine Ausweitung der beiderseitigen Wirtschaftsbeziehungen. Nach Auffassung der Kommission sollten sich die Vertragspartner die Meistbegünstigung auf zolltariflichem Gebiet vorbehaltlich der üblichen Ausnahmen[30] gewähren. Für den Bereich der mengenmäßigen Beschränkungen ist die Schaffung eines Rahmens vorgesehen, um die bestehenden Kontingente völlig abzubauen oder das Liberalisierungsvolumen zu erhöhen. Auch Bestimmungen im Agrarsektor sind nicht ausgeschlossen, sofern die Prinzipien und der Mechanismus der gemeinsamen Agrarpolitik unangetastet bleiben. Ein regelmäßiger Informationsaustausch soll dazu beitragen, eine bessere Stabilisierung der Märkte zu erreichen. Die Gemischte Kommission hat die Aufgabe, sich als Konsultationsorgan den spezifischen Problemen der Vertragsparteien im Zusammenhang mit den Abkommen zu widmen. Eine sogenannte Finanzklausel allgemeiner Art nimmt schließlich Bezug auf die Problematik der Nichtkonvertierbarkeit östlicher Währungen sowie auf die wichtige Rolle der Exportkredite für die Finan-

---

27 Dok. KOM (72) 4500 endg. S. 10.

28 Dok. KOM (74) 3539 endg. vom 2. 10. 74.

29 s. 8. GB-EG Nr. 452 a. E.

30 Damit ist die Bildung von Präferenzgebieten gemeint, die einer derartigen Klausel nicht entgegensteht.

zierung der östlichen Käufe. Mehrfach betont die Kommission in ihrem Entwurf den allgemeinen Charakter des Angebots, der die Besonderheit einzelner Länder unberücksichtigt läßt.

Diese Besonderheiten finden nicht zuletzt in der unterschiedlichen Haltung der Staatshandelsländer gegenüber der Europäischen Gemeinschaft ihren sichtbaren Ausdruck: Agrartechnische Vereinbarungen bestehen bereits zwischen der EG und Bulgarien, Rumänien und Ungarn[31]. Rumänien kommt seit 1973 in den Genuß des Systems der allgemeinen Präferenzen[32]. Polen, Rumänien und Ungarn reagierten positiv auf das Angebot der Gemeinschaft, in Verhandlungen über den Abschluß eines Selbstbeschränkungsabkommens im Textilbereich einzutreten[33]. Trotz dieser Einzelkontakte blieb eine Reaktion der Staatshandelsländer auf den Abkommensentwurf vorläufig aus. Lediglich China zeigte sich interessiert[34].

Als sich abzeichnete, daß es nicht möglich sein würde, die Ende 1974 auslaufenden bilateralen Abkommen fristgerecht durch Gemeinschaftsabkommen zu ersetzen, beschloß der Rat autonome Handelsregelungen[35], um das ab 1. 1. 1975 auf die Gemeinschaft zukommende „juristische Vakuum"[36] im Ost-West-Handel zu füllen. In der Folgezeit auftretende spezifische Handelsprobleme fanden konsequenterweise ihre einseitige Erledigung[37].

Bevor östlicherseits auf bilateraler Ebene weitere Schritte im Verhältnis zur Gemeinschaft unternommen wurden[38], mußte zunächst ab-

---

31 Abl. L 10/9 v. 13. 1. 71 (Bulgarien/Rumänien), Abl. L 44/9 v. 23. 2. 71 (Ungarn). — Sie sind das Ergebnis von Sachverständigenbesprechungen, die durch Briefwechsel zwischen der Kommission und den betreffenden Regierungen bestätigt wurden.

32 Vgl. 7. GB-EG Nr. 562.

33 s. Agence Europe v. 27./28. 10. 75 S. 9. — Die Verhandlungen mit Rumänien konnten bereits im November 1976 erfolgreich abgeschlossen werden. Das Abkommen tritt rückwirkend zum 1. 1. 76 in Kraft und galt zunächst bis zum 31. 12. 76, Quelle: NfA v. 15. 11. 76.

34 Unter den asiatischen Staatshandelsländern hat China bereits um die Eröffnung von Vertragsverhandlungen mit Brüssel nachgesucht. Die Kommission kündigte baldige Gespräche über ein Handelsabkommen mit diesem Land an, s. Bull. EG 5/75 S. 19 - 21; Agence Europe Nr. 1874 vom 5. 12. 75.

35 Ratsentscheidung vom 2. 12. 74, Abl. L 358/1 v. 31. 12. 74; im Anschluß daran Entscheidung v. 27. 3. 75, Abl. L 99/7 v. 21. 4. 75, zuletzt Entscheidung v. 13. 12. 76, Abl. L 365/1 v. 31. 12. 76.

36 So *Dusmesnil* S. 59 und *Dubois*, Ref. S. 29.

37 Am 29. 7. 76 verfügte die Kommission eine Beschränkung der Einfuhren von Glühlampen nach Italien mit Herkunft in der SU, CSSR, Bulgarien und der DDR (VO Nr. 1887/76, Abl. L 206/81 v. 31. 7. 76). Der Umstand, daß Rumänien, Ungarn und Polen vom Geltungsbereich der VO ausgeklammert sind, führte zu der Spekulation, es handle sich um eine bewußt politisch motivierte Differenzierung zwischen einzelnen RGW-Staaten, vgl. Spiegel Nr. 48/1976 S. 125.

38 Einige Staatshandelsländer schickten den Text des Abkommensentwurfs

geklärt werden, ob nicht die Möglichkeit bestand, zwischen den beiden Wirtschaftsorganisationen zu einer vertraglichen Regelung zu gelangen. Diese Überlegungen mündeten schließlich in einen 15 Artikel umfassenden Gegenvorschlag des Comecon, der als potentieller Vertragspartner im Abkommensentwurf der Gemeinschaft noch keine Erwähnung fand. Der östliche Vertragsentwurf, der dem amtierenden Ratspräsidenten im Februar 1976 übermittelt wurde[39], sieht einen Rahmenvertrag zwischen beiden Wirtschaftsblöcken EWG und RGW vor, der gleichzeitig bilaterale Handelsbeziehungen zwischen den Comecon-Mitgliedern und den EG-Mitgliedstaaten ermöglichen soll[40]. Art. 14 des Vorschlags zielt auf die Bildung einer Gemischten Kommission, die sich aus Angehörigen aller vier Parteien zusammensetzt. Dies läßt erkennen, daß der Gegenentwurf auf den Abschluß eines sog. gemischten Abkommens hinauslaufen könnte, an dem auf Gemeinschaftsseite außer der EG auch die Mitgliedstaaten beteiligt würden. Die Antwort der Gemeinschaft auf den östlichen Gegenzug fiel kühl und weitgehend substanzlos aus: Im November 1976 einigte sich der Ministerrat auf einen Abkommensentwurf für Verhandlungen mit dem RGW, der lediglich Arbeitsbeziehungen auf Randgebieten vorsieht (Austausch von Statistiken, wirtschaftliche Voraussschätzungen und Umweltschutz). Dieser Entwurf wurde am 17. November 1975 dem amtierenden Präsidenten des RGW-Exekutivkomitees zugeleitet. Im Begleitschreiben des Rats wird ausdrücklich daran erinnert, daß die Gemeinschaft hinsichtlich der Handelsbeziehungen mit ihrem immer noch gültigen Angebot vom November 1974 den Willen bekundet hat, Handelsverhandlungen mit jedem der Mitglieder des RGW zu eröffnen. Eine Reaktion des RGW auf die West-Antwort steht z. Z. noch aus[41].

IV. Der gemeinschaftsinterne Aspekt: Die Behauptung der Gemeinschaftsposition im Verhältnis zu den Mitgliedstaaten

1. Wirtschaftliche Kooperation im Spannungsfeld der Zuständigkeit zwischen der Gemeinschaft und den Mitgliedstaaten

Die Bemühungen der Gemeinschaft, ihre vertraglich zugewiesene Kompetenz im Verhältnis zu dritten Ländern auszuschöpfen, werden von der Schwierigkeit begleitet, ihre Position den Mitgliedstaaten gegenüber zu behaupten. Als sich für diese das Ende bilateraler Han-

sogar zurück, weil für sie ja offiziell trotz Breschnews Erklärungen die EG nicht existierte; vgl. FAZ v. 20. 2. 76 („Die Mission des Gerhard Weiss").

39 Vgl. NZZ v. 18. 2. 76 („Comecon-Vorschläge an die EG"); Spiegel Nr. 10/1976 S. 105 („Text aus Moskau").

40 Art. 11 des Entwurfs.

41 Vgl. Bull. EG 11/1976 Ziff. 1301.

delspolitik abzeichnete, schlossen sie verstärkt Abkommen, die sich vom klassischen Typus der Handelsabkommen wenigstens der Form nach mehr und mehr entfernten, bis schließlich jeder ausdrückliche Hinweis auf den Handel entfiel[42]. Angesichts dieser Entwicklung stellte sich für die Gemeinschaft die Frage, inwieweit hierdurch ihre handelspolitische Kompetenz angetastet und ihr durch die Schaffung vollendeter Tatsachen auf nationaler Ebene u. U. der Boden für eigene handelspolitische Aktivitäten, insbesondere im Verhältnis zu den Staatshandelsländern, entzogen würde.

Die Kommission beschäftigte sich mit diesem Problemkreis erstmalig in ihrer Mitteilung an den Rat vom 20. 12. 72, in der sie die Querverbindungen aufzeigte, die zwischen der Kooperation und der gemeinsamen Handelspolitik bestehen[43]. Ausführlicher setzte sie sich mit diesem Thema in ihrer Mitteilung an den Rat vom 3. 10. 73 über die durch die Kooperationsabkommen aufgeworfenen Probleme auseinander[44]. Hierin kam sie zu dem Schluß, daß die Kooperation in der Sache die gemeinsame Handelspolitik berührt. Eine Folgerung für die Zuständigkeitsverteilung zog sie aus dieser Feststellung nicht. Sie entschied sich für einen pragmatischen Kurs[45], indem sie dem Rat einen Entscheidungsvorschlag unterbreitete, der die Einführung eines Konsultationsverfahrens sowie die Aufnahme einer sog. Revisionsklausel in neu abzuschließende nationale Kooperationsabkommen vorsah[46]. Hierbei ließ sie sich von den Verfahren leiten, die während der Übergangszeit die schrittweise Koordinierung der Handelsabkommen zum Ziel hatten und deren Wirksamkeit bewiesen war[47].

Während es gelang, die Billigung des Rates für das vorgeschlagene Konsultationsverfahren zu erhalten, konnte die Aufnahme der Revisionsklausel in Kooperationsabkommen nicht durchgesetzt werden. Die Ratsentscheidung vom 22. 7. 74, in die der Kommissionsvorschlag mündete[48], verpflichtet die Mitgliedstaaten lediglich, die Kommission von der Aushandlung oder Verlängerung von Kooperationsabkommen sowie von den entsprechenden Durchführungsmaßnahmen, die Aus-

---

[42] Zum Stand der bilateralen Kooperationsabkommen am 1. Okt. 75 s. Fn. 7 der Einleitung. Eine genaue zahlenmäßige Erfassung ist nur sehr schwer möglich. Vgl. die Antwort des amtierenden Ratspräsidenten auf eine mdl. Anfrage am 12. 5. 76 im EP, Bull. EG 5/76 Nr. 2410.

[43] Dok. KOM (72) 4500 endg.

[44] Dok. KOM (73) 1275 endg.

[45] Vgl. *Boano* Dok. EP 36.125 Nr. 65.

[46] Dok. KOM (73) 1275 endg.

[47] Dazu s. o. Kap. 3 I.

[48] Abl. L 208/23 v. 30. 7. 74. Die VO ist neben Art. 113 zusätzlich auf Art. 235 gestützt. Die daraus resultierenden rechtlichen Bedenken entsprechen den Zweifeln, die zur Abschlußverordnung des Gemeinschaftsabkommens mit Kanada angedeutet wurden; vgl. Fn. 15 zu Kap. 2. V.

wirkungen auf die gemeinsamen Politiken, insbesondere die gemeinsame Handelspolitik haben können, zu unterrichten (Art. 1). Auf Antrag eines Mitgliedstaates oder auf Veranlassung der Kommission finden Konsultationen in einem engeren Ausschuß statt, der sich aus Vertretern der einzelnen Mitgliedstaaten und der Kommission zusammensetzt (Art. 2, Art. 4). Diese Konsultationen haben zum Ziel

— die Vereinbarkeit der Abkommen und Durchführungsmaßnahmen mit den gemeinsamen Politiken, insbesondere der gemeinsamen Handelspolitik, sicherzustellen,
— den Gedankenaustausch und die gegenseitige Unterrichtung zu erleichtern, um Fragen gemeinsamen Interesses ermitteln und eine Koordinierung der Aktionen der Mitgliedstaaten gegebenenfalls fördern zu können,
— die Zweckmäßigkeit von Maßnahmen zu prüfen, die die Gemeinschaft autonom gemäß Art. 113 treffen könnte, um die Aktionen im Rahmen der Zusammenarbeit zu fördern (Art. 3).

Mit dieser Entscheidung versuchte man, auf politisch-pragmatischem Wege den Streit um die rechtliche Einordnung der Kooperationsabkommen beizulegen: Nationale Kooperationsaktivitäten werden von der Gemeinschaft unter dem Dach loser Konsultationsbedingungen bis auf weiteres toleriert, während die Gemeinschaft in der Abkommenspraxis den Beweis erbracht hat, ihrerseits Kooperationsabkommen mit dritten Ländern abschließen zu dürfen[49]. Diese Parallelität nationaler und gemeinschaftlicher Vereinbarungen im Bereich wirtschaftlicher Zusammenarbeit charakterisiert das aktuelle Spannungsverhältnis auf dem Gebiet der gemeinsamen Handelspolitik.

2. Das eigentliche Problem: Die Durchführung und Weiterentwicklung der Abkommen

Die Prüfung der nationalen Kooperationsabkommen im Rahmen des Konsultationsverfahrens durfte nicht auf den Text der Abkommen beschränkt bleiben. Einerseits waren die meisten Verhandlungen zwischen den Mitgliedstaaten und ihren Kooperationspartnern bei Inkrafttreten der Entscheidung bereits abgeschlossen oder zumindest angelaufen, so daß sich das Prüfungsrecht nur noch auf einige wenige in Aussicht genommene Vertragsabschlüsse hätte beziehen können, andererseits enthalten die Abkommen nur in Ausnahmefällen konkrete Regelungen, so daß die gemeinsame Handelspolitik in erster Linie durch die Maßnahmen tangiert wird, die von den Mitgliedstaaten in Durch-

[49] Vor allem durch den Abschluß des Rahmenabkommens über eine handelspolitische und wirtschaftliche Zusammenarbeit mit Kanada, vgl. Kap. 2. V.

führung dieser Rahmenabkommen getroffen werden[50]. Diese Durchführungsmaßnahmen werden auf der Ebene zwischenstaatlicher Kommissionen, die durch die Abkommen gebildet werden, vorbereitet und z. T. sogar von den Kommissionen in eigener Regie beschlossen. Die Vertreter dieser Ausschüsse präzisieren insbesondere die einzelnen Wirtschaftssektoren, in denen die Kooperation stattfinden soll und billigen die Einzeloperationen, die schließlich zur Förderung der angestrebten Zusammenarbeit unternommen werden. Die Ausschüsse haben damit direkten Einfluß auf die Orientierung und die Struktur des Wirtschaftsverkehrs und beeinflussen auf diesem Wege indirekt auch die Lage einzelner Wirtschaftssektoren der Gemeinschaft[51]. Der wirtschaftlichen Bedeutung der Gemischten Kommissionen für die Durchführung und Weiterentwicklung der Abkommen entspricht eine Verlagerung der Problematik von der horizontalen Abkommensebene auf den vertikalen Bereich[52].

Die intergouvernementalen Ausschüsse können häufig Arbeitsgruppen bilden, denen besondere Aufgaben aus dem Bereich der wirtschaftlichen, technischen und industriellen Zusammenarbeit übertragen werden[53]. Diese Arbeitsgruppen haben die Möglichkeit, ihrerseits Unterausschüsse zur Behandlung verschiedener Fragen einzusetzen. Nach Schätzungen der EG-Kommission soll die Zahl derartiger Gremien mittlerweile auf 90 angestiegen sein. Die Konsequenzen für die Organe der Gemeinschaft sind personeller und sachlicher Natur.

Der der Kommission für diesen Bereich zur Verfügung stehende Mitarbeiterstab reicht nicht aus, um die Fülle der in den Kommissionen, Arbeitsgruppen, Unterausschüssen etc. geleisteten Arbeit im Hinblick auf die gemeinsame Handelspolitik auswerten zu können oder gar von Amts wegen Ermittlungen durchzuführen. Schon von daher bleibt die in der Entscheidung vom 22. 7. 74 vorgesehene Prüfung bruchstückhaft.

Die weitere Schwierigkeit besteht darin, daß die Kommission in vielen Fällen gar nicht erst die Möglichkeit erhält, einzelne Durchführungsmaßnahmen auf ihre Vereinbarkeit mit der gemeinsamen Handelspolitik untersuchen zu können. Eine rechtliche Verpflichtung zur Vorlage der Informationen besteht für die Mitgliedstaaten nur insoweit, als Auswirkungen auf die gemeinsamen Politiken, insbesondere auf die

---

50 Vgl. *Fischer* S. 15.

51 Vgl. KOM (73) 1275 endg. S. 12; *Jahn* Dok. EP 359/73 Nr. 17; ECE-Dok. R 300 Nr. 38.

52 Damit ist nicht gesagt, daß die Abkommen selbst für die Gemeinschaft uninteressant werden. Sie bleiben gemeinschaftsrechtlich in dem Maße relevant, in dem sie konkrete Maßnahmen, aber auch nur Absichtserklärungen aus dem Bereich der gemeinsamen Handelspolitik beinhalten.

53 Vgl. beispielsweise Art. 10 des Kooperationsabkommens zwischen der BRD und Rumänien vom 29. 6. 1973.

gemeinsame Handelspolitik, zu befürchten sind[54]. Doch wann dies der Fall ist, entscheiden die Mitgliedstaaten und entsprechend fällt der Umfang der an die Kommission zu leitenden Informationen aus. Soweit aber die Unterrichtung über die Durchführungsmaßnahmen erfolgt, geschieht dies zeitlich nur gegebenenfalls vor der Prüfung dieser Maßnahmen in den zwischenstaatlichen oder gemischten Ausschüssen. Damit ist die vorbeugende Kontrolle der Kommission nur schwach ausgestaltet und es verbleibt ihr als letztes Mittel nur das langwierige Vertragsverletzungsverfahren nach Art. 169 EWG-V.

[54] Art. 1 I der Entscheidung des Rats v. 22. 7. 74, Abl. L 208/23 v. 30. 7. 74.

TEIL B

Die Auslegung von Art. 113

Die Frage nach dem Umfang der vertraglichen Gemeinschaftskompetenz im Rahmen von Art. 113 und nach dem Verhältnis dieser Kompetenz zu den entsprechenden nationalen handelspolitischen Befugnissen läßt sich nur im Wege der Vertragsauslegung beantworten. „Die Aufgabe der Auslegung ist in allen Rechtsbereichen dieselbe, sie besteht in der Feststellung des Gehalts der Rechtsvorschriften[1]." Die konkrete Aufgabe für die Fragestellung der Arbeit liegt darin, den Gehalt der in Art. 113 verwendeten Begriffe „Handelsabkommen" bzw. „gemeinsame Handelspolitik" zu ermitteln.

Aus der Fülle der methodischen Auslegungsgesichtspunkte[2] wurden textliche, systematische und teleologische Erwägungen in Anlehnung an die Praxis des EuGH als leitende Auslegungsmaßstäbe in die engere Wahl gezogen. Wortlaut, Systematik und Geist des Vertrages liefern nach ständiger Rechtsprechung des Gerichtshofes die Kriterien für die Tragweite gemeinschaftsrechtlicher Bestimmungen[3].

Kapitel 4: Der Wortlaut

Der Ansatzpunkt für die Auslegung einer Norm ist nach h. M.[1] und Rechtsprechung[2] in ihrem Wortlaut zu suchen. Dabei stößt man im Gemeinschaftsrecht auf die Schwierigkeit der sprachlichen Textgestaltung[3]: Die römischen Verträge sind in vier Amtssprachen verbindlich[4], die bei der Interpretation gleichberechtigt heranzuziehen sind.

---

[1] *Bernhardt* S. 1.

[2] In Lit. und Praxis haben sich bestimmte Auslegungsmethoden herausgebildet, über deren Anwendbarkeit und Rangfolge im einzelnen Uneinigkeit besteht. Allgemein zu Fragen der Auslegungsregeln s. *Lüchinger*, Allgemeiner Teil. Grundlegend zur Auslegung völkerrechtlicher Verträge s. *Bernhardt*. Ferner: *Zuleeg*, EuR 69 S. 97 ff.; *Ipsen* § 5 III 2.

[3] So der EuGH in seinen Urteilen: EuGH Slg. 1963 S. 24, 81; EuGH Slg. 1964 S. 1269; EuGH Slg. 1971 S. 280; EuGH Slg. 1973 S. 244. Eine Untersuchung der Auslegungsverfahren des GH findet sich bei *Degan*, RTDE 1966 S. 188 ff.

[1] Siehe z. B. *Bernhardt* S. 79.

[2] Vgl. EuGH Slg. 1954/55 S. 27; EuGH Slg. 1962 S. 470; EuGH Slg. 1964 S. 147, 1234.

[3] Vgl. *Ipsen* § 5 III. 2 c.

I. Zoll- und Handelsabkommen

Die Formulierung „Zoll- und Handelsabkommen“[5] enthält eine Aussage über den Typus der potentiellen Vereinbarungen (Abkommen) und vermittelt zugleich ein Bild von den in den Abkommen regelbaren Materien (Zoll und Handel).

Aus der Verwendung des Begriffs „Abkommen“ wurde vereinzelt der Schluß gezogen, daß sich die vertragliche Kompetenz der Gemeinschaft nicht auf den Abschluß sog. Handels*verträge* beziehen könne[6]. Eine derartige Schlußfolgerung erscheint nicht zwingend: Auch Handelsverträge enthalten nicht selten Regelungen über den zwischenstaatlichen Warenverkehr[7], der übereinstimmend den Kernbereich handelspolitischer Abkommen bildet[8]. Es wäre unverständlich, den Warenverkehr nur deshalb der Gemeinschaftszuständigkeit zu entziehen, weil Regelungen hierüber in einem Handels*vertrag* und nicht in einem Handels*abkommen* getroffen werden[9].

Durch das Wörtchen „insbesondere“ ist bewußt dafür Sorge getragen, daß weitere handelspolitische Instrumente in den potentiellen Anwendungsbereich des Art. 113 aufgenommen werden können[10]. Selbst wenn

---

[4] Art. 248 EWG-V.; durch den Beitritt der drei neuen Mitglieder kamen englisch, dänisch und irisch als weitere offizielle Sprachen hinzu, Art. 160 der Beitrittsakte, Abl. L 73/14 v. 27. 3. 72.

[5] Franz.: accords tarifaires et commerciaux; engl.: tariff and trade agreements; ital.: accordi tarifari e commerciali; niederl.: tarief- en handelsakkoorden.

[6] Siehe im einzelnen die Untersuchung bei *Greifelt* S. 9 ff.; ebenso *d'Orville* S. 62 und *Rambow,* Rechtsfragen S. 196.

[7] So selbst *Greifelt* S. 29; zum Begriff Handels*vertrag* s. beispielhaft *Küng,* HWB S. 16: „Der Ausdruck Handelsverträge wird heute in zwei recht verschiedenen Bedeutungen verwendet. Im engeren und eigentlichen Sinne bezieht er sich auf jene zwischenstaatlichen Abkommen, die den Güteraustausch und u. U. auch den Zahlungsverkehr rechtlich regeln. Im weiteren Sinne dagegen handelt es sich um eigentliche internationale Wirtschaftsvereinbarungen, deren Gegenstände weit über den bloßen Handel hinausgehen.“
Ferner: *Strupp-Schlochauer,* WB: „Handelsverträge können sich auf alle Erscheinungsformen der internationalen Wirtschaftsbeziehungen und auf alle Faktoren erstrecken, die geeignet sind, diese Beziehungen zu beeinflussen, vorausgesetzt, daß die Vertragsmaterien staatlichen Maßnahmen zugänglich sind. Daraus ergibt sich eine unbegrenzte Vielfältigkeit und Interdependanz der durch Handelsverträge erfaßbaren Materien.“

[8] *Rambow,* Rechtsfragen S. 189; *Everling,* Ref. S. 190; *Mégret,* RMC 1964 S. 532; *Brinkhorst* S. 231; *Kim* S. 63; *von der Groeben,* Komm. Vorb. 3 vor Art. 110; *Carstens* S. 496 f.; *Everling,* Komm. Art. 113.1; *Le Tallec* S. 106 f.; *Waelbroek,* Diskussionsbeitrag S. 265 f.; *Pescatore,* Rec. S. 85; ders., Les Nov. II Nr. 2296; *Lörcher* S. 128; *Börner,* Rechtsfragen S. 116; *Kovar* S. 796 f.

[9] *von der Groeben,* Komm. Art. 113. 5 b geht ohne nähere Begründung davon aus, daß Art. 113 auf Handelsabkommen und Handelsverträge gleichermaßen anwendbar ist.

[10] Hierüber besteht in der Literatur Einigkeit; s. statt vieler: *Everling,*

man daher formell terminologisch nur *Abkommen* in die Gemeinschaftszuständigkeit einbezieht, ist durch die nicht erschöpfende Aufzählung gewährleistet, daß auch der Typus Handels*vertrag* von Art. 113 erfaßt wird.

Was die inhaltliche Ausgestaltung der Abkommen oder Verträge angeht, ist die Gemeinschaftszuständigkeit nach dem Wortlaut auf Zoll- und Handelsfragen beschränkt. Während es relativ leicht ist, den Begriff Zollabkommen einzugrenzen[11], entstehen erhebliche Schwierigkeiten, den generellen Begriff Handel inhaltlich zu erfassen. Auch der Umstand, daß es letzten Endes nur auf den Begriff der Handelspolitik ankommt[12], ist wenig hilfreich, wenn es nicht gelingt, dem üblichen Wortsinn dieser Ausdrücke klare Regelungskomplexe zu entnehmen[13]. Hinweise darauf, ob für die fraglichen Begriffe in den EG-Mitgliedstaaten ein übereinstimmender Sprachgebrauch vorliegt, liefert die nationale Praxis[14]. Allerdings sind die rechtlichen und tatsächlichen Unterschiede in der Praxis der EG-Mitgliedstaaten so groß, daß von einem gebräuchlichen Sinn der fraglichen Ausdrücke nicht gesprochen werden kann[15].

II. Einheitliche Grundsätze — gemeinsame Handelspolitik

Befürworter wie Gegner der These einer ausschließlichen Gemeinschaftskompetenz im handelspolitischen Bereich stützen ihre Auffassung auf die Formulierung, daß „die gemeinsame Handelspolitik nach einheitlichen Grundsätzen gestaltet" wird.

Der Ausdruck „einheitliche Grundsätze" legt es nach Ansicht einiger Autoren nahe, Gemeinschaft und Mitgliedstaaten eine Zuständigkeit im Bereich der vertraglichen Handelspolitik zuzuerkennen, sei es, daß die Mitgliedstaaten weiterhin ihre volle Kompetenz auf handelspolitischem Gebiet behalten und sich lediglich an einheitlichen, von der Ge-

---

Komm. Art. 113.1 und *Dahrendorf,* Plädoyer S. 160: „An der restriktiven oder extensiven Interpretation des Wörtchens ‚insbesondere' hängt also die gesamte Chance einer modernen gemeinschaftlichen Handelspolitik."

[11] s. z. B. *Greifelt* S. 6: „Sie umfassen Vereinbarungen über die Änderung, Aussetzung und Konsolidierung der Sätze des GZT und der ihnen gleichgestellten Abgaben mit gleicher Wirkung."

[12] *Fischer* S. 3.

[13] Auf die Üblichkeit des Wortsinns hat der EuGH wiederholt abgehoben: EuGH Slg. 1954/55 S. 27; EuGH Slg. 1961 S. 42; EuGH Slg. 1965 S. 1194 (Schlußanträge des GA Gand).

[14] Vgl. *Greifelt* S. 43.

[15] Eine ausführliche Untersuchung der nationalen Praxis im Hinblick auf Handelsabkommen findet sich bei *Greifelt* S. 41 ff. Selbst wenn es gelänge, nationalen Handelsabkommen übereinstimmende Inhalte zu entnehmen, wäre es fraglich, ob dieser Begriffsinhalt ohne weiteres auf die eigenständige Rechtsordnung des EWG-Vertrages übertragen werden könnte.

meinschaft aufgestellten Grundsätzen auszurichten haben[16], sei es, daß sich die gemeinsame Handelspolitik auf alle wesentlichen Fragen erstreckt, wobei den Mitgliedstaaten ein gewisser Spielraum verbleibt, innerhalb dessen sie auch weiterhin Abkommen mit dritten Staaten schließen können[17].

Diese Auffassung steht im Widerspruch zu der grundlegenden Bedeutung des Ausdrucks „Grundsätze". Bereits die Wahl des Begriffs „Grundsätze" läßt auf die Wichtigkeit der gemeinsamen Handelspolitik schließen.

> „Dieser Ausdruck dient nach dem Sprachgebrauch des Vertrages eben gerade dazu, bestimmte Vorschriften als grundlegende Bestimmungen zu kennzeichnen, wie z. B. die Überschriften des den ‚Grundsätzen' gewidmeten ersten Teils des Vertrages zeigen, ...
>
> Wollte man diesen Begriff so weit abschwächen, daß er nur noch den Rang eines unbestimmten Hinweises hätte, würden somit mittelbar die Grundlagen der Gemeinschaft und die Kohärenz ihrer auswärtigen Beziehungen in Mitleidenschaft gezogen[18]."

Die damit bereits durch den Ausdruck „Grundsätze" Art. 113 zugewiesene grundlegende Bedeutung wird durch das Attribut „gemeinsam" unterstrichen. Die bloße Fixierung von Grundsätzen oder die Koordinierung nationaler Aktivitäten auf Gemeinschaftsebene dürfte diese Bezeichnung nicht verdienen. Ob allerdings der Ausdruck einer gemeinsamen Politik für die Zuweisung einer Gemeinschaftskompetenz spricht, die mit dem Fortbestehen nationaler Handelskompetenzen unvereinbar ist[19], erscheint zweifelhaft. Aus der Verwendung der Ausdrücke „Grundsätze" und „gemeinsam" kann zur vertikalen Kompetenzfrage allerdings als Kriterium die Überlegung entnommen werden, ob das Fortbestehen mitgliedstaatlicher Zuständigkeit mit dieser fundamentalen Bedeutung in Einklang zu bringen ist, konkreter, ob an der Kontinuität nationaler handelspolitischer Aktivitäten ohne negative Auswirkungen auf die Grundlagen der Gemeinschaft festgehalten werden kann.

---

[16] In diesem sehr engen Sinne Patriarca, The EEC's Commercial Policy, General Confederation of Italian Industries, Rom 1962 S. 203, zitiert nach *Pescatore,* Les Nov. II Nr. 2309.

[17] So *Everling* Komm. Art. 113.3.

[18] EuGH Slg. 1975 S. 475 (Defrenne).

[19] So aber *Pescatore,* Les Nov. II Nr. 2309: „Une telle autonomie serait en effet la négation de la notion même de politique commune." Auch andere Autoren betonen das gemeinsame Element und kommen zu dem Schluß einer ausschließlichen Kompetenz: *Kovar* S. 805 f.; *Léonard-Simon* S. 109; *Fischer* S. 14.

III. Art. 113 III/114

Auch aus den Formulierungen von Art. 113 Abs. III[20] und Art. 114[21] ist vereinzelt der Schluß gezogen worden, daß die Vertragsschließungskompetenz der Gemeinschaft im Bereich der gemeinsamen Handelspolitik ausschließlicher Natur ist[22]. Ob der Wortlaut der genannten Artikel eine derartige Schlußfolgerung rechtfertigt, ist fraglich. „Die Worte ‚Sind Abkommen mit dritten Ländern auszuhandeln ...' müssen keineswegs dahin ausgelegt werden, daß sie eine Verpflichtung der Gemeinschaft zur Aushandlung aller Handelsabkommen begründen; sie können ebensogut in dem Sinne interpretiert werden, daß sie das Bestehen einer Verpflichtung voraussetzen, deren Umfang ausdrücklich nicht näher definiert ist[23].“ Ähnliche Überlegungen gelten für Art. 114: Diese Norm enthält selbst keinen vertikalen Aussagewert, sondern regelt nur das Verfahren für den Abschluß der Abkommen, die materiellrechtlich gemäß Art. 113 in den Zuständigkeitsbereich der Gemeinschaft fallen[24].

Kapitel 5: Die systematische Stellung

Unter systematischer Auslegung versteht man gewöhnlich eine Interpretation, die sich am äußeren Aufbau des Gesetzeswerkes orientiert. Wenngleich diese Methode „in ihren Anforderungen und ihrer Aussagekraft gerade im Gemeinschaftsrecht nicht überschätzt und überfordert werden“ sollte[1], hat sich der EuGH wiederholt dieser Auslegungsregel bedient[2]. Unter Betonung der „dem gesamten Vertrag innewohnenden Logik“[3] und der „konsequenten Gedankenführung, die dem

[20] Art. 113 III lautet: „Sind Abkommen mit dritten Ländern auszuhandeln, so legt die Kommission dem Rat Empfehlungen vor; dieser ermächtigt die Kommission zur Einleitung der erforderlichen Verhandlungen.“

[21] Art. 114 lautet: „Die in Art. 111 Abs. 2 und Art. 113 vorgesehen Abkommen werden im Namen der Gemeinschaft vom Rat geschlossen, der während der beiden ersten Stufen einstimmig, danach mit qualifizierter Mehrheit handelt.“

[22] z. B. *Lörcher* S. 128: „Angesichts dieser ganz unzweideutigen Formulierungen muß davon ausgegangen werden, daß das Recht zum Abschluß von handelspolitischen Verträgen im Sinne des Art. 113 EWG-Vertrag nach Ablauf der Übergangszeit ausschließlich der Gemeinschaft zusteht.“

[23] *Ehlermann,* Ref. S. 8.

[24] *Ders.* S. 9.

[1] *Ipsen* § 5 III. 2 e: „Denn weder das Primärrecht noch auch überwiegend das Sekundärrecht wird dem systematischen Niveau nationaler Gesetzgebung und Kodifikation gerecht.“

[2] Vgl. EuGH Slg. 1962 S. 881; EuGH Slg. 1975 S. 479; vgl. ferner die Ausführungen des GA Gand in: EuGH Slg. 1965 S. 645.

[3] EuGH Slg. 1962 S. 881.

Vertrag gewöhnlich zu eigen ist"[4], bilden die Vertragsvorschriften nach Auffassung des Gerichtshofs ein „Ganzes; sie vervollständigen und ergänzen einander"[5].

Die gemeinsame Handelspolitik figuriert als drittes Kapitel nach der Konjunkturpolitik und der Zahlungsbilanz unter der Überschrift „Die Wirtschaftspolitik"; diese ist ihrerseits als Titel II Bestandteil des dritten Teils des Vertrages: „Die Politik der Gemeinschaft."

Zunächst ist anerkannt, daß Titel II keineswegs abschließend den Bereich gemeinschaftlicher Wirtschaftspolitik absteckt[6]. „Der Systematik folgend, die sich in neuerer Zeit jedenfalls im Gebiet der Gemeinschaft durchgesetzt hat, ist diese Wirtschaftspolitik der Gemeinschaft einerseits allgemeine Wirtschaftspolitik, andererseits Sonderpolitik für bestimmte Bereiche[7]." Damit ist angedeutet, daß die Wirtschaftspolitik nicht nur den Rahmen des Titels II überschreitet, sondern ebenso den dritten Teil des Vertrages. Selbst die Herstellung der Freizügigkeit des Personen-, Waren-, Dienstleistungs- und Kapitalverkehrs wie auch die Wettbewerbspolitik müssen als Teil der allgemeinen Wirtschaftspolitik angesehen werden[8]. Wirtschaftspolitik wird damit zu einem umfassenden Begriff, „der praktisch die Gesamtheit der gestaltenden Maßnahmen erfaßt, die der Staat oder von ihm abgeleitete oder faktisch zuständige Einrichtungen im Hinblick auf Wirtschaftsprozeß, Wirtschaftsstruktur und Wirtschaftsordnung treffen"[9].

Wenn nun die Wirtschaftspolitik des Vertrages den von Titel II äußerlich gesetzten Rahmen verläßt, bleibt dies nicht ohne Auswirkungen auf die Tragweite der gemeinsamen Handelspolitik. Nach der Stellung im Vertrag als Teil der in Titel II angesprochenen Wirtschaftspolitik konzipiert, erweitert sich das Aufgabenfeld und der Anwendungsbereich der Handelspolitik in dem Umfange, in dem die Wirtschaftspolitik den Rahmen von Titel II überschreitet[10].

Diese Auffassung wird durch einen weiteren Gesichtspunkt gestützt: Als Teil des Titels II ist die gemeinsame Handelspolitik Bestandteil des dritten Teils des Vertrages unter der Überschrift: Die Politik der Ge-

---

4 EuGH Slg. 1961 S. 45.

5 EuGH Slg. 1962 S. 477.

6 s. z. B. *Ipsen* § 44 I; so auch *von der Groeben*, Komm. Vorb. a) zu Art. 103 bis 116.

7 *Hallstein* S. 108.

8 *von der Groeben*, siehe oben Fn. 6.

9 *Schiller*, HWB S. 210.

10 Auch *Ipsen* § 46 I b neigt zu einem so weitreichenden Verständnis, ohne sich hierbei aber auf die Stellung im Vertrag zu stützen: „Daraus folgt, daß die Handelspolitik nicht als Wirtschaftspolitik eines Wirtschaftsbereiches allein zu begreifen ist, sondern die Außenfunktion aller Wirtschaftspolitik der Gemeinschaft bildet."

meinschaft. Damit ist zum Ausdruck gebracht, daß die gemeinsame Handelspolitik ihre Aufgabe als ein Instrument im Dienste der allgemeinen Politik der Gemeinschaft zu erfüllen hat[11].

Kapitel 6: Die Zielsetzung der gemeinsamen Handelspolitik als leitender Auslegungsmaßstab

I. Grundsätzliches

1. Die Charakterisierung zielbezogener Auslegung

Zur Charakterisierung zielbezogener Auslegung begegnet man mehreren Begriffen: Ziele, Aufgaben, Vertragszweck, Sinn und Effektivitätsprinzip werden als Orientierungshilfen genannt. Leitender Maßstab ist hiernach „die vertragliche Zielsetzung der Integration, deren Beachtung die Errichtung und das Funktionieren des Gemeinsamen Marktes gewährleistet. In diesem Sine ist die Auslegung eine dynamische[1].“ Andere Bestimmungen des Vertrages werden nicht nur von ihrer bloßen Stellung her mit der auszulegenden Norm in Verbindung gebracht, ihre Bedeutung liegt unter teleologischen Gesichtspunkten in der wechselseitigen wertenden Bereicherung. „Die einzelne Norm bezieht aus anderen Bestimmungen Wertungsmaßstäbe, beeinflußt aber selbst wiederum das Gesamtsystem[2].“ Als Konsequenz einer so verstandenen funktionsbezogenen Interpretation gilt, daß unter widersprüchlichen Grundsatzbestimmungen des Vertrags diejenige Auslegung vorzuziehen ist, die die Funktionsfähigkeit der Gemeinschaft sichert und am ehesten zum Gelingen des Integrationsvorhabens beiträgt[3]. Bestehende Zweifel werden nach dem Grundsatz „in dubio pro communitate“ ausgeräumt[4].

---

11 So auch *Raux*, RGDIP S. 52. — Vergleichbare systematische Überlegungen liegen dem Urteil Defrenne, EuGH Slg. 1975 S. 479, zugrunde. Zur Begründung der Gemeinschaftskompetenz im Bereich der Sozialpolitik führt der GH in Ziff. 62 aus: „Im Gegenteil, das Bestehen einer Gemeinschaftskompetenz ergibt sich daraus, daß Artikel 119 den Zielen dient, die der Vertrag mit seiner ‚Sozialpolitik‘ verfolgt, von der Titel III handelt, der seinerseits in den der ‚Politik der Gemeinschaft‘ gewidmeten Dritten Teil eingefügt ist.“

1 *Ipsen* § 5 III. 1.

2 *Zuleeg* S. 103.

3 *Ophüls*, Festschrift S. 281.

4 *Ipsen / Nicolaysen*, NJW 1964 S. 342.

2. *Die anerkannte Vormachtstellung teleologischer Überlegungen*

Rechtsprechung und Literatur haben der an den Maßstäben der Zielverwirklichung orientierten teleologischen Auslegungsmethode eine Vorzugsstellung im Gemeinschaftsrecht zugewiesen[5].

„Die Frage nach dem Vertragszweck, der ratio legis", beschäftigte den Gerichtshof bereits in einer seiner ersten Entscheidungen zum EGKS-Vertrag aus dem Jahre 1954[6]. Ein Jahr später bekannte er sich zu dem Grundsatz, daß „die Vorschriften eines völkerrechtlichen Vertrages oder eines Gesetzes zugleich diejenigen Vorschriften beinhalten, bei deren Fehlen sie sinnlos wären oder nicht in vernünftiger und zweckmäßiger Weise zur Anwendung gelangen könnten"[7]. Damit fand das Prinzip der Funktionssicherung der Gemeinschaft (principe de l'effet utile) Eingang in die höchstrichterliche Rechtsprechung. In der Folgezeit wurden wiederholt Sinn und Zweck einer Vorschrift neben Wortlaut und Stellung im Vertrag als Leitgedanken zur Auslegung gemeinschaftsrechtlicher Bestimmungen herangezogen[8]. Auch im Bereich der gemeinsamen Handelspolitik steht der Vertragszweck im Vordergrund richterlicher Entscheidungen: Im Urteil Massey-Ferguson[9] betont der Gerichtshof, daß „das wirksame Funktionieren der Zollunion eine weite Auslegung der Art. 9, 27, 28, 111 und 113 des Vertrages sowie der Befugnisse, welche diese Bestimmungen den Organen übertragen, um ihnen eine zusammenhängende Regelung der Außenhandelsbeziehungen durch einseitige Maßnahmen wie auch durch Vereinbarungen zu ermöglichen", rechtfertigt. Noch deutlicher kommen funktionsbezogene Gesichtspunkte im Gutachten 1/75 zum Ausdruck[10]: „Diese Politik ist in Artikel 113 auf das Funktionieren des Gemeinsamen Marktes hin und zum Schutze des Gesamtinteresses der Gemeinschaft konzipiert."

In der Literatur bezeichnet *Ipsen* diese Methode als den „entscheidenden", „zutreffenden" und „leitenden Maßstab" gemeinschaftsrechtlicher Auslegung[11]. Auch *Pescatore* will diesen Auslegungsgrundsatz nicht als einen unter vielen verstanden wissen; für ihn bedeutet er weit

---

5 Diese Vormachtstellung war nicht immer unbestritten, hat sich aber mehr und mehr herauskristallisiert; vgl. die Debatten auf dem 1963 in Köln stattgefundenen Kongreß „10 Jahre Rspr. des EuGH", KSE Bd. 1.

6 EuGH Slg. 1954/55 S. 31.

7 EuGH Slg. 1955/56 S. 312.

8 So z. B. in den grundlegenden Urteilen van Gend & Loos, EuGH Slg. 1963 S. 24 f.; Costa/E.N.E.L., EuGH Slg. 1964 S. 1269 f.; Continental Can, EuGH Slg. 1973 S. 244; ferner EuGH Slg. 1964 S. 147, wo es heißt: „Die wörtliche Auslegung der vorgenannten Bestimmung führt zu keinem eindeutigen Ergebnis ... Die Auslegung hat daher an Sinn und Zweck der Vorschrift anzuknüpfen."

9 EuGH Slg. 1973 S. 907; vgl. dazu Fn. 15 von Kap. 2.

10 EuGH Slg. 1975 S. 1363; dazu näher s. u. Kap. 20 II.

11 *Ipsen* § 5 III. 1.

mehr: nach seiner Auffassung ist diese Interpretationsregel in besonderem Maße auf die charakteristischen Besonderheiten der Verträge zugeschnitten[12]. Am Beispiel der handelspolitischen Bestimmungen fordern auch *Ehlermann* und *Sasse* vorrangig eine Auslegung, die sich am Vertragszweck orientiert[13].

II. Das Auffinden der einschlägigen Zielsetzungen

Die Vertragsziele der gemeinsamen Handelspolitik sind in erster Linie in der Präambel, Art. 2 und 3 sowie in Art. 110 EWG-Vertrag niedergelegt.

Die Präambel und Art. 2 umschreiben zunächst die generelle Zielsetzung des Vertrages wie auch die Mittel, durch die diese Ziele erreicht werden sollen. Die einzelnen Tätigkeiten der Gemeinschaft, die erforderlich sind, um die in der Präambel und Art. 2 grob umrissenen Aufgaben zu erfüllen, sind in Art. 3 katalogisiert. Art. 3 ist somit logisch dem Art. 2 und der Präambel untergeordnet[14], er führt im einzelnen als „Inventar des Vertrags"[15] die generellen Zielbestimmungen aus. Die Präambel, Art. 2 und Art. 3 bilden mithin ein inhaltlich einheitliches Bezugsfeld: Während Art. 2 die wirtschaftlichen Ziele der Präambel wiederaufnimmt, konkretisiert Art. 3 seinerseits die in Art. 2 allgemein umschriebenen wirtschaftlichen Zielsetzungen[16]. Zwar ist umstritten, ob diesen „grundlegenden Bestimmungen"[17] eine juristische Bindungswirkung beigemessen werden kann oder ob sie lediglich unverbindliche Programmsätze enthalten[18], über ihre Funktion als Auslegungsdirektive besteht jedoch weitgehend Einigkeit[19]. Alle Bestimmungen des Vertrages, soweit sie inhaltlich die Zielvorschriften tangieren, sind nach teleologischen Interpretationsregeln letztlich an diesen zu messen und die sie konkretisierenden Einzelbestimmungen in ihrem Licht auszulegen[20].

---

12 *Pescatore*, Miscellanea S. 362 (eig. Übersetzung).

13 *Ehlermann*, Ref. S. 9; *Sasse* S. 710: „Gemeinsame Handelspolitik kann nur vom Zweck her bestimmt werden."

14 *Gericke* S. 25.

15 *Maas* S. 465.

16 *von der Groeben*, Komm. Art. 3 I.

17 So die Formulierung des GH in: EuGH Slg. 1963 S. 154.

18 Pro: *von der Groeben*, Komm. Art. 3 I. 2; *Mégret* I S. 9, 15; *Ipsen* § 28 III 3; EuGH Slg. 1973 S. 244. Contra: *Everling*, Komm. Art. 3. 1.

19 *Ipsen* § 28 III. 5; *Mégret* I S. 9, 14; zur Bedeutung der Präambel als Interpretationshilfe in internationalen Verträgen s. *Scelle* S. 464.

20 Zur Bedeutung von Art. 3 als Auslegungsdirektive s. z. B. EuGH Slg. 1962 S. 882: „Um die Feststellung zu ermöglichen, daß eine Abgabe die gleiche Wirkung wie ein Zoll hat, muß diese Wirkung im Hinblick auf die Ziele des Vertrages betrachtet werden, ... und ganz allgemein im Hinblick auf die Ziele von Artikel 3, die sich gegen eine Verfälschung des Wettbewerbs richten."

Zwischen Art. 113 und den genannten Zielvorschriften bestehen folgende Querverbindungen:

(1) Absatz 6 der Präambel bekräftigt den Wunsch der Vertragsparteien, „durch eine gemeinsame Handelspolitik zur fortschreitenden Beseitigung der Beschränkungen im zwischenstaatlichen Wirtschaftsverkehr beizutragen".

(2) Art. 2 nennt als Aufgabe der Gemeinschaft u. a. die „harmonische Entwicklung des Wirtschaftslebens innerhalb der Gemeinschaft" und „eine beständige und ausgewogene Wirtschaftsausweitung".

(3) „Die Einführung eines gemeinsamen Zolltarifs und einer gemeinsamen Handelspolitik gegenüber dritten Ländern" figuriert ausdrücklich im Katalog des Art. 3 (Art. 3 b).

(4) In seiner Aussage genereller, aber nicht weniger unbedeutend ist schließlich Art. 3 f, der „die Errichtung eines Systems, das den Wettbewerb innerhalb des gemeinsamen Marktes vor Verfälschungen schützt" dem Tätigkeitsfeld gemeinschaftlicher Aktivität zuordnet.

Diese Ziele werden z. T. durch Art. 110 weiter konkretisiert. Bereits durch seine Stellung an der Spitze des Kapitels über die gemeinsame Handelspolitik kommt Art. 110 richtungsweisender Charakter zu. Er lautet:

> „Durch die Schaffung einer Zollunion beabsichtigen die Mitgliedstaaten, im gemeinsamen Interesse zur *harmonischen Entwicklung des Welthandels*, zur schrittweisen Beseitigung der *Beschränkungen im internationalen Handelsverkehr* und zum Abbau der Zollschranken beizutragen."

Die harmonische Entwicklung des Welthandels nimmt unter den drei genannten Zielen als umfassender Ausdruck eine besondere Position ein. Durch das Wörtchen „harmonisch" wird augenfällig demonstriert, daß die gemeinsame Handelspolitik nicht allein auf die quantitative Entwicklung des internationalen Handelsverkehrs, sondern auch und in besonderem Maße auf eine qualitative Verbesserung abzielt[21]. Damit ist die Beseitigung weltweiter Handelsungleichgewichte angesprochen, die besonders das Verhältnis zu Entwicklungs- und Staatshandelsländern beeinträchtigen.

Als zweites Element enthält Art. 110 die Absichtserklärung zur schrittweisen Beseitigung der *Beschränkungen im internationalen Handelsverkehr*. Damit wird der Wunsch der Präambel bekräftigt, „durch eine gemeinsame Handelspolitik zur fortschreitenden Beseitigung der Beschränkungen im zwischenstaatlichen Wirtschaftsverkehr beizutragen"[22]. Der Wortlaut beider Texte spricht nur von Beschränkungen im allgemeinen, ohne diese zu präzisieren. Während sich allerdings Art. 110

---

[21] *von der Groeben*, Komm. Art. 110.3.

[22] Präambel Abs. 6.

auf Beschränkungen im internationalen Handelsverkehr bezieht, ist in der deutschen Fassung der Präambel allgemeiner von den Beschränkungen im internationalen Wirtschaftsverkehr die Rede.

Weitere Berührungspunkte inhaltlicher Art zu Art. 113 enthalten folgende Bestimmungen:

(1) Der zweite Teil des Vertrages wird durch die fundamentale Vorschrift des Art. 9 eingeleitet. Als Korrelat zum Verbot der Ein- und Ausfuhrzölle und Abgaben gleicher Wirkung zwischen den Mitgliedstaaten ist auch die Einführung eines gemeinsamen Zolltarifs gegenüber dritten Ländern als konstitutives Element der Zollunion in die Vorschrift aufgenommen worden.

(2) Art. 18 statuiert die Bereitschaft der Mitgliedstaaten, „zur Entwicklung des zwischenstaatlichen Handels und zum Abbau der Handelsschranken durch den Abschluß von Abkommen beizutragen, die auf der Grundlage der Gegenseitigkeit und zum gemeinsamen Nutzen die Senkung der Zollsätze unter die allgemeine Höhe zum Ziel haben, die aufgrund der Errichtung der Zollunion statthaft wäre".

(3) In Art. 29 sind unter den Grundsätzen für die Tätigkeit der Kommission u. a. folgende Gesichtspunkte hervorgehoben:

— die „Notwendigkeit, den Handelsverkehr zwischen den Mitgliedstaaten und dritten Ländern zu fördern" (Art. 29 a),
— die „Entwicklung der Wettbewerbsbedingungen innerhalb der Gemeinschaft, soweit diese Entwicklung zu einer Zunahme der Wettbewerbsfähigkeit der Unternehmen führt" (Art. 29 b),
— die „Notwendigkeit, ernsthafte Störungen im Wirtschaftsleben der Mitgliedstaaten zu vermeiden ..." (Art. 29 d).

Die Finalität gemeinsamer Handelspolitik beschränkt sich allerdings nicht auf die im Vertrag vorhandenen Ansatzpunkte. Trotz aller bestehenden Differenzen werden die mit der Handelspolitik verbundenen Zielvorstellungen in regelmäßigen Abständen auf den Gipfelkonferenzen der Staats- und Regierungschefs der Mitgliedstaaten im Sinne des Vertrages bestätigt oder weiter konkretisiert. Angesichts der Dynamik teleologischer Auslegung[23] müssen diese offiziellen, in die Zukunft gerichteten Erklärungen in die Beurteilung der langfristigen Zielsetzung einbezogen werden[24].

(1) Der uneingeschränkte Übergang vertraglicher handelspolitischer Kompetenzen auf die Gemeinschaft am 1. 1. 1973 veranlaßte die Staats- bzw. Regierungschefs der Mitgliedstaaten der erweiterten Gemeinschaft

---

[23] *Ipsen* § 5 III. 1.

[24] So auch *Pescatore*, Miscellanea S. 327.

am 19. und 20. Oktober 1972 in Paris unter Ziff. 13 u. a. zu folgender Erklärung[25]:

„Zur Förderung der Entspannung in Europa bekräftigt die Gemeinschaft ihren Willen, ab 1. Januar 1973 gegenüber den Ländern des Ostens eine gemeinsame Handelspolitik zu betreiben; die Mitgliedstaaten erklären ihre Entschlossenheit, gegenüber diesen Ländern eine Politik der Zusammenarbeit, die auf Gegenseitigkeit gegründet ist, zu fördern.“

(2) Ein allgemeineres Bekenntnis zu einer weltweiten Handelspolitik enthält Ziffer 7 des Dokuments über die europäische Identität, angenommen von den Außenministern der Mitgliedstaaten der EG am 14. 12. 1973 in Kopenhagen[26]:

„Die Gemeinschaft, die im Welthandel den ersten Platz einnimmt, kann nicht eine nach außen abgeschlossene Wirtschaftseinheit sein. Eng mit der übrigen Welt verbunden, was ihre Versorgung und Märkte angeht, will die Gemeinschaft ihre Entscheidung über ihre Handelspolitik in der Hand behalten, aber gleichzeitig einen positiven Einfluß auf die Weltwirtschaftsbeziehungen ausüben und dabei die Verbesserung des Wohlergehens aller im Auge behalten.“

(3) Das jüngste Zeugnis für die Zielsetzung der gemeinsamen Handelspolitik liefert Ziffer 21 des Kommuniqués über die Konferenz der Staats- bzw. Regierungschefs der EG in Paris am 9. und 10. Dezember 1974[27]:

„Die Gemeinschaft wird weiterhin zur harmonischen Entwicklung des Welthandels, namentlich gegenüber den Entwicklungsländern, beitragen und zu diesem Zweck in konstruktivem Geiste an den GATT-Handelsverhandlungen teilnehmen, die, wie sie hofft, bald aktiv fortgesetzt werden.“

III. Die Grundfunktionen der gemeinsamen Handelspolitik

Im Wege einer wertenden Gesamtbetrachtung soll nunmehr der Versuch unternommen werden, die unter Punkt II dieses Kapitels katalogisierten Zielsetzungen auf ihre Grundorientierungen zurückzuführen. Schutz nach innen und Öffnung nach außen übernehmen als vereinfachendes Begriffspaar die Aufgabe, die rechtliche Funktion von Art. 113 in seiner ökonomischen Hilfestellung für die Gemeinschaft zu verdeutlichen.

1. Schutz nach innen

Art. 9 EWG-V. erklärt die Zollunion zur Grundlage der Gemeinschaft. Sie ist nach dem Verständnis des Vertrages als „dynamischer Kern der Verbot der Erhebung von Zöllen und Abgaben gleicher Wirkung im

[25] EA 21/1972 S. D 507.

[26] EA 2/1974 S. D 51.

[27] EA 2/1975 S. D 44.

Wirtschaftsgemeinschaft" und als „Katalysator der wirtschaftlichen Integration" konzipiert[28]. Ihre charakteristischen Merkmale sind das Innern und die Einführung eines gemeinsamen Zolltarifs nach außen. Zur Verwirklichung des äußeren Elements enthalten die Art. 18 - 29 EWG-V. die notwendigen Vorschriften zur Aufstellung des Gemeinsamen Zolltarifs (GZT) der Mitgliedstaaten gegenüber dritten Ländern. Die Realisierung eines einheitlichen Zollgebiets zwingt zu einer gemeinsamen Zollpolitik gegenüber Drittländern und insoweit zu einer gemeinsamen Handelspolitik[29]. Abschnitt 2 von Kapitel 1 im Titel I findet daher in den Vorschriften der gemeinsamen Handelspolitik seine notwendige Ergänzung. „Die Vereinheitlichung der Zollpolitik der Mitgliedstaaten, ihrer gegenständlichen und quantitativen Liberalisierungsabkommen mit Drittländern waren damit Vorstufen und Voraussetzungen für die Schaffung der Zollunion, deren Errichtung ihrerseits eine der beiden Bedingungen für eine außenhandelspolitische Gemeinschaftskompetenz bildete[30]." Erst die Errichtung eines Zolltarifs und die Einführung einer gemeinsamen Handelspolitik ermöglichen die Schaffung binnenmarktähnlicher Verhältnisse und tragen dazu bei, Verkehrsverlagerungen im Innern zu vermeiden. „Wesentliche Unterschiede in der Handelspolitik der Mitgliedstaaten würden in der Tat eine Sprengkraft ausüben, die der Verwirklichung der Zoll- und Wirtschaftsunion schaden müßte und große Teile des angestrebten Binnenmarktes in Frage stellen würde[31]."

Auf diesem Hintergrund der Zollunion als Voraussetzung und Konsequenz für eine gemeinsame Handelspolitik zeichnet sich gemeinschaftliche Außenhandelspolitik in ihrer ersten Funktion als Ordnungsfaktor ab: Das reibungslose Funktionieren des Binnenmarktes ist schicksalhaft mit der sachgerechten Handhabung der handelspolitischen Instrumente verbunden. Diese Koppelung kommt bereits in der Stellung von Art. 3 b zum Ausdruck, der sich als „Gegenstück"[32] zu Art. 3 a, der die Abschaffung von Zöllen und mengenmäßigen Beschränkungen im Innern anvisiert, unmittelbar anschließt. Art. 3 b geht aber in seiner Aussage darüber hinaus: Im Anschluß an die allgemeine Zielsetzung des Art. 2,

---

28 *von der Groeben*, Komm. Art. 9 I.

29 *Everling*, Komm. Vorb. 1 zu Art. 110; schon im preußisch-deutschen Zollverein war die Handelspolitik selbstverständlicher Bestandteil der Zollunion, näher hierzu s. *Huber* I S. 787; *Huber* II S. 282; *Huber* III S. 143; *Dahrendorf*, Plädoyer S. 158 spricht von der „notwendigen Folge der Schaffung einer Zollunion". Zu den engen Beziehungen zwischen dem GZT und der Handelspolitik, die ohne einen gut funktionierenden Zolltarif nicht möglich ist, s. ferner GA Trabucchi, Schlußanträge in der Rs 8/73 (Massey-Ferguson), EuGH Slg. 1973 S. 913.

30 *Ipsen* § 46 I. 2. a.

31 *von der Groeben*, Komm. Vorb. 5 zu Art. 110 ff.

32 So *Everling*, Komm. Art. 3.4.

der u. a. auf die harmonische Entwicklung der Wirtschaft abstellt und umfassend die Gesamtheit wirtschaftlicher Aktivitäten im Innern abdeckt[33], hebt der Katalog des Art. 3 unter b) die gemeinsame Handelspolitik als eine Tätigkeit konkretisierend hervor und bringt damit zum Ausdruck, daß der Aktionsbereich Handelspolitik letztlich auch in seiner Funktion im Dienste harmonischer Binnenmarktverhältnisse gesehen werden muß und an seiner Tauglichkeit zu messen ist, diese Harmonie herstellen oder bewahren zu können.

Disharmonische Töne können sich innerhalb der Gemeinschaft durch rivalisierende Praktiken der Mitgliedstaten sowohl auf der Import- als auch auf der Exportseite[34] bemerkbar machen. Das gesonderte einzelstaatliche Vorgehen beeinflußt in unterschiedlichem Maß die wirtschaftliche Ausgangslage einzelner Gemeinschaftsunternehmen und beeinträchtigt damit ihre Wettbewerbslage. Eine Gemeinschaft setzt aber voraus, daß die in ihr vereinigten Nationalwirtschaften und ihre Unternehmen unter annähernd gleichen Voraussetzungen in Wettbewerb treten können[35]. Erhalt und Steigerung der Wettbewerbsfähigkeit der in der Gemeinschaft tätigen Unternehmen bilden also das Rückgrat der Grundlage der Gemeinschaft, der Gemeinsamkeit des Marktes überhaupt.

Die Bedeutung dieser wirtschaftlichen Chancengleichheit für das Gelingen des Integrationsprozesses wird durch mehrere Bestimmungen klar zum Ausdruck gebracht: Art. 3 f. in Verbindung mit Art. 2 zielt auf eine umfangreiche Tätigkeit der Gemeinschaft, um wettbewerbsverfälschende Aktivitäten gleich welcher Art zu verhindern. Diese „Ordnungsfunktion" wird nicht nur von den eigentlichen Wettbewerbsvorschriften (Art. 85 ff.) wahrgenommen, auch andere Vorschriften des Vertrages leisten hierzu ihren Beitrag. Angesichts der zunehmenden weltwirtschaftlichen Verflechtung fällt nicht zuletzt auch den handelspolitischen Bestimmungen die Aufgabe zu, die nationalen Wirtschaften und ihre Unternehmen sowohl beim Import (Schutzniveau, Versorgungsbedingungen) als auch beim Export (Wettbewerbsbedingungen auf Drittmärkten) gleichen Konditionen zu unterwerfen. Dies läßt sich für die Exportseite auch aus der Stellung von Art. 112, der eine Vereinheitlichung staatlicher Ausfuhrbeihilfen in dritte Länder vorsieht, innerhalb der Vorschriften über die gemeinsame Handelspolitik entnehmen. Die enge Verzahnung zwischen außenwirtschaftlichen Vorgängen und der Entwicklung im Binnenmarkt und die sich daraus für das Funktionieren der Zollunion möglicherweise ergebenden negativen

---

33 Vgl. *Mégret* I S. 14.

34 Gemeint ist das Verhältnis zu Drittländern, nicht das der Mitgliedstaaten untereinander.

35 Vgl. *Everling*, Komm. Art. 3.8.

Folgen hat auch Art. 29 d im Auge: Dieser verpflichtet die Kommission, im Rahmen ihrer Zuständigkeit für einen ausreichenden Schutz der Produktion innerhalb der Gemeinschaft gegenüber dritten Staaten zu sorgen, um ernstliche wirtschaftliche Störungen zu vermeiden. Diese abschirmende Funktion soll in erster Linie durch Zolltarifmaßnahmen als ein Teilbereich der gemeinsamen Handelspolitik wahrgenommen werden. Ausgewogene und umsichtige Zollpolitik ist hiernach als sichernde Abstützung des intern erreichten Integrationsstandes konzipiert.

2. *Öffnung nach außen*

Die Funktion der gemeinsamen Handelspolitik erschöpft sich aber nicht darin, das wirksame Funktionieren harmonischer Wirtschaftsabläufe im Innern zu gewährleisten. Schon in der Präambel wird der Wunsch der Vertragsparteien deutlich, dem mit der Schaffung einer Zollunion verbundenen Abschließungseffekt durch eine offene und liberale Politik im Verhältnis zu dritten Ländern zu begegnen[36]. Die von der Gemeinschaft in dieser Richtung zu unternehmenden Anstrengungen sind dynamischer („fortschreitend") und umfassender („Beschränkungen im zwischenstaatlichen Wirtschaftsverkehr") Natur; sie beziehen sich nicht auf bestimmte Bereiche außenwirtschaftlicher Verbindungen, sondern auf alle „Beschränkungen im zwischenstaatlichen Wirtschaftsverkehr". Das Wort Handelsverkehr ist in der deutschen Fassung durch den Begriff Wirtschaftsverkehr ersetzt. Daß Art. 3 b die liberale Orientierung nicht wiederholt, mag zwar „bemerkenswert" erscheinen[37], dürfte aber an der durch die Präambel vorgezeichneten grundsätzlichen Ausrichtung nichts ändern. Der Zielgehalt von Art. 3 b ist nur im Zusammenspiel mit der Präambel und Art. 110 zu begreifen[38]. Letzterer verdeutlicht in besonderem Maße die positive Aufgabe der gemeinsamen Handelspolitik, die auf die harmonische Entwicklung des Welthandels und den Abbau aller Beschränkungen im internationalen Handelsverkehrs gerichtet ist. Wesentliche Voraussetzung für die in dieser Vorschrift anvisierte aktive Rolle der Gemeinschaft ist die Entwicklung und Ausweitung wirtschaftlicher Tätigkeit innerhalb der Zollunion. Art. 29 weist in diese Richtung: Er statuiert für die Kommission die Verpflichtung[39], die Wettbewerbsbedingungen innerhalb der Gemeinschaft mit dem Ziel zu beeinflussen, die Wettbewerbsfähigkeit der Unternehmen zu steigern (Art. 29 b) und — parallel und als Aus-

---

[36] Vgl. *Everling*, Komm. Vorb. 3 vor Art. 110; *Mégret* I S. 7.

[37] *Ipsen* § 46 I. 2. a.

[38] *Ders.* § 46 I. 2. c.

[39] Art. 29 enthält „verbindliche Grundsätze", die von der Kommission i. R. ihres Ermessensspielraumes beachtet werden müssen; vgl. *Everling*, Komm. Art. 29.

fluß hiervon — den zwischenstaatlichen Handelsverkehr zu fördern (Art. 29 a)[40].

Schließlich liefern die Art. 18 und Art. 113 selbst weitere Hinweise auf die positive Aufgabenstellung gemeinsamer Außenhandelspolitik: Art. 18 enthält das Bekenntnis, nicht nur die Binnenmarktgrenzen aufzuheben, sondern auch im Verkehr mit dritten Ländern durch den Abschluß von Zollabkommen zum Abbau von Beschränkungen beizutragen. Die Ausfuhrpolitik figuriert beispielhaft als ein Element gemeinsamer Handelspolitik in Art. 113. Ausfuhrfördernde Maßnahmen als wichtigster Bestandteil moderner Ausfuhrpolitik verfolgen den Zweck, den Export zu beleben, sei es um Zahlungsbilanzungleichgewichte zu beseitigen, sei es um die vom Export abhängigen Arbeitsplätze zu sichern. Derartige handelstimulierende Maßnahmen leisten — zumindest kurzfristig — einen positiven Beitrag zur Vermehrung internationaler Handelsströme und sind in dieser Funktion auch als ein Faktor moderner Handelspolitik konzipiert.

Dieser, aus den einschlägigen Vertragsbestimmungen ableitbare, offene und positive Charakter gemeinsamer Handelspolitik findet auch in den offiziellen Erklärungen seine Stütze: Während die Formulierung in Ziffer 13 der Erklärung der Pariser Gipfelkonferenz von 1972 für die Ausrichtung der gemeinsamen Handelspolitik wenig Grundsätzliches enthält[41], stellt Ziffer 7 des Dokuments über die europäische Identität vom 14. 12. 1973[42] gezielt den vorwärtsgerichteten, offenen und positiven Charakter gemeinsamer Handelspolitik in den Vordergrund. Unter Hinweis auf die dominierende Position im Welthandel und ihre wirtschaftliche Interdependanz soll die Gemeinschaft „nicht eine nach außen abgeschlossene Wirtschaftseinheit sein“, sondern „einen *positiven* Einfluß auf die Weltwirtschaftsbeziehungen ausüben und daher die Verbesserung des Wohlergehens aller im Auge behalten“. Liberale Ansätze einer gemeinschaftlichen Außenhandelspolitik finden sich schließlich auch im Schlußkommuniqué der Pariser Gipfelkonferenz von

---

[40] Die Stellung und der Wortlaut von Art. 29 („Bei der Ausübung der ihr aufgrund dieses Abschnittes übertragenen Aufgaben ...“) legen es zwar nahe, die in ihm enthaltenen Gesichtspunkte nur auf die Maßnahmen im Zusammenhang mit der Entwicklung des Gemeinsamen Zolltarifs zu beziehen und diese Vorschrift womöglich nach Aufstellung des Gemeinsamen Zolltarifs für obsolet zu erklären, diese Betrachtungsweise verbietet sich jedoch angesichts der engen Verzahnung zwischen Zolltarif und gemeinsamer Handelspolitik; vgl. Fn. 29 dieses Kapitels.

[41] Siehe oben Fn. 25; Ziff. 13 ist in anderer Hinsicht bedeutsam: sie zieht eine deutliche Trennungslinie zwischen der gemeinsamen Handelspolitik, die durch die Gemeinschaft betrieben werden soll, und der Politik der Zusammenarbeit, die der Förderung durch die Mitgliedstaaten unterliegt. *Dahrendorf*, Plädoyer S. 160 erblickt hierin ein bewußtes Festschreiben der Praxis und stellt nur ironisch die Frage, ob es sich um einen Lapsus der Formulierung handelt.

[42] Siehe oben Fn. 26.

1974: Der Beitrag der Gemeinschaft zur „harmonischen Entwicklung des Welthandels“ wird ausdrücklich erneut unterstrichen[43].

3. *Zusammenfassung und erste Schlußfolgerungen*

Vertragsbestimmungen und offizielle Erklärungen sprechen eine deutliche Sprache. Schutz nach innen und Öffnung nach außen bestimmen als funktionelle Elemente die Gesichtszüge der gemeinsamen Handelspolitik. Beide stehen in einem inneren Bezugsfeld: Während der Schutz nach innen z. B. durch restriktive Maßnahmen an der Außenflanke mit den liberalen Grundsätzen der gemeinsamen Handelspolitik in Konflikt geraten kann, wirft die Öffnung nach außen z. B. durch vermehrte Anstrengungen zur Erhöhung von Drittlandimporten u. U. Schutzprobleme für die einheimische Wirtschaft auf. Zwischen beiden Aufgaben hat die Kommission im Rahmen ihres Ermessens die jeweilige Entscheidung zu treffen.

Für die Lösung der horizontalen und vertikalen Kompetenzproblematik lassen sich aus der skizzierten Aufgabenstellung der gemeinsamen Handelspolitik erste nachstehende Schlußfolgerungen allgemeiner Art ziehen:

(1) Gemessen an den Aufgaben der gemeinsamen Handelspolitik entscheidet weder die Absicht allein[44] noch die Wirkung[45] noch die spezifische handelspolitische Inzidenz[46] einer Maßnahme über ihren handelspolitischen Charakter. Maßgeblich ist die Eignung und Notwendigkeit einer Regelung, den aufgezeigten Zielen der gemeinsamen Han-

---

[43] Siehe oben Fn. 27.

[44] Der subjektive Gesichtspunkt klingt schon bei *Pescatore*, Rec. S. 84 an: „On peut définir la politique commerciale comme l'ensemble des mesures *destinées* à régler les relations avec l'extérieur.“ — Auch *Ehlermann*, Ref. S. 13 betont das subjektive Element: „In den potentiellen Anwendungsbereich der gemeinsamen Handelspolitik fallen demnach alle Maßnahmen, die mit der Absicht getroffen werden, den Handelsverkehr positiv oder negativ zu beeinflussen.“ So auch der RAT in seiner vor dem GH abgegebenen schriftlichen Erklärung in den Rs 3/76, 4/76 und 6/76, EuGH Slg. 1976 S. 1298 zur Anwendbarkeit des Art. 113: „Diese Bestimmung könne nur zur Begründung eines Vorgehens herangezogen werden, das zum Ziel habe, den Umfang oder den Verlauf des Handelsverkehrs der Gemeinschaft zu ändern.“ Zu diesen Rs s. u. Kap. 7 II.

[45] Erste Ansatzpunkte für eine objektive *und* subjektive Betrachtungsweise finden sich bei *Lörcher* S. 129: „Als allgemeinen Maßstab kann man vielleicht die Regel aufstellen, daß Maßnahmen, die nur indirekte Auswirkungen auf die die Gemeinschaftsgrenzen überschreitenden Waren- und Dienstleistungstransaktionen haben und nicht in erster Linie zu ihrer unmittelbaren Beeinflussung getroffen werden, nicht zum Bereich der Handelspolitik i. S. der Art. 110 ff. EWG-V. gehören.“

[46] *Fischer* S. 6: „Um eine handelspolitische Maßnahme zu definieren, sind deswegen nicht ihre Auswirkung auf den Außenhandel oder ihre handelspolitische Zielsetzung entscheidend, sondern ihr spezifischer, auf den Außenhandel bezogener Anwendungsbereich. Instrumente der gemeinsamen Han-

delspolitik gerecht zu werden. Bei einem derartigen Verständnis kann der Anwendungsbereich handelspolitischer Maßnahmen nicht auf bestimmte Instrumente beschränkt bleiben. Waren in der Vergangenheit Zölle und Kontingente zur Absicherung integrationspolitischer Maßnahmen im Innern ausreichend, so können bei fortschreitender Entwicklung andere störende Einflüsse von außen auf die Gemeinschaft zukommen, die nur durch den Einsatz neuer Maßnahmen abgewehrt werden können. Dynamische Fortschritte innerhalb der Gemeinschaft und im internationalen Wirtschaftsverkehr verlangen dynamische und flexible Maßnahmen im Außenwirtschaftsverkehr, um den Zielen des Vertrages zur Geltung zu verhelfen. Der Widerspruch zwischen einer engen Auslegung und den Zielsetzungen europäischer Integrationsbestrebungen wird besonders deutlich, wenn man sich die Vision der auf der Pariser Gipfelkonferenz von 1972 proklamierten Europäischen Union vor Augen führt[47]. Gemessen am Ziel einer integralen europäischen Außenpolitik bedeutet es dann noch wenig, wenn Handelspolitik in ihrem weitesten Sinne als Regelung und Schaffung internationaler Wirtschaftsbeziehungen verstanden wird.

(2) Im Bereich der vertikalen Zuständigkeitsabgrenzung führen die an den Maßstäben der Zielverwirklichung gewonnenen Erkenntnisse zu der Frage, ob eine verbleibende Zuständigkeit der Mitgliedstaaten auf dem Gebiet der vertraglichen Handelspolitik mit den aufgezeigten Zielen der gemeinsamen Handelspolitik in Einklang zu bringen ist oder ob die durch Art. 113 zu bewahrende Einheit des Marktes nur aufrechterhalten werden kann, wenn sich die handelspolitischen Kompetenzen ausschließlich auf die Gemeinschaft konzentrieren.

---

delspolitik sind somit alle hoheitlichen Maßnahmen, welche sich spezifisch auf den internationalen Handelsverkehr beziehen."

Dieser Gedanke findet sich bereits ansatzweise bei *Le Tallec* S. 108: „Zusammenfassend kann festgestellt werden, daß zumindest jede von der öffentlichen Hand getroffene Maßnahme, die speziell Einfuhren und Ausfuhren oder den internationalen Dienstleistungsverkehr betrifft, in den Bereich der Handelspolitik fällt." — Diese Auffassung scheint im juristischen Dienst der KOM vorzuherrschen; vgl. die von der KOM vor dem GH abgegebene schriftliche Erklärung in der Rs 8/73 (Massey-Ferguson), EuGH Slg. 1973 S. 903: „... die Frage, ob eine handelspolitische Maßnahme vorliege, sei nicht nach Ziel und Zweck der Maßnahme, sondern nach ihrem Inhalt und Gegenstand, nämlich der spezifischen Regelung des Außenhandels bei der Gemeinschaft, zu beurteilen." Mit dieser Konzeption ist allerdings nicht die Begründung der KOM in den Rs 3/76, 4/76 und 6/76 (Kramer), EuGH Slg. 1976 S. 1303 f. in Einklang zu bringen. Maßnahmen zur Erhaltung des Fischbestandes dürften kaum als spezifische handelspolitische Regelung qualifiziert werden können.

[47] In Ziff. 7 der Erklärung der Staats- und Regierungschefs der Mitgliedstaaten der erweiterten Gemeinschaft in Paris vom 19./20. 10. 1972 bekunden die Mitgliedstaaten ihre Absicht, „vor Ablauf dieses Jahrzehnts die Gesamtheit ihrer Beziehungen in eine Europäische Union umzuwandeln", EA 21/1972 S. D 503.

TEIL C

Der Umfang der Vertragsschlußbefugnis in den wichtigsten Sachbereichen des Handels und der Kooperation

Kapitel 7: Warenverkehr

I. Der herkömmliche Katalog von Maßnahmen im Bereich des Warenverkehrs

Maßnahmen auf dem Gebiet der Ein- und Ausfuhr[1] zählen zum Kernbestand handelspolitischer Aktivitäten[2]. Die handelspolitische Charakterisierung aller Maßnahmen, die die Gemeinschaft an ihrer Außengrenze auf den Warenverkehr anwendet, ist indes nicht unbestritten[3]. Welche vertraglich zugänglichen Export- und Importregelungen dem Anwendungsbereich der gemeinsamen Handelspolitik zugerechnet werden können, ist Gegenstand der nachfolgenden Untersuchung.

1. Maßnahmen im Bereich der Ausfuhr

a) Ausfuhrhemmnisse

aa) Ausfuhrzölle

Ausfuhrzölle sind Abgaben, die auf Waren beim Verlassen des Zollgebiets erhoben werden[4]. Maßgebend hierfür können sowohl volkswirtschaftliche als auch fiskalische Gründe sein[5]. Ihre wirtschaftliche Bedeu-

---

[1] Kompetenzfragen des Handels mit landwirtschaftlichen Erzeugnissen bleiben weitgehend unberücksichtigt. Einerseits sind vertraglichen Abmachungen im Agrarbereich durch den Mechanismus der gemeinsamen Agrarpolitik auf seiten der EG Grenzen gesetzt, andererseits liegt das Schwergewicht der Wirtschaftsbeziehungen mit potentiellen Kooperationspartnern auf dem industriell-gewerblichen Sektor. Zu den Rechtsfragen der Agraraußenhandelspolitik s. *d'Orville* S. 98 ff. und *Greifelt* S. 129 ff.

[2] Darüber besteht in der Literatur Einigkeit, s. Fn. 8 von Kapitel 4.

[3] So z. B. die Auffassung des RATS in der von ihm vor dem EuGH abgegebenen schriftlichen Erklärung in der Rs 8/73 (Massey-Ferguson), EuGH Slg. 1973 S. 897 (902): „Zwar sei zugegeben, daß der Umfang der handelspolitischen Maßnahmen fließend sei, doch werde man nicht so weit gehen können, den gesamten Bereich aller Maßnahmen, die die Gemeinschaft an ihrer Außengrenze auf den Warenverkehr anwende, als zur Handelspolitik gehörig anzusehen."

[4] Zum Begriff s. *von der Groeben*, Komm. Art. 16 I; *Mégret* I S. 62.

[5] Volkswirtschaftliche Ausfuhrzölle dienen der Vorbeugung von Mangelsituationen im Inland oder dem Abbau von Ausfuhrüberschüssen. Fiskalische Ausfuhrzölle werden zur Erhöhung der Staatseinnahmen erhoben.

tung im internationalen Handel ist gering. Nur Länder mit einseitiger Exportstruktur wie z. B. Island[6] greifen derzeit auf die Erhebung von Ausfuhrzöllen zum Zwecke der Einnahmebeschaffung zurück.

Die Zuständigkeit der Gemeinschaft im Bereich ausfuhrzollpolitischer Maßnahmen steht außer Frage. Sie kann sowohl auf den umfassenden Begriff „Ausfuhrpolitik“ als auch auf die Formulierungen „Zollabkommen“ und „Änderungen von Zollsätzen“ gestützt werden[7]. Zur Zeit unterliegen keine Waren des industriell-gewerblichen Sektors einer EG-Ausfuhrzollbelastung.

Die theoretisch denkbare Wiedererrichtung von Außenzollsätzen durch die Gemeinschaft wäre weder außenwirtschaftlich wünschenswert noch rechtlich zulässig. Sie würde gegenüber den GATT-Mitgliedern einen Vertragsverstoß darstellen und im übrigen den Grundsätzen einer liberalen Außenhandelspolitik widersprechen.

bb) Mengenmäßige Ausfuhrbeschränkungen

Unter dem Begriff „mengenmäßige Ausfuhrbeschränkung“ ist jede hoheitliche Maßnahme zu verstehen, die die Ausfuhr einer Ware der Menge oder dem Wert nach begrenzt oder die Ausfuhr völlig verbietet[8]. Derartige Beschränkungen werden aus militärischen oder allgemein wirtschaftlichen Überlegungen vor allem im Handel Westeuropas mit den Staatshandelsländern aufrechterhalten. Die Liste der militärischen Positionen wird jährlich bei konzessionswilliger Tendenz von einem sogenannten Ausschuß für den Handel mit kommunistischen Ländern (coordinating commitee — COCOM) festgelegt, der im Rahmen einer 1949 in Paris gegründeten Beratungsgruppe tätig ist. Außer den Mitgliedstaaten der Gemeinschaft gehören diesem Ausschuß alle übrigen NATO-Mitglieder (ausschließlich Island) und Japan an. Die Ausfuhr der in die Liste aufgenommenen Waren ist entweder grundsätzlich verboten oder genehmigungspflichtig[9].

Die Zuständigkeit der Gemeinschaft, Regelungen vertraglicher Art auf dem Gebiet der mengenmäßigen Ausfuhrbeschränkungen zu treffen, wird in der Literatur zu Recht bejaht[10]. Ob sie dabei als Pendant zu

---

[6] s. die ausführliche Regelung betr. Islands Ausfuhrzölle im Abkommen EWG-Island, Abl. L 301/2 v. 31. 12. 72.

[7] Bereits während der Übergangszeit lag die zollpolitische Kompetenz in den Händen der Gemeinschaft (Art. 111 Ziff. 2).

[8] Zum Begriff s. *von der Groeben*, Komm. Vorb. II. 1 a zu Art. 30 m. w. N.

[9] Zu diesem Komplex s. *Standke* S. 129 ff.; zur Relevanz der COCOM-Embargolisten s. *Bolz / Kunze*, S. 37 - 41.

[10] *Everling*, Komm. Art. 113.4; *von der Groeben*, Komm. Art. 113.3; *Greifelt* S. 62; *Pescatore*, Les Nov. II Nr. 2293; *Carstens* S. 487 (496 ff.); *Rambow*, Rechtsfragen S. 195.

den Liberalisierungsmaßnahmen, die in Art. 113 ausdrücklich genannt sind, oder als Bestandteil allgemeiner Ausfuhrpolitik in die Kompetenz der Gemeinschaft fallen, ist unwesentlich.

Problematisch ist diese Zuständigkeit indes im Bereich des Handels mit militärischen Produkten. In den Art. 223 bis 225 haben sich die Mitgliedstaaten das Recht vorbehalten, unter bestimmten Voraussetzungen die Vorschriften des Vertrages nicht anwenden zu müssen. So ist es beispielsweise jedem Mitgliedstaat überlassen, den Handel und damit auch die Ausfuhr von Waffen, Munition und Kriegsmaterial einseitig zu regeln unter der Voraussetzung, daß dies für die Wahrung seiner wesentlichen Sicherheitsinteressen erforderlich ist. Soweit diese Bedingung aber nicht eingreift, unterliegt der Handel mit den genannten Produkten der Gemeinschaftsregelung. Auf welche Waren im einzelnen der militärische Vorbehalt zutrifft, ist generell schwer zu ermitteln. Die Praxis löst dies Abgrenzungsproblem[11] mit Hilfe einer Liste, die vom Rat jährlich neu festgelegt wird[12]. Die Zurückhaltung der Gemeinschaftsorgane im Bereich der Ausfuhr militärischer Produkte geht aus der Antwort der Kommission auf eine schriftliche Anfrage des Abgeordneten Glinne hervor[13]. Auf die Frage, welche Maßnahmen die Gemeinschaft und jeder einzelne Mitgliedstaat ergriffen hat, um den Verkauf von Waffen mit Herkunft aus einem EWG-Mitgliedstaat in ein südafrikanisches Land zu verbieten, antwortet die Kommission lakonisch: „Für die in der Anfrage des Herrn Abgeordneten berührten Bereiche sind die einzelnen Mitgliedstaaten zuständig."

Ein Sonderproblem im Bereich der mengenmäßigen Ausfuhrbeschränkungen stellt die Verhängung eines Embargos dar. Ein Embargo betrifft nicht nur die Ausfuhr militärischer Güter, sondern darüber hinausgehend weitere Produkte oder gar die Gesamtheit wirtschaftlicher Güter, die in das betreffende Gebiet exportiert werden sollen. Hier ist eine differenzierende Betrachtungsweise angebracht: Art. 224 EWG-V. setzt voraus, daß jeder Mitgliedstaat im Handel mit dritten Ländern einseitig Maßnahmen ergreifen kann, und zwar u. a. „im Kriegsfall, bei einer ernsten, eine Kriegsgefahr darstellenden internationalen Spannung oder in Erfüllung der Verpflichtungen ..., die er im Hinblick auf die Aufrechterhaltung des Friedens und der internationalen Sicherheit übernommen hat". Läßt sich die Embargo-Entscheidung unter eine dieser recht weiten Tatbestandsvoraussetzungen subsumieren, ist für eine Zuständigkeit der Gemeinschaft kein Raum[14]. Soweit Art. 224 tat-

---

11 Zur Problematik der Abgrenzung s. *von der Groeben*, Komm. Art. 223.7.

12 Die Liste wird nicht veröffentlicht.

13 Abl. C 294/57 vom 13. 12. 76.

14 Dies war z. B. der Fall bei der Durchführung eines Embargos gegen Rhodesien, das der UN-Sicherheitsrat 1966 beschlossen hatte. Die Kommission

bestandlich aber nicht eingreift, obliegt es den Gemeinschaftsorganen, Embargo-Maßnahmen zu ergreifen. Die politische Brisanz derartiger Schritte steht dem nicht entgegen. Der Begriff Handelspolitik impliziert außenpolitische Elemente, die nicht hinweggedacht werden können, ohne den Begriff Handelspolitik selbst in Frage zu stellen.

Von ihrer Kompetenz im Bereich der wirtschaftlichen Ausfuhrbeschränkungen hat die Gemeinschaft erstmals Ende 1969 Gebrauch gemacht. Nachdem sich die Kommission in ihrem handelspolitischen Arbeitsprogramm vom 25. 9. 1962[15] das Ziel gesetzt hatte, die einzelstaatlich gehandhabten Ein- und Ausfuhrkontingente auf die Gemeinschaft zu überführen, unterbreitete sie dem Rat am 28. 7. 1969 einen Vorschlag zur Festlegung einer gemeinsamen Ausfuhrregelung[16], der in die Verordnung 2603/69 vom 20. 12. 1969 mündete[17]. Da wesentliche Vorarbeiten auf dem Gebiet der Ausfuhrliberalisierung bereits vom GATT und der OEEC geleistet worden waren, konnte die Freiheit der Ausfuhr zum Grundprinzip der Verordnung erhoben werden (Art. 1). Damit ist der liberalen Grundhaltung des Art. 110 Rechnung getragen. Zu den Drittländern zählen sowohl GATT-Mitglieder und ihnen Gleichgestellte als auch Staatshandelsländer. Hierin unterscheidet sich die Verordnung 2603/69 von der EG-Einfuhrregelung, die zwischen Staatshandelsländern und sonstigen Drittländern differenziert[18]. Der Grundsatz der Ausfuhrfreiheit wird insbesondere[19] für die im Anhang der Verordung aufgeführten Waren (Art. 1,10) durchbrochen. Für diese Tarifpositionen dürfen die Mitgliedstaaten nationale Ausfuhrbeschränkungen aufrechterhalten. Die Liste der nationalen Restriktionen zugänglichen Produkte ist zwischenzeitlich mehrmals als Reaktion auf die Liberalisierung einiger Positionen durch einen oder mehrere Mitgliedstaaten reduziert worden[20]. Bereits liberalisierte Tarifpositionen können ausnahmsweise, insbesondere zur Sicherung der Versorgungslage, mit gemeinschaftlichen Beschränkungen belegt werden (Art. 6 ff.). Dies ist

---

und der Rat vertraten zu Recht die Auffassung, daß das Embargo gegen Rhodesien in Erfüllung der Verpflichtungen verhängt wurde, die ein Mitgliedstaat im Hinblick auf die Wahrung des Friedens und der internationalen Sicherheit im Rahmen der UNO übernommen hatte. Vgl. hierzu die instruktive Anfrage des Abg. *Patijn* und die Antworten von Kommission und Rat, Abl. C 89/6 vom 16. 4. 1976.

15 Abl. 1962 S. 2353 (2355).

16 Dok. KOM (69) 683 endg.

17 Abl. L 324/25 v. 27. 12. 69; hierzu *Beseler* S. 110 ff.; *Bijok* S. 21 ff.; *Ehle / Meier* D 118 ff.

18 Siehe unten Punkt I. 2 b) dieses Kapitels.

19 Weitere Ausnahmen ergeben sich aus den speziellen Agrarmarktordnungen (die VO ist auch für Landwirtschaftsprodukte anwendbar) oder aus dem EWG-Vertrag (Art. 223 I b, 224, 234, 108 III, 109).

20 Zuletzt durch die VO 1275/75 v. 20. 5. 75, Abl. L 131/1 v. 22. 5. 75.

für den Bereich bestimmter Nichteisenmetallabfälle geschehen[21]. Als Instrument zur Verwaltung derartiger Gemeinschaftskontingente fungiert die Verordnung 1023/70[22].

Soweit die von allen Mitgliedstaaten liberalisierten und daher vergemeinschafteten Positionen sowie die nach bereits eingetretener Liberalisierung gemeinschaftlich wiedereingeführten Kontingente zur Diskussion stehen, ist die Kompetenz der Gemeinschaft, hierüber vertraglich zu befinden, unangefochten. Aber auch für die im Ausnahmekatalog der Verordnung figurierenden, zur Zeit noch einzelstaatlich gehandhabten mengenmäßigen Beschränkungen kann nichts anderes gelten.

cc) Abgaben gleicher Wirkung wie Ausfuhrzölle

Hauptanwendungsfall ausfuhrzollgleicher Maßnahmen[23] ist die Besteuerung der in Drittländer ausgeführten Waren. Die Austauschbarkeit von Zöllen und Steuern führt die Mitgliedstaaten in Versuchung, unter dem Deckmantel der ihnen grundsätzlich verbliebenen Steuerhoheit steuerliche Aktivitäten zu entfalten, die in ihrer Wirkung, ihrem Zweck und ihrem Wesen exporthemmenden Charakter haben. Während in Zeiten der Hochkonjunktur einige Mitgliedstaaten mit starken Positivsalden aus Zahlungsbilanzgründen zeitweilig exportzollgleichverdächtige Maßnahmen zur Wiederherstellung des außenwirtschaftlichen Gleichgewichts auch im Verhältnis zu anderen als ihren EG-Partnern praktizierten[24], ist die aktuelle Gefahr derartiger Maßnahmen gering. Selbst traditionelle Überschußländer sind durch die Verteuerung der Rohstoffe und den Rückgang inländischer Nachfrage gezwungen, ihre Exporte zu stimulieren.

Ausdrückliche Bestimmungen stehen der einzelstaatlichen Anwendung solcher Maßnahmen nicht entgegen. Weder Art. 12 und 16[25] noch die gemeinsame Ausfuhrregelung[26] verbieten den Einsatz exportzoll-

---

[21] Abl. L 83/6 v. 28. 3. 74; Werte für 1976 in: Agence Europe v. 4. 12. 75 Nr. 1873 S. 8.

[22] Abl. L 124/1 v. 8. 6. 1970.

[23] Der EuGH hatte mehrmals Gelegenheit, sich mit dem Begriff „Abgabe zollgleicher Wirkung" im innergemeinschaftlichen Verkehr auseinanderzusetzen; EuGH Slg. 1962 S. 871 (880 ff.); EuGH Slg. 1965 S. 636 (641 ff.); EuGH Slg. 1966 S. 219 (235 ff.); EuGH Slg. 1968 S. 634 (643); zuletzt Urteil v. 18. 6. 75, EuGH Slg. 1975 S. 699 (710 f.). Zur weiteren Darstellung der einschlägigen EuGH-Rspr. s. *Strauß*, Festschrift S. 515 - 540; s. ferner *Knieper* S. 217 und die sich an den Kriterien des EuGH (Wirkung, Zweck, Wesen) orientierende Untersuchung bei *Meier* S. 1 ff.

[24] Auf der Grundlage v. § 2 I des Absicherungsgesetzes (BGBl. 1968 I S. 1255) führte beispielsweise die BRD auf ausgeführte Waren vorübergehend eine Sonderumsatzsteuer ein.

[25] Art. 12 und 16 betreffen nur die ausfuhrzollgleichen Abgaben innerhalb der Gemeinschaft.

[26] Die VO 2603/69 erfaßt nach ihrem Wortlaut nur Ausfuhrkontingente.

gleicher nationaler Maßnahmen. Eine Zuständigkeit der Gemeinschaft schließt dies aber nicht aus. Im Gegenteil: Ordnungsfunktionelle Überlegungen zwingen zur Einbeziehung in den handelspolitischen Anwendungsbereich. Die Erhebung einer exportzollgleichen Abgabe „widerspricht dem Prinzip binnenmarktähnlicher Verhältnisse“[27]. Diese basieren unter anderem auf dem Grundsatz gleicher Marktchancen für alle in der Gemeinschaft operierenden Unternehmen. Die Belastung der Unternehmen eines Mitgliedstaates mit einer besonderen Steuer bei der Ausfuhr in dritte Länder bedeutet für diese Unternehmen einen zusätzlichen Kostenfaktor, den die Unternehmen aus den Partnerstaaten nicht zu spüren bekommen. Damit wird eine Wettbewerbssituation geschaffen, die im Widerspruch zu den Zielen der Art. 2 und 3 EWG-V. steht.

Die Notwendigkeit einer Gemeinschaftszuständigkeit in diesem Bereich läßt sich auf eine weitere Überlegung stützen: Liberale Handelspolitik, nach den Zielbestimmungen des Vertrages erklärte Aufgabe der Gemeinschaft, manifestiert sich in den Öffnung nach außen sowohl auf der Einfuhr- als auch auf der Ausfuhrseite. Art. 110 und S. 6 der Präambel sprechen von der schrittweisen Beseitigung der, d. h. aller Beschränkungen im internationalen Handelsverkehr. Exportrestriktionen — welcher Art auch immer — sind mit diesen Bekenntnissen nicht in Einklang zu bringen.

dd) Maßnahmen gleicher Wirkung wie mengenmäßige Ausfuhrbeschränkungen

Je weiter die Liberalisierung im internationalen Handelsverkehr bei den sichtbaren Hemmnissen voranschreitet, desto spürbarer werden die weniger offenbaren Hindernisse[28]. Hierzu zählen neben den technischen Handelshemmnissen insbesondere die Maßnahmen mit gleicher Wirkung wie mengenmäßige Beschränkungen. Der Begriff „Maßnahme gleicher Wirkung“ ist äußerst umstritten. Vor allem für den Bereich des innergemeinschaftlichen Handels haben Literatur und Praxis eine Fülle von Klärungsversuchen unternommen[29]. Die an dieser Stelle zu untersuchenden Maßnahmen gleicher Wirkung wie mengenmäßige Ausfuhrbeschränkungen bleiben angesichts der rezessiven Weltwirtschaftslage auf einige wenige Tarifpositionen reduziert. Dies gilt vor allem für den

---

[27] So *Meier* S. 7.

[28] Vgl. *Ipsen* § 29 III. 2.

[29] Nach h. M. ist eine Maßnahme gleicher Wirkung eine Maßnahme, die Einfuhren/Ausfuhren verhindert, die ohne sie stattfinden könnten; s. *von der Groeben*, Komm. Vorb. II. 2. b. cc zu Art. 30 ff. Grundlegend: *Graf.* Ferner: *Ipsen* siehe oben Fn. 28 und *Mégret* I S. 100 ff. Eine Aufstellung aus der Praxis gewonnener Beispiele enthalten die nach Art. 33 Abs. 7 EWG-V. erlassenen 5 Richtlinien der Kommission: 1. Abl. 1964 S. 2253; 2. Abl. 1966 S. 3745; 3. Abl. 1966 S. 3748; 4. Abl. 1970 Nr. L 13/1; 5. Abl. 1970 Nr. L 13/29.

Sektor der Agrarprodukte, auf dem parakontingentäre Ausfuhrmaßnahmen in der Form des Systems der „toute licence accordée“[30] oder bestimmte Verwaltungspraktiken wie Ausfuhrkalender etc. praktiziert werden.

Die Einbeziehung derartiger Restriktionen in die Regelungsbefugnis der Gemeinschaft findet ebenso wie die paratarifären Ausfuhrhemmnisse weder im Vertrag noch in der gemeinsamen Ausfuhrregelung eine Stütze[31]. Insbesondere können weder Art. 100 noch Art. 34 II als Rechtsgrundlage herangezogen werden. Auf dem Wege des Art. 100 läßt sich lediglich eine bloße Harmonisierung nationaler Aktivitäten auf diesem Sektor erzielen. Dies dürfte kaum ausreichen, um eine einheitliche Anwendung im Verhältnis zu dritten Ländern sicherzustellen[32]. Art. 34 gilt wie das Gesamtpaket der Art. 30 ff. nicht für die Beziehungen der Mitgliedstaaten zu dritten Ländern[33].

Mengenmäßige Beschränkungen müssen nach dem System des Vertrages innerhalb der Gemeinschaft und im Verkehr mit Drittländern unterschieden werden[34]. „Die Frage, ob und in welchem Umfang die Mitgliedstaaten dritten Ländern gegenüber mengenmäßige Beschränkungen und Maßnahmen gleicher Wirkung einführen, aufrechterhalten oder beseitigen können oder müssen, wird durch die Art. 110 ff. bestimmt[35].“ Entscheidend für die handelspolitische Qualifikation derartiger Maßnahmen sind damit wiederum funktionsbezogene Erwägungen[36].

---

[30] Dieses System macht jede Ausfuhr von der vorherigen Genehmigung abhängig, die aber automatisch erteilt wird. Diese Praxis wurde innergemeinschaftlich lange Zeit für zulässig gehalten, s. *Ehlermann*, HB Vorb. II Abcc vor Art. 30 - 37 m. w. N. u. *Beseler* S. 110. Entgegen der in Literatur und Praxis vertretenen Auffassung erklärte der EuGH dieses System in seinem Urteil vom 15. 12. 1971 (International Fruit Company) unter Hinweis auf die Qualifikation als Maßnahme gleicher Wirkung wie Ausfuhrbeschränkungen für vertragswidrig, EuGH Slg. 1971 S. 1107 (1116).

[31] Dies führt die Mehrheit der Autoren zu dem Schluß, daß diese Maßnahmen nicht in die Gemeinschaftskompetenz fallen, z. B. *Beseler* S. 110; *Ehlermann*, HB Vorb. zu Art. 30 - 37; *Ehle / Meier* D 134. Letzterer bejaht zwar die Notwendigkeit, die Maßnahmen gleicher Wirkung wie Ausfuhrbeschränkungen gemeinschaftlich zu regeln, strebt aber eine Vereinheitlichung im Rahmen von Art. 100 an.

[32] Diese Überlegung führte auch die Kommission in ihrer vor dem EuGH abgegebenen Erklärung in der Rs 8/73 (Massey-Ferguson) zu dem Ergebnis, daß für die zur Diskussion stehende Zollwertverordnung Art. 100 als Rechtsgrundlage ausschied; vgl. Fn. 15 von Kap. 2.

[33] So aber *Meier* S. 7 Fn. 44: Art. 34 II erfasse die, d. h. alle bestehenden Ausfuhrbeschränkungen sowie alle Maßnahmen gleicher Wirkung, also auch im Verhältnis zu Drittstaaten.

[34] So ausdrücklich der EuGH in seinem Urteil (International Fruit Company) vom 15. 12. 71, EuGH Slg. 1971 S. 1107 (1116 f.).

[35] *von der Groeben*, Komm. Vorb. 5 zu Art. 30 ff.; vgl. hierzu auch *Everling*, Komm. Vorb. 6 zu Art. 30 ff.; *Ipsen* § 29 III. 1.2.

ee) Ausfuhrselbstbeschränkung durch die Gemeinschaft

Auf dem Hintergrund der weltweiten Verengung des Spielraums für restriktive staatliche Eingriffe gewann ein neues handelspolitisches Instrument, das der Selbstbeschränkung bei den Ausfuhren, zusehends an Boden. Es läßt sich zusammenfassend charakterisieren durch den Verzicht auf die Ausnutzung von vorhandenen Exportchancen im Interesse des Abnehmerlandes[37]. Während der Einsatz dieses Instruments zunächst fast ausschließlich auf den Baumwolltextilbereich begrenzt war, sind Tendenzen einer Ausweitung auf andere Branchen sichtbar[38]. Die Anwendung dieses Instruments stößt bei den Regierungen nicht ungeteilt auf Zustimmung[39]. Hierfür sind nicht zuletzt verwaltungstechnische Gründe ausschlaggebend: Die Durchführung von Ausfuhrselbstbeschränkungen erfordert außer der staatlichen Ausfuhrkontrolle oftmals eine zusätzliche Gegenkontrolle durch das Aufnahmeland. Damit ist ein doppelter Aufwand an Verwaltungstätigkeit verbunden, der zudem die Einflußnahme des Staates auf den freien Wirtschaftsverkehr stärkt[40].

Auf Gemeinschaftsebene stellt sich das Problem der freiwilligen Ausfuhrselbstbeschränkung in zwei Richtungen: Exportverzicht anderer Länder zugunsten der Gemeinschaft als quantitativ und qualitativ wichtigster Fall und freiwillige Selbstbeschränkung der Gemeinschaft zugunsten bestimmter Drittländer. Das im internationalen Vergleich hohe Lohnniveau innerhalb der Europäischen Gemeinschaft und die daraus resultierenden marktgerechten Exportpreise für Gemeinschaftswaren verhindern weitgehend, daß ausfuhrbedingt für bestimmte Warengruppen mit Ursprung in der Gemeinschaft in Drittländern sektorale Marktstörungen auftreten, die diese Länder bewegen könnten, bei der Gemeinschaft auf eine Beschränkung ihrer Exporte zu drängen. Dennoch ist zuweilen der Wunsch an die Gemeinschaft herangetragen

---

[36] Zur Begründung im einzelnen s. die vergleichbaren Überlegungen zu den paratarifären Restriktionen, Punkt I. a. cc. dieses Kapitels.

[37] Zur Gesamtproblematik von Exportselbstbeschränkungen s. *Zimmer* S. 297 ff.; *Ehle-Meier* D 136; *Ullrich* S. 357 ff.; *Krenzler* S. 177 ff.

[38] Insbesondere der Stahlsektor rückt zusehends als Objekt internationaler „orderly marketing Abkommen" in den Vordergrund.

[39] Nach Auffassung der dt. Bundesregierung ist „von allen handelspolitischen Instrumenten das der Selbstbeschränkung das bei weitem schlechteste. Wir haben damit keine guten Erfahrungen gemacht, in keinem Fall, und wir wären sehr froh, wenn wir von diesen Instrumenten wieder wegkommen könnten." Dt. BT, Protokoll über die 225. Sitzung v. 27. 3. 69 S. 12356; s. auch Bulletin des Presse- und Informationsamtes der BReg. Nr. 86 v. 1. 7. 69 S. 744; zu den jüngsten Schwierigkeiten im Zusammenhang mit der Aushandlung eines Selbstbeschränkungsabkommens der Gemeinschaft mit Brasilien s. FAZ v. 8. 1. 76; vgl. ferner die schriftliche Anfrage des Abgeordneten *Jahn* in Abl. C 170/18 v. 28. 7. 75.

[40] So *Zimmer* S. 299.

worden, für bestimmte Produkte ihre Exportchancen nicht voll auszunutzen[41]. Diesem Drängen konnte sich die Gemeinschaft bislang mit Erfolg widersetzen. In ihrer Antwort auf eine schriftliche Anfrage aus dem Parlament[42] gab die Kommission unmißverständlich zu erkennen, daß sie sektorale Übereinkommen über eine Ausfuhrselbstbeschränkung der Gemeinschaft ablehnt. Die Kommission ist der Auffassung, daß die aus der dynamischen Entwicklung des Welthandels entstehenden Schwierigkeiten möglichst auf der Grundlage der bestehenden GATT-Bestimmungen wie Art. XIX gelöst werden müssen. Durch den Abschluß weiterer sektoreller Übereinkommen nach dem Muster derjenigen für Baumwolltextilien und Stahl würde nämlich das GATT allmählich seines Wesensgehalts beraubt werden, was nicht im Interesse der Gemeinschaft liegen könne[43].

Ob die Regelungsbefugnis der Gemeinschaft gemäß Art. 113 den Abschluß von orderly-marketing-Abkommen umfaßt, hängt entscheidend davon ab, wie diese zu qualifizieren sind. In ihrer Wirkung haben Exportselbstbeschränkungen handelshemmenden und — international gesehen — wettbewerbsverzerrenden Charakter. Sie ersetzen im Vorgriff zwingende staatliche Eingriffe des Aufnahmelandes in Form von Einfuhrkontingenten in der Absicht, diese zu verhindern. Der außenwirtschaftliche Effekt beider Instrumente — Exportselbstbeschränkungen und Einfuhrkontingente — ist damit identisch. Exportselbstbeschränkungen der Gemeinschaft stellen sich daher stets als Maßnahmen im Bereich der mengenmäßigen Beschränkungen oder als Maßnahmen mit gleicher Wirkung dar[44]. Diese sind, wie bereits für die Ausfuhrseite erörtert[45], von der Gemeinschaftskompetenz gedeckt.

b) Ausfuhrfördernde Maßnahmen

aa) Überblick und allgemeine Würdigung

Ausfuhrförderung gehört heute zu den gebräuchlichsten Instrumenten der Außenwirtschaftspolitik. Bei weitester Fassung des Begriffs können

---

[41] Bereits 1969 drängte das amerikanische Handelsministerium auf eine Selbstbeschränkung der Gemeinschaftsausfuhren im Textilbereich, s. die schriftliche Anfrage des Abg. *Glinne* in Abl. C 8/9 v. 20. 1. 70. Neuerdings sind auch Selbstbeschränkungen der Gemeinschaft im Stahlsektor zugunsten des US-Marktes im Gespräch, s. FAZ v. 18. 3. 76 („Amerika fordert Stahlabkommen").

[42] Siehe oben Fn. 41.

[43] Selbstbeschränkungsabkommen, die außerhalb des GATT vereinbart werden, verstoßen zumindest gegen den Geist des Abkommens.

[44] *Ullrich* S. 263; *Zimmer* S. 298; *Béraud* S. 265 (282); *Mégret* I S. 103; *Graf* S. 138.

[45] Punkt I. 1 a) bb/dd; zur Einfuhrseite s. u. Punkt I. 2 a) bb/cc dieses Kapitels.

darunter „alle einzel- und gesamtwirtschaftlichen Maßnahmen zur Förderung des Exports verstanden werden“[46]. Diese können sowohl privater als auch staatlicher Natur sein. Ausfuhrförderung von privater Seite wird den Exporteuren meist durch eigens gegründete Exportgemeinschaften und Verbände gewährt[47], während öffentliche Ausfuhrförderung entweder unmittelbar durch staatliche Behörden oder durch private Unternehmen, die ganz oder teilweise auf Rechnung des Staates handeln, abgewickelt wird[48]. Letztere reicht von der bloßen staatlichen Informations- und Konsulartätigkeit auf außenwirtschaftlichem Gebiet über allgemeine steuerliche Maßnahmen wie Ausfuhrvergütung und über staatliche Gewährleistungen für Exportförderungen bis hin zu direkten Preis- und Zinssubventionen an Exporteure[49]. Öffentliche Exportförderung verfolgt den Zweck, die Ausfuhr bestimmter Waren über das Volumen hinaus zu steigern, das sich bei ungehindertem Wettbewerb ergeben würde. Die Erwägungen, die diesem Verhalten zugrunde liegen, können zahlungsbilanz-, konjunktur- oder beschäftigungspolitischer Natur sein. Es erscheint fraglich, ob mit den kurzfristigen Vorteilen staatlicher Ausfuhrpolitik die verfolgten Ziele zu erreichen sind. Neben der umfangreichen Verwaltung, die staatliche Exportförderung erforderlich macht[50], sind es vor allem die Förderungsmaßnahmen anderer Staaten, die parallel und als Reaktion auf das eigene Vorgehen ergriffen werden, die den ursprünglich gewünschten Effekt neutralisieren oder gar in sein Gegenteil verkehren[51]. Neben schädigenden Einflüssen im Aufnahmeland, das mit einer Flut von Produkten überschwemmt wird und damit auf lange Sicht in Zahlungsbilanzschwierigkeiten gerät, sind negative Auswirkungen auf den internationalen Arbeitsteilungsprozeß zu erwarten. An die Stelle von Kooperation tritt Rivalität, weltweite Integrationsbereitschaft wird durch Wettlauf ersetzt[52].

Im Ost-West-Geschäft kommt dem Problem öffentlicher Ausfuhrförderung besondere Bedeutung zu: Der Bedarf des Ostens an langlebigen Investitionsgütern und kompletten Industrieanlagen ist groß, die Verfügbarkeit an Devisen hingegen gering. Der Größe des östlichen Bedarfs steht die Fülle des westlichen Angebots gegenüber: Jedes hoch-

---

46 *Henzler* S. 70.

47 Dazu s. *Rittershausen* S. 70.

48 *Henzler* siehe oben Fn. 46; *Gehring* S. 23.

49 Übersicht bei *Voigt* S. 32.

50 Dazu *Gehring* S. 24.

51 Dies gilt für das gesamte Feld nationalstaatlicher Kooperationspolitik.

52 Schon im Bericht *Löhr*, Dok. EP 10/65 Nr. 61 wurde auf diesen Aspekt für den Kreditsektor aufmerksam gemacht; zu den negativen Auswirkungen s. *Hahn*, Dok. EP 205/68 Nr. 35; vgl. hierzu auch die Ausführungen im Bericht *Boano*, Dok. EP 36.125 Nr. 51 und im Bericht *Klepsch*, Dok. EP 425/74 Nr. 22.

industrialisierte westliche Land ist heute imstande, die vom Osten gewünschten Güter zu liefern. Auf diesem Hintergrund ist verständlich, daß die klassischen Wettbewerbsfaktoren Preis, Qualität, Lieferzeit und Kundendienst zunehmend hinter ausfuhrpolitischen, vor allem finanziellen Bedingungen zurücktreten[53].

Die Zuständigkeit der Gemeinschaft auf dem Gebiet der Ausfuhrförderung ist mit dem umfassenden Begriff der „Ausfuhrpolitik“ im Rahmen von Art. 113 verbunden. Vertragliche Regelungen über exportfördernde Maßnahmen können sowohl multilaterial als auch bilateral in der Form von Ausfuhrkreditregelungen und allgemeinen exportpromotion-Maßnahmen getroffen werden.

bb) Ausfuhrkredite

Die Gewährung von Ausfuhrkrediten mit den beiden Aspekten Ausfuhrkreditversicherung und Ausfuhrfinanzierung zählt heute zu den wichtigsten und vielschichtigsten Problemen moderner Ausfuhrförderungspolitik[54]. Besonders im Ost-West-Geschäft nehmen Ausfuhrkredite eine führende Stellung ein. Die zwischen den Mitgliedstaaten und den Staatshandelsländern geschlossenen Kooperationsabkommen enthalten überwiegend Finanzierungsklauseln[55], die die Wichtigkeit von Exportkrediten für die Finanzierung von Kooperationsprojekten dokumentieren[56].

Die Zuständigkeit der Gemeinschaft im Bereich öffentlicher Ausfuhrkreditregelungen wird von der Literatur weitgehend bejaht[57] und ist

[53] *Gehring* S. 51; dazu auch *Klepsch*, siehe oben Fn. 52 und *Boano*, siehe oben Fn. 52, Nr. 46.

[54] Zur Gesamtproblematik der Ausfuhrkredite s. die Werke von *Unger, F.* und *Voigt, H.*

[55] Beispielhaft sei auf die Finanzierungsklausel im Abkommen der BRD mit der SU v. 30. 10. 74 hingewiesen. Art. 3 lautet: „Angesichts der Bedeutung für die Finanzierung einschließlich der Gewährung von mittel- und langfristigen Krediten für die weitere Entwicklung der wirtschaftlichen Zusammenarbeit werden die Vertragsparteien Anstrengungen unternehmen, damit derartige Finanzierungen unter Einschluß von Krediten im Rahmen der in jedem der beiden Staaten bestehenden Regelungen zu möglichst günstigen Bedingungen gewährt werden.“
Die Durchführungsmodalitäten werden i. R. sog. Kreditabkommen parallel oder im Anschluß an die Kooperationsvereinbarungen getroffen. Zu den rivalisierenden Praktiken der Mitgliedstaaten untereinander s. NZZ v. 29. 10. 75 („Italienischer Finanzierungskredit an die SU“); Journal de Genève v. 21. 11. 75 („L'Italie se fait le banquier du Comecon“); NZZ v. 18. 2. 75 („Britischer Milliardenkredit an die UdSSR“), NZZ v. 21./22. 6. 75 („Französischer Milliardenkredit an Moskau“).

[56] Infolge der beschränkten Investitionsmöglichkeiten in diesen Ländern erfüllen Exportkredite weitgehend die Funktion der Finanzierung von Investitionen; vgl. die Auffassung der KOM in ihrer Mitteilung an den RAT betr. die Gründung einer Europäischen Ausfuhrbank, Dok. KOM (75) 500 v. 23. 7. 75 S. 6.

[57] z. B. *Pescatore*, Les Nov. II Nr. 2296 und 2335.

nunmehr auch in der Praxis durch das Gutachten 1/75 des EuGH anerkannt[58]:

„Da die Vergabe von Ausfuhrkrediten unzweifelhaft dem System der von den Mitgliedstaaten für die Ausfuhr gewährten Beihilfen zuzurechnen ist, ...

Die gemeinsame Handelspolitik und insbesondere die Ausfuhrpolitik umfaßt notwendigerweise die Ausfuhrbeihilferegelungen und insbesondere die Maßnahmen, welche die Kredite zur Finanzierung der mit Ausfuhrgeschäften verbundenen lokalen Kosten betreffen. Solche Maßnahmen sind in der Praxis ein wichtiger Bestandteil der Handelspolitik ..."

Die Realisierung dieser Zuständigkeit stößt auf die Schwierigkeit uneinheitlicher Ausfuhrkreditbedingungen unter den Mitgliedstaaten. Die Kommission bemühte sich daher schon seit langem um eine innergemeinschaftliche Koordinierung auf diesem Gebiet, ohne jedoch durchgreifende Erfolge erzielen zu können[59]. Der Umstand, daß die Gemeinschaft bisher nicht in der Lage war, einheitliche Modalitäten innerhalb des Gemeinsamen Marktes in Kraft zu setzen, bedeutet aber nicht, daß sie insoweit auch in ihren Außenbeziehungen rechtlichen Beschrän-

[58] EuGH Slg. 1975 S. 1355 (1362).

[59] Auf die allgemeine Problematik der Ausfuhrbeihilfen im Verhältnis zu Drittländern hatte die Kommission schon in ihrem handelspolitischen Aktionsprogramm vom 25. 9. 62 hingewiesen, Abl. 1962 S. 2353. Wesentliche Vorarbeiten wurden von einem Arbeitskreis zur Koordinierung der Politik auf dem Gebiet der Kreditversicherung, Bürgschaften und der Finanzkredite geleistet, eingesetzt durch Ratsbeschluß v. 27. 9. 60, Abl. 1960 S. 1339 ff. Dieser Kreis arbeitete ein Verfahren für Konsultationen aus, welches in einen Beschluß des Rates v. 14./15. Mai 1962 über ein Verfahren für Konsultationen zur Koordinierung der Politik auf dem Gebiet der Kreditversicherung, der Bürgschaften und der Finanzkredite mündete, Abl. v. 30. 6. 62 S. 1561 ff. Dieses Verfahren wurde in der Folgezeit mehrfach geändert, zuletzt durch die Ratsentscheidung v. 3. 12. 73, Abl. L 346/1 v. 17. 12. 73.

Im Bereich der Exportkreditversicherung haben sich die Regierungen der Mitgliedstaaten nach langen Vorbereitungen am 26. 10. 1970 auf für alle Kreditversicherer verbindliche allgemeine Bedingungen für die Abdeckung von Fabrikations- und Ausfuhrrisiken bei mittel- und langfristigen Geschäften mit öffentlichen und privaten Käufern geeinigt, Abl. L 254 v. 23. 11. 70; beide Richtlinien sind bisher nicht in Kraft getreten, da die Anwendung der Vorschriften davon abhängig gemacht wurde, daß ein Paket weiterer einschlägiger Richtlinien verabschiedet wurde (vgl. Anlage D der Richtlinien). Die Kommission unterbreitete in der Folgezeit dem Rat weitere Vorschläge, die bislang jedoch nicht verabschiedet wurden; vgl. 7. GB Ziff. 434 und 8. GB Ziff. 372.

Die Schwierigkeiten einer innergemeinschaftlichen Koordinierung veranlaßte die KOM, ergänzende gemeinschaftseigene Ausfuhrförderungsinstrumente zu entwickeln. In einer Mitteilung an den Rat vom 23. Juli 1975 (Dok. KOM [75] 500) regte sie die Gründung einer europäischen Exportbank an, deren Hauptziele die Bereitstellung finanzieller Mittel und die Übernahme von Kreditversicherungen für Gemeinschaftsvorhaben umfassen. Ein erster Meinungsaustausch hierüber im Rat ließ aber bereits die Schwierigkeiten erkennen, die einer Realisierung dieses Projektes entgegenstehen (vgl. Agence Europe Nr. 1891 v. 7. 1. 76).

kungen bei der Aufnahme von Ausfuhrkreditregelungen in internationale Vereinbarungen unterworfen ist.

Diese Unabhängigkeit der Vertragsschlußbefugnis von der internen Gemeinschaftsregelung wird vom Gerichtshof ausdrücklich bestätigt[60]:

> „Handelspolitik beruht auf dem Zusammenspiel und der Wechselwirkung innerer und äußerer Maßnahmen, wobei beide gleichberechtigt nebeneinander stehen. Einmal werden die Abkommen in Ausführung einer vorher festgelegten Politik geschlossen, während die Politik in anderen Fällen gerade durch die Abkommen bestimmt wird."

Aus dieser Formulierung geht hervor, daß Abkommensregelungen nicht nur als Verlängerung bestehender innergemeinschaftlicher Regelungen denkbar sind, sondern selbst dazu beitragen können, innergemeinschaftliche Entwicklungen in Gang zu bringen.

Bestärkt durch die Auffassung des EuGH legte die Kommission in einer Mitteilung an den Rat vom 30. 12. 1975 einen Entscheidungsentwurf und einen Vorschlag für Verhandlungsrichtlinien über ein Gentlemen's Agreement auf dem Gebiet der Ausfuhrkredite mit den wichtigsten Handelspartnern der Gemeinschaft vor[61]. Zuvor hatte die Gemeinschaft bereits im Rahmen der OECD an der Aushandlung des Abkommens über Ausfuhrkredite für Bodenstationen für Fernmeldesatelliten teilgenommen[62].

Die Aktivität der Gemeinschaft ist jedoch nicht auf die Teilnahme an derartigen multilateralen Übereinkünften beschränkt. Angesichts der entscheidenden Bedeutung kreditpolitischer Maßnahmen im internationalen Wirtschaftsverkehr rückt die Aufnahme von Finanzierungsklauseln in bilaterale Handelsabkommen der Gemeinschaft in den Bereich des Möglichen. Dies gilt insbesondere für das Verhältnis der Gemeinschaft zu den Ländern oder Wirtschaftsräumen, deren Entwicklung in verstärktem Maße auf die Gewährung von günstigen Kreditkonditionen angewiesen ist. Erste Versuche in dieser Richtung wurden bereits von der Gemeinschaft unternommen: Im EG-Abkommensschema, das allen Staatshandelsländern Ende 1974 zugeleitet worden ist[63], findet eine Finanzierungsklausel allgemeiner Art ausdrücklich Erwähnung. Sofern

[60] Gutachten 1/75 des EuGH, s. o. Fn. 58, S. 1363.

[61] s. Bull.-EG 12/75 Nr. 2311 und Agence Europe Nr. 1910 v. 2./3. März 1976; die Bemühungen um die Eindämmung des wachsenden internationalen Konkurrenzkampfes auf dem Gebiet der Exportkredite laufen bereits seit 1974 zwischen der Kommission auf der einen und den USA und Japan auf der anderen Seite. Da diese Verhandlungen nicht vorankamen, versuchten einige nationale Regierungen, in Geheimverhandlungen ohne Beteiligung der Gemeinschaft eine Übereinkunft zu erzielen. Gegen diese Geheimdiplomatie zieht die Komission nunmehr mit einer Klage gegen die vier „Großen" zu Felde, NZZ v. 24. 7. 76 („EG-Kabinettspolitik am Pranger").

[62] Vgl. 8. GB-EG Ziff. 372.

[63] Siehe oben Kap. 3. III.

sich die Finanzbemühungen nicht in bloßer Finanzhilfe erschöpfen, sondern im Zusammenhang mit grenzüberschreitenden Operationen stehen, sind derartige Klauseln im Interesse gleicher Startchancen aller Gemeinschaftsunternehmen nicht nur erlaubtes, sondern auch notwendiges Element gemeinsamer Außenhandelspolitik.

cc) Allgemeine export-promotion

Ausfuhrförderung als wichtigstes Element gemeinsamer Ausfuhrpolitik erschöpft sich nicht in Gemeinschaftsaktivitäten auf dem Gebiet der Ausfuhrkredite. Als umfassender Begriff müssen der Ausfuhrpolitik auch sonstige handelsstimulierende Maßnahmen zugerechnet werden, die im allgemeinen als trade-promotion bezeichnet werden[64]. Sie reichen von der Entwicklungsberatung über messepolitische Maßnahmen, Marktstudien und der Errichtung von Handelszentren bis hin zu einer projektierten Zusammenarbeit auf dritten Märkten. Der Phantasie sind hier kaum Grenzen gesetzt[65].

Die Aufnahme allgemeiner Ausfuhrförderungsmaßnahmen in Kooperationsabkommen der Mitgliedstaaten macht deutlich, daß sich Ausfuhrpolitik im Sinne von Art. 113 wenigstens in Teilbereichen mit moderner Kooperationspolitik überschneidet[66]. Eine Trennung zwischen Handel und Kooperation erweist sich gerade im Bereich der Ausfuhrpolitik als künstlich und in der Praxis undurchführbar[67].

Beispiele allgemeiner ausfuhrpolitischer Maßnahmen liefern die von der Gemeinschaft geschlossenen Handelsabkommen mit Argentinien und Brasilien[68] sowie das Abkommen über eine handelspolitische Zusammenarbeit mit Indien[69]. Im Handelsabkommen mit Argentinien fanden erstmalig allgemeine export-promotion-Maßnahmen Eingang in eine Gemeinschaftsvereinbarung. Im ausfuhrpolitischen Bereich ist unter anderem die regelmäßige Unterrichtung über die Entwicklung der beiderseitigen Märkte im landwirtschaftlichen Sektor vorgesehen (Art. 3 Abs. 1 a). In der gemeinsamen Erklärung Nr. 2 zu Art. 7 des Abkommens mit Brasilien fassen die Vertragsparteien ausdrücklich die

---

[64] Dazu *von der Groeben*, Komm. Art. 113.4 c.

[65] So *Dahrendorf*, Plädoyer S. 163; einige exemplarische Aufzählungen finden sich im Dok. ECE R 300 Nr. 54.

[66] Vereinbarungen über gemeinsame Marktforschungen finden sich beispielsweise in Art. 3 des Kooperationsabkommens zwischen der BRD und Rumänien v. 12. 7. 74; Vereinbarungen über die Förderung von Ausstellungen und Messen enthält Art. 10 des Abkommens zwischen Frankreich und Rumänien v. 28. 7. 75; desgl. Art. 8 des Abkommens zwischen Großbritannien und Rumänien v. September 1975.

[67] Den ausfuhrpolitischen Charakter der Kooperation hebt vor allem *von der Groeben*, Komm. Art. 113 4. c. hervor.

[68] Siehe oben Kap. 2 I.

[69] Siehe oben Kap. 2 III.

„Förderung der beiderseitigen Ausfuhren“ ins Auge. Im Abkommen mit Indien verpflichten sich die Vertragspartner in Art. 5, die Möglichkeiten für den Ausbau einer Zusammenarbeit zwischen Organisationen, die sich mit der Ausfuhr nach dritten Ländern befassen, zu prüfen.

2. Maßnahmen im Bereich der Einfuhr

a) Einfuhrzölle

Einfuhrzölle bildeten in der Vergangenheit als klassisches Instrument zur Regulierung des Außenhandels in Ländern mit marktwirtschaftlichen Verfassungen das Hauptlenkungsmittel für den grenzüberschreitenden Warenverkehr[70]. Die wirtschaftliche Bedeutung der EG-Einfuhrzölle ist — global gesehen — gering. Nur marginal entfalten sie noch mit sektoralen Spitzenbelastungen ihre klassische Schutzwirkung[71].

Im Verhältnis der Gemeinschaft zu den Staatshandelsländern ist seit dem 12. 11. 1974 die gleiche Situation eingetreten wie sie im Verhältnis zu den übrigen Drittstaaten seit längerem besteht: In seiner Erklärung vom 12. 11. 1974[72] gewährte der Rat allen Staatshandelsländern die Meistbegünstigung auf tarifärem Gebiet[73], so daß nunmehr bei der Einfuhr in die Gemeinschaft alle Produkte aus Drittstaaten zollmäßig einer Gleichbehandlung unterliegen.

Die Befugnis der Gemeinschaft, vertragliche Regelungen auf dem Gebiet der Einfuhrzölle zu treffen, ist in Art. 113 ausdrücklich („*Zoll- und Handelsabkommen*“) normiert.

b) Mengenmäßige Einfuhrbeschränkungen

Auf dem Gebiet der mengenmäßigen Einfuhrbeschränkungen[74], die vor allem in den Ost-West-Wirtschaftsbeziehungen noch eine relativ große Rolle spielen[75], ist die Gemeinschaft wiederholt aktiv geworden, ohne daß es bisher gelungen ist, in allen Fällen eine echte Gemeinschaftsposition zu beziehen. Seit Ende der Übergangszeit sind zwei

[70] In Ländern mit planwirtschaftlicher Struktur fehlt diese primäre Bedeutung, da dort eine direkte Steuerung über das staatliche Außenhandelsmonopol erfolgt, dazu *Bosch* S. 74 ff.

[71] Vgl. NZZ v. 21./22. 6. 75. Zur Stellung der EG-Einfuhrzölle im internationalen Vergleich s. *Dubois*, Ref. S. 13.

[72] Dok. RAT 3181/74.

[73] Die GATT-Mitglieder unter ihnen kamen bereits in den Genuß der im Rahmen dieser Organisation weltweit erzielten Zollreduktionen.

[74] Zum Begriff und zur vergleichbaren Kompetenzfrage auf der Ausfuhrseite s. o. Punkt I. 1. a. bb dieses Kapitels.

[75] Dazu *Löhr*, Dok. EP 10/65 Nr. 54; *Hahn*, Dok. EP 3/65 - 66 Nr. 35 ff.; *Hahn*, Dok. EP 205/68 Nr. 31 ff.; *Klepsch*, Dok. EP 425/74 Nr. 18.

Grundverordnungen in Kraft, durch welche das einfuhrpolitische Instrumentarium der Gemeinschaft festgelegt wurde:

1. Verordnung Nr. 1025/70 zur Festlegung einer gemeinsamen Regelung für die Einfuhr aus dritten Ländern (GATT)[76].
2. Verordnung Nr. 109/70 zur Festlegung einer gemeinsamen Regelung für die Einfuhr aus Staatshandelsländern[77].

Die Liberalisierungslisten beider Verordnungen wurden in der Folgezeit laufend erweitert.

Besondere Schwierigkeiten bereitete die Überführung der nationalen Einfuhrkontingente im Verhältnis zu den Staatshandelsländern. Mit der Verordnung 455/72[78] unternahm die Gemeinschaft einen ersten Schritt zur Vereinheitlichung der von den beiden Grundverordnungen nicht erfaßten nationalen Einfuhrkontingente. Autonome Änderungen durch die Mitgliedstaaten wurden einem vorherigen Informations- und Konsultationsverfahren unterworfen. Da diese Entscheidung auf halbem Wege zwischen der Außerkraftsetzung des nationalen Außenwirtschaftsrechts im Bereich der Kontingente und der Schaffung neuen gemeinschaftlichen Außenwirtschaftsrechts auf diesem Sektor stehen blieb, wurde mit der Ratsentscheidung vom 2. 12. 1974[79] ein neuer Anlauf unternommen. Hierin wird zwar formell der Anschein von Gemeinschaftskontingenten erweckt, in Wirklichkeit ist diese Entscheidung aber nichts anderes als eine Fotografie der bestehenden Situation[80]. Auch die nachfolgenden Entscheidungen des Rats[81] brachten in dieser Hinsicht keine Änderung. Die Entscheidung über die Aufrechterhaltung oder den Abbau der Beschränkungen liegt weiterhin bei den Mitgliedstaaten, wobei allerdings in der Regel das erwähnte Informations- und Konsultationsverfahren auf Gemeinschaftsebene vorgeschaltet ist[82]. Echte Gemeinschaftskontingente sind daher im Verhältnis zu den Staatshandelsländern derzeit nicht vorhanden.

---

[76] Abl. L 124/6 v. 8. 6. 1970.

[77] Abl. L 19/1 v. 26. 1. 1970.

[78] Abl. L 299/46 v. 19. 12. 1972.

[79] Abl. L 358/1 v. 31. 12. 74.

[80] So zutreffend Agence Europe vom 5. 12. 1975 Nr. 1645.

[81] Abl. L 99/7 vom 21. 4. 1975; zuletzt Entscheidung vom 18. 12. 1975 über die autonome Festlegung der Einfuhrkontingente der Mitgliedstaaten gegenüber Staatshandelsländern für 1976, Abl. C 287/1 vom 15. 12. 1975.

[82] Zur Problematik einzelstaatlicher Liberalisierung in ihrer Auswirkung auf die Gemeinschaft s. die schriftliche Anfrage des Abg. *Bordu* v. 13. 3. 75, Abl. C 161/9 vom 17. 7. 75.

c) Abgaben mit gleicher Wirkung wie Einfuhrzölle — Parakontingentäre Einfuhrbeschränkungen — Technische Handelshemmnisse

Die Einbeziehung paratarifärer[83], parakontingentärer[84] und technischer Einfuhr-Handelshemmnisse[85] in die handelspolitische Außenkompetenz der Gemeinschaft kann nicht mit dem Einwand zurückgewiesen werden, daß es innerhalb des Gemeinsamen Marktes noch nicht gelungen ist, diese Handelsschranken völlig zu beseitigen[86]. Bereits im Bereich der Ausfuhrpolitik konnte festgestellt werden, daß die Existenz gemeinschaftlicher Regelungen im Innern nicht als Voraussetzung betrachtet werden kann, über Gegenstände auch im Außenverhältnis vertraglich zu befinden[87]. In der Präambel und Art. 110 ist zudem zum Ausdruck gebracht, daß die gemeinsame Handelspolitik in ihrer Zielsetzung den Abbau der, d. h. aller Beschränkungen im internationalen Wirtschaftsverkehr umfaßt.

Der Europäische Gerichtshof hatte Gelegenheit, sich mit dem Fragenkomplex der Abgaben gleicher Wirkung wie Einfuhrzölle in seinem Urteil „Social Fonds voor de Diamantarbeiders" auseinanderzusetzen[88]. Gegenstand des Rechtsstreits war die Vereinbarkeit einer belgischen Einfuhrabgabe mit dem EWG-Vertrag. Diese Abgabe wurde bei der Direkteinfuhr von Rohdiamanten aus Drittländern erhoben und dem

[83] Der EuGH versteht unter einer innergemeinschaftlichen Abgabe mit gleicher Wirkung wie ein Einfuhrzoll „eine bei der Einfuhr oder später erhobene, einseitig auferlegte Belastung, die dadurch, daß sie speziell die aus einem Mitgliedstaat eingeführten Waren, nicht aber gleichartige einheimische Waren trifft, jene Waren verteuert und damit die gleiche Auswirkung auf den freien Warenverkehr hat wie ein Zoll", EuGH Slg. 1962 S. 869 (882). In seinem Urteil vom 18. 6. 1975, EuGH Slg. 1975 S. 699 (711) kam der GH sogar zu dem Schluß, „daß ein Beitrag, auch wenn er Bestandteil einer allgemeinen inländischen Abgabenregelung ist, die einheimische und eingeführte Erzeugnisse nach denselben Merkmalen erfaßt, trotzdem eine Abgabe mit gleicher Wirkung wie ein Einfuhrzoll darstellen kann, sofern er dazu bestimmt ist, Tätigkeiten zu fördern, die spezifisch den erfaßten einheimischen Erzeugnissen zugute kommen". Weitere Nachweise in der Rspr. s. o. Punkt I. 1. a. cc. dieses Kapitels (Fn. 23).

[84] Zum Begriff und seiner Problematik s. o. Punkt I. 1. a. dd, bes. Fn. 29 m. w. N.

[85] Hierbei handelt es sich um Handelshemmnisse, die sich aus der Uneinheitlichkeit der Rechts- und Verwaltungsvorschriften der Handelspartner für die Herstellung und den Absatz bestimmter Erzeugnisse ergeben, soweit nicht bereits der Inhalt dieser Vorschriften selbst ein Hindernis für den Warenverkehr darstellt und deshalb als Maßnahme mit gleicher Wirkung wie mengenmäßige Beschränkungen angesehen werden kann; so *Ehle / Meier* A 46 für den innergemeinschaftlichen Handel.

[86] Zum jüngsten Stand der innergemeinschaftlichen Problematik s. 9. GB-EG Nr. 81, 88 und 90.

[87] Siehe oben Punkt I. 1. b. bb. dieses Kapitels.

[88] EuGH Slg. 1973 S. 1609 ff.

Sozialfonds für Diamantarbeiter zugeführt. Zur rechtlichen Qualifizierung dieser Abgabe griff der Gerichtshof u. a. auf die Vorschriften über die gemeinsame Handelspolitik zurück und kam zu dem Ergebnis, daß „es seit Inkrafttreten des Gemeinsamen Zolltarifs allen Mitgliedstaaten verboten (ist), einseitig neue Abgaben einzuführen oder schon bestehende zu erhöhen".

Die Aufnahme paratarifärer, parakontingentärer und technischer Einfuhrhemmnisse in die Regelungskompetenz der Gemeinschaft findet auch in der Abkommenspraxis der EG ihren Niederschlag: In die Freihandels-Abkommen der Gemeinschaft mit den Rest-EFTA-Staaten wurde neben Vorschriften über Maßnahmen gleicher Wirkung wie mengenmäßige Einfuhrbeschränkungen[89] sogar ein besonderer Abbaukalender für paratarifäre Einfuhrhemmnisse[90] aufgenommen. Im Bereich der technischen Handelshemmnisse führte die Kommission unlängst Gespräche mit japanischen Stellen. Diese betrafen den gegenseitigen Abbau der Hemmnisse, die aus den unterschiedlichen technischen Normen für Kraftfahrzeuge der Gemeinschaft und Japans resultieren[91]. Im Abkommen zwischen der EWG und Sri Lanka schließlich sind die nichttarifären und zollähnlichen Hemmnisse nur noch beispielhaft für die, d. h. alle Hemmnisse aufgeführt[92].

d) Meistbegünstigung

Für die Gewährung der Meistbegünstigung als klassisches Instrument der Handelspolitik ist die Zuständigkeit der Gemeinschaft unbestritten, soweit sich die Vergünstigungen auf den Zollbereich erstrecken[93]. Auf diesem Gebiet kommen die meisten Handelspartner der Gemeinschaft entweder aufgrund bestehender bilateraler Abmachungen oder im Rahmen ihrer GATT-Mitgliedschaft in den Genuß der Meistbegünstigung. Dies gilt auch für die Nicht-GATT-Mitglieder unter den Staatshandelsländern, zu denen vertragliche Regelungen noch ausstehen[94]. Inwieweit auch andere Sektoren (Dienstleistungen, Steuern etc.) einer Vorzugs-

---

89 Vgl. z. B. Art. 13 des Abkommens EWG-Schweiz, Abl. L 300/189 v. 31. 12. 1972.

90 Ebd. Art. 6.

91 Bull. EG 5/76 Nr. 2110.

92 Art. 10 des Abkommens, Abl. L 247/2 vom 23. 9. 1975.

93 Nach „klassischer" Auffassung bezieht sich die Meistbegünstigung ausschließlich auf den Zollbereich und betrifft hierbei nicht Zollermäßigungen, die im Rahmen von Zollunionen oder Freihandelszonen gewährt werden; vgl. z. B. *Löhr*, Dok. EP 10/1965 Nr. 53. Der Begriff Meistbegünstigung wird jedoch zunehmend auf andere handelspolitische Vergünstigungen ausgedehnt; vgl. Dr. *Gablers WiLex* „Meistbegünstigung".

94 Durch Ratsentscheidung vom 12. 11. 74, Dok. RAT 3181/74, vgl. o. Punkt I. 2 a dieses Kapitels.

behandlung im Rahmen von Art. 113 zugänglich sind, hängt davon ab, ob sie der Regelungsbefugnis der Gemeinschaft unterliegen[95].

Nach der Abkommenspraxis der Gemeinschaft erstreckt sich die Gewährung der Meistbegünstigung z. Z. auf folgende Gegenstände:

— Regelungen für die Zollabfertigungen, die Durchfuhr, die Lagerung und die Umladung der ein- oder ausgeführten Erzeugnisse,
— Steuern oder sonstige interne Abgaben, die direkt oder indirekt auf die ein- oder ausgeführten Erzeugnisse und Dienstleistungen erhoben werden,
— Regelungen für die Zahlungen im Zusammenhang mit dem Waren- und Dienstleistungsverkehr, einschließlich der Zuteilung von Devisen und der Überweisung dieser Zahlungen,
— Regelungen für Verkauf, Kauf, Transport, Verteilung und Verwendung der Erzeugnisse und Dienstleistungen auf dem Binnenmarkt.

Dieser Katalog ist beispielhaft Art. 10 des Abkommens EWG—Brasilien entnommen[96].

e) Handelspolitische Schutzmaßnahmen

Dumping und Subventionen sind nur beispielhaft als zwei Praktiken, gegen die die Gemeinschaft handelspolitische Schutzmaßnahmen ergreifen kann, in die Vorschrift von Art. 113 aufgenommen. Diese ausdrücklich normierten Fälle dienten als Grundlage für den Erlaß der VO 459/68 „über den Schutz gegen Praktiken von Dumping, Prämien oder Subventionen aus den nicht zur EWG gehörenden Ländern“[97]. Durch den in Art. 113 verwendeten umfassenden Begriff „handelspolitische Schutzmaßnahmen“ ist die Gemeinschaftszuständigkeit nicht auf den Einsatz der in der VO vorgesehenen Mittel beschränkt. So stehen z. B. auch einer vertraglichen Vereinbarung über die Einhaltung bestimmter Mindestpreise im Vorfeld der eigentlichen Schutzmaßnahmen kompetenzrechtliche Erwägungen nicht im Wege.

f) Ausfuhrselbstbeschränkungsabkommen zugunsten der Gemeinschaft

Auch der Abschluß von Exportselbstbeschränkungsabkommen mit dem Ziele, die Einfuhr von Waren in die Gemeinschaft zu drosseln, wirft kompetenzmäßig keine Schwierigkeiten auf[98]. Auf der Grundlage

95 Zum Umfang der Gemeinschaftskompetenz außerhalb des Warenverkehrs s. die nachfolgenden Kapitel.

96 Abl. L 102/24 v. 11. 4. 74.

97 Abl. L 93/1 v. 17. 4. 68, geringfügig geändert am 24. 7. 73, Abl. L 206/3 v. 27. 7. 73.

von Art. 113 hat die Gemeinschaft bereits mit mehreren Ländern Vereinbarungen über eine Begrenzung der Exporte dieser Länder zugunsten der EG getroffen. Diese bezogen sich bisher ausschließlich auf den Handel mit Textilprodukten[99].

g) Maßnahmen im Bereich der Einfuhrförderung

aa) Gewährung allgemeiner Präferenzen

Die Gewährung allgemeiner Präferenzen bildet ein wesentliches Element gemeinschaftlicher Entwicklungspolitik[100]. Die handelspolitische Zuständigkeit der Gemeinschaft resultiert aus dem zollpolitischen Charakter der dem System zugrundeliegenden Maßnahmen. Obgleich die Handhabung in der Vergangenheit ausschließlich autonom praktiziert wurde, erscheint eine vertragliche Ausdehnung auf bestimmte Länder nicht ausgeschlossen.

bb) Sonstige einfuhrfördernde Maßnahmen

Um der Aufgabe umfassender Liberalisierung gerecht zu werden, kann sich die Gemeinschaft nicht damit begnügen, Anstrengungen zur eigenen Ausfuhrförderung zu unternehmen. Einfuhrfördernde Maßnahmen allgemeiner Art müssen hinzutreten, um gerade im Verhältnis zu den Entwicklungsländern eine harmonische, d. h. ausgewogene Beziehung herzustellen. Auch wenn derartige Maßnahmen keine konkreten Zugeständnisse im Bereich der Zölle oder der mengenmäßigen Beschränkungen beinhalten, wie dies für die allgemeinen Präferenzen der Fall ist, rechtfertigt sich die Zuständigkeit der Gemeinschaft im Hinblick auf die Ziele der gemeinsamen Handelspolitik. Das Bekenntnis zu positiver Teilnahme am internationalen Wirtschaftsverkehr impliziert als Korrelat zu den eigenen Ausfuhranstrengungen die Bereitschaft, den heimischen Wirtschaftsraum für Waren aus dritten Ländern zu öffnen und ggf. die Einfuhr dieser Waren zu begünstigen, um bestehende Ungleichgewichte abzubauen.

---

[98] Zur wirtschaftlichen und juristischen Gesamtproblematik von Exportselbstbeschränkungen s. die Darstellung unter Punkt I. 1. a. ee. dieses Kapitels.

[99] Entsprechende Abkommen wurden mit Indien, Pakistan, Südkorea, Japan, Hongkong, Malaysia, Macao und Singapur ausgehandelt, s. dazu 9. GB Nr. 358 ff. Auch Polen, Ungarn und Rumänien ist die Einleitung von Verhandlungen über Selbstbeschränkungsabkommen im Textilbereich vorgeschlagen worden. Die mit Rumänien geführten Verhandlungen mündeten im November 1976 in den Abschluß einer entsprechenden Vereinbarung (Bull. EG 11/76 Nr. 2309).

[100] Das von der EWG eingeführte Präferenzsystem sieht Zollvorteile sowohl für landwirtschaftliche Verarbeitungsprodukte als auch für gewerbliche Fertig- und Halbfertigwaren der Entwicklungsländer vor; dazu näher 5. GB-EG Nr. 452 ff.; das EG-Schema für 1976 verabschiedete der Rat am 17. 11. 75, Bull. EG 11/75 Nr. 2316. Zur entwicklungspolitischen Bedeutung s. *Dahrendorf*, Plädoyer S. 171 ff.

Die Abkommenspraxis der Gemeinschaft folgt diesem Verständnis: Einfuhrfördernde Maßnahmen finden vermehrt Aufnahme in Handelsabkommen der Gemeinschaft mit Entwicklungsländern: Art. 4 der Vereinbarung EWG—Indien[101] ist ausschließlich diesem Ziel gewidmet; hiernach bemühen sich die Vertragsparteien, „die Entwicklung und Vielfalt der Einfuhr von indischen Erzeugnissen in die Gemeinschaft und von Gemeinschaftserzeugnissen nach Indien in höchstmöglichem Maße zu fördern". Ähnliche Erklärungen enthält das Abkommen zwischen der EWG und Sri Lanka[102].

II. Sonstige Warenverkehrsregelungen

Die Palette von Möglichkeiten, Regelungen auf dem Gebiet des Warenverkehrs in internationalen Abkommen zu treffen, ist durch den vorstehenden Katalog nicht erschöpft. Vor allem im Bereich der wirtschaftlichen Zusammenarbeit stellt sich oft bei genauerer Betrachtung heraus, daß die Vereinbarungen inhaltlich Vorgänge erfassen, die als die allgemeinste Form des Warenverkehrs bezeichnet werden können: An- und Verkauf von Gütern im grenzüberschreitenden Verkehr.

Dies gilt zunächst von der Errichtung industrieller Großprojekte, die im Grunde eine Qualifizierung normaler Exportgeschäfte darstellen. Die zur Erstellung benötigten Ausrüstungsgüter werden nicht — wie früher allgemein üblich — nur in das Aufnahmeland exportiert, sondern zusätzlich vom Exporteur an Ort und Stelle montiert. Auch die spätere Bezahlung aus der laufenden Produktion ist als Warenverkehrsbewegung zu werten: Sichtbare Güter überschreiten in umgekehrter Richtung die Grenzen der Vertragspartner[103].

Auch die verschiedenen Formen der Produktionskooperation sind bei näherer Untersuchung zumindest teilweise dem Sachbereich Warenverkehr zurechenbar. Vor allem die sog. Spezialisierungsvereinbarungen demonstrieren augenfällig ihren warenverkehrsbezogenen Charakter: Beide Partner produzieren unabhängig voneinander bestimmte Fertigteile und liefern sich diese gegenseitig zu. Die Abwicklung erfolgt als reines Export/Import-Geschäft.

Die Charakterisierung dieser Kooperationsformen als einfache oder qualifizierte Warenverkehrsgeschäfte indiziert bereits die handelspoli-

---

101 Abl. L 82/2 v. 27. 3. 74.

102 Abl. L 247/2 v. 23. 9. 75.

103 Der Leiter des staatlichen Plankomitees der UdSSR klassifiziert die westlichen Anlagelieferungen gegen Bezahlung in Form von Lieferungen aus der späteren Produktion in der „Iswestija" vom 13. 12. 1973 daher zu Recht als „reine zweiseitige Auslandskompensation durch Güterlieferungen in Verbindung mit bestimmten Dienstleistungen (know-how) gegen spätere Bezahlung durch Güter", zitiert nach *Leptin* S. 20.

tische Zuständigkeit der Gemeinschaft. Selbst bei engster Auslegung des Begriffs Handelspolitik fallen derartige Regelungen in den Anwendungsbereich von Art. 113.

Ein interessantes Beispiel einer auf den ersten Blick untypischen Vereinbarung mit Warenverkehrscharakter liefert das Kramer-Urteil des EuGH vom 14. 7. 76[104]. Gegenstand des Rechtsstreits war u. a. die Frage, ob die Gemeinschaft für den Abschluß einer internationalen multilateralen Konvention zuständig sei, die sich die Erhaltung bestimmter Fischsorten in der Nordsee zum Ziel gesetzt hatte[105]. Eine im Rahmen der Konvention eingesetzte Kommission hatte die Aufgabe, jährliche Fangquoten festzulegen, die individuell auf die Signatarstaaten verteilt werden sollten. Als mögliche Rechtsgrundlage für die Beteiligung der Gemeinschaft an diesem Abkommen wurde von der Kommission Art. 113 in Erwägung gezogen. Der Gerichtshof resümierte die von der Kommission im Rahmen des Rechtsstreits abgegebene schriftliche Erklärung u. a. wie folgt:

> „Wie sich aus den Artikeln 113 Absatz 3 und 114 EWG-Vertrag ergebe, sei seit dem Ende der Übergangszeit allein die Gemeinschaft zuständig, Abkommen mit Drittstaaten auf Gebieten der gemeinsamen Handelspolitik auszuhandeln und abzuschließen.
>
> *Die in Artikel 7 Absatz 1 Buchstaben g und h des Nordostatlantik-Fischereiübereinkommens vorgesehenen Maßnahmen zur Erhaltung der Fischbestände gehörten zu diesen Gebieten. Durch diese Maßnahmen werde der Anteil der Gemeinschaft an der Gesamterzeugung der Gesamtnachfrage und dem Gesamtangebot auf dem Weltmarkt für die betroffenen Fischarten unmittelbar festgesetzt und der Handelsverkehr zwischen Drittländern und der Gemeinschaft somit beeinflußt. Darüber hinaus hätten sie Auswirkungen auf den Anteil der Fischereiflotten der Gemeinschaft an der gesamten Fischereitätigkeit in dem vom Nordostatlantik-Fischereiübereinkommen erfaßten Meeresgebiet.* Der Umstand, daß die Fangquoten auch biologischen Zielsetzungen dienten, sei nicht ausschlaggebend, sobald feststehe, daß, was sich insbesondere bei der Aufteilung der Gesamtquoten zwischen den interessierten Staaten zeige, sie auch wirtschaftlicher und kommerzieller Art seien."

In seinem Urteil ging der Gerichtshof jedoch nicht näher auf diesen Fragenkomplex ein, sondern stützte die Kompetenz der Gemeinschaft auf das System des Vertrages[106].

---

[104] Verbundene Rs 3/76, 4/76 und 6/76, EuGH Slg. 1976 S. 1279 ff.

[105] Es handelt sich um das Übereinkommen über die Fischerei im Nordostatlantik, abgekürzt: Nordostatlantik-Fischereiübereinkommen.

[106] Ziff. 8 des Urteils, s. o. Fn. 104. In Fortentwicklung des AETR-Urteils, EuGH Slg. 1971, S. 263 ff. hat der GH damit erneut bestätigt, daß sich die Zuständigkeit der Gemeinschaft, völkerrechtliche Verpflichtungen einzugehen, aus den Pflichten und Befugnissen ergibt, die das Gemeinschaftsrecht im Innenverhältnis den Gemeinschaftsorganen zugewiesen hat. Die interne Befugnis der Gemeinschaft, Maßnahmen zum Schutz der Fischbestände, zur

„Da der Vertrag keine besonderen Vorschriften enthält, welche die Gemeinschaft zur Übernahme von völkerrechtlichen Verpflichtungen auf dem Gebiet der Erhaltung der biologischen Schätze des Meeres ermächtigen, ist auf das allgemeine System des Gemeinschaftsrechts für die Außenbeziehungen der Gemeinschaft zurückzugreifen."

Anknüpfungspunkt für die handelspolitische Qualifikation der in der Konvention vorgesehenen Regelungen sind die individuellen Fangquoten der Mitgliedstaaten. Konflikte mit den Aufgaben der gemeinsamen Handelspolitik ergeben sich in zweierlei Hinsicht.

(1) Durch die divergierenden Zugangsbeschränkungen zu den Fischgründen in der Nordsee werden die Gemeinschaftsunternehmen unterschiedlichen wirtschaftlichen Bedingungen ausgesetzt. Innerhalb der Gemeinschaft ergeben sich durch diese Ungleichbehandlung wettbewerbsverzerrende Kostenbelastungen sowohl auf der Produktions- als auch auf der Handelsstufe: Hohe Fangmengen erlauben eine kostengünstigere Produktion, die wiederum auf den Preis durchschlägt.

(2) Im Verhältnis der Gemeinschaft zu dritten Ländern wirkt sich die Festlegung der Fangquoten auf den Handel mit den betreffenden Fischsorten hemmend aus[107]. Die zur Verfügung stehende Fangmenge wird angesichts des geringeren Volumens bevorzugt dem einheimischen Markt zugeführt. Quantitative Änderungen in den traditionellen Warenströmen zu bestimmten Drittländern sind je nach Ausmaß der staatlich verordneten Beschränkungen denkbar.

Der handelspolitische Charakter der festzulegenden Fangquoten ergibt sich jedoch nicht aus der potentiellen kurzfristigen Einschränkung des Handels mit dritten Ländern, sondern aus der langfristigen Perspektive, durch diese Regelungen eine konstante und ausgewogene Versorgung der Märkte mit den betroffenen Fischsorten sicherzustellen[108]. Ob dies Haupt- oder Nebenmotiv ist, ist unbeachtlich. Wesentlich ist vielmehr, daß durch die Beteiligung der Gemeinschaft an der Konvention ein langfristiger Beitrag zur harmonischen Entwicklung des Han-

---

Festlegung von Fangquoten und ihrer Aufteilung auf die einzelnen Mitgliedstaaten zu ergreifen, ergibt sich aus der VO 2141/70, Abl. L 236/1 vom 27. 10. 1970 und Art. 102 der Beitrittsakte, Abl. L 73/3 f. vom 27. 3. 1972.

[107] Hierauf hebt die KOM in ihrer Erklärung vor dem GH ab: Durch diese Maßnahmen werde der Anteil der Gemeinschaft an der Gesamterzeugung, der Gesamtnachfrage und dem Gesamtangebot auf dem Weltmarkt für die betroffenen Fischarten unmittelbar festgesetzt und der Handelsverkehr zwischen Drittländern und der Gemeinschaft somit beeinflußt; EuGH Slg. 1976 S. 1304.

[108] Diese langfristige Perspektive führte den GH in Ziffer 28 f. des Urteils, s. o. Fn. 104, zu dem Schluß, daß es sich bei den nationalen Fangbeschränkungen nicht um Maßnahmen gleicher Wirkung wie mengenmäßige Beschränkungen im innergemeinschaftlichen Verkehr handelt.

dels mit den betroffenen Fischprodukten geleistet wird und damit letztlich den Zielen des Vertrages, besonders Art. 110[109], zur Geltung verholfen wird.

Kapitel 8: Dienstleistungen

Gewerbliche, kaufmännische, handwerkliche oder freiberufliche Tätigkeiten[1] werden in verstärktem Umfang außerhalb des eigenen Territoriums in dritten Ländern erbracht. Grenzüberschreitende Dienstleistungen[2] gehören heute zum festen Bestandteil moderner Außenwirtschaftspolitik. Einige dieser Vorgänge sind allerdings nicht immer eindeutig als Dienstleistungen zu kennzeichnen, da sie mit der Charakterisierung anderer Sachbereiche konkurrieren[3]. Die klare Zuordnung wird besonders im Bereich der wirtschaftlichen Zusammenarbeit erschwert, weil es sich hier um komplexe Gesamtoperationen handelt, die z. T. Elemente aus verschiedenen Sachgebieten in sich vereinigen.

I. Dienstleistungen als begleitendes Element des Warenverkehrs

Die Ausfuhr von technisch hochentwickelten Produkten ist ohne die Einbeziehung von Dienstleistungselementen kaum noch denkbar. Dies gilt z. B. für den Export kompletter Ausrüstungen, die vor allem im Handel mit den Ländern Osteuropas großen Raum einnehmen. Die Aufstellung und Inbetriebnahme der gelieferten Maschinen und Ausrüstungen ist in vielen Fällen von der technischen Hilfestellung durch den Lieferanten abhängig. Diese kann in der zeitweiligen Überlassung des Personals, in der Unterweisung durch technische Dokumentationen oder in der Ausbildung einheimischer Arbeitskräfte bestehen[4]. Auch nach Produktionsanlauf sind Dienstleistungen unentbehrlich: Reparatur- und

[109] Die Berücksichtigung der in Art. 110 enthaltenen Finalitäten gemeinsamer Handelspolitik auch im Bereich grenzüberschreitender fischereipolitischer Maßnahmen ist ausdrücklich in Art. 32 der VO 2141/70, siehe oben Fn. 106, vorgesehen.

[1] Diese Aufzählung ist dem Katalog des Art. 60 EWG-V. entnommen.

[2] Zum innergemeinschaftlichen Begriff der Dienstleistungen im einzelnen s. *von der Groeben*, Komm. Art. 60 I sowie Vorb. I. 5. zu Art. 59 ff. Für ihn ist als Arbeitshypothese „unter einer Dienstleistung jedes Produkt unternehmerischer Tätigkeit für einen Gebietsfremden" zu „verstehen, das nicht in der Form von Waren entweder die Grenze zu einem anderen Mitgliedstaat überschreitet oder von dem Gebietsfremden im Land der Tätigkeit verbraucht wird".

[3] Zur Abgrenzung s. *Mégret* III S. 109 ff.

[4] Allein 141 Techniker aus der BRD wirken bei der Aufstellung von Maschinen für den Bau des LKW-Werkes an der Kama/SU mit; Handelsblatt v. 6. 11. 75 („Im Maschinensaal hängt Lenins Konterfei"). — Zu den Dienstleistungselementen bei der Erstellung industrieller Großprojekte s. o. Fn. 103 von Kap. 7.

Kundendiensttätigkeiten werden oftmals in den Händen der exportierenden Firma belassen[5].

Während bei der Abwicklung derartiger Geschäfte die sichtbare Transaktion der Warenlieferung ins Auge springt, sind die damit verbundenen Dienstleistungen weitgehend dem Blickfeld entzogen. Bei zunehmender technologischer Entwicklung ist zu erwarten, daß sich das Verhältnis der reinen Warentransaktionen zu den sie begleitenden Dienstleistungen in seiner ökonomischen Bedeutung zugunsten der letzteren verschiebt.

II. Dienstleistungen als verselbständigte Austauschobjekte

Weitgehend unabhängig von der Verbindung mit Warenlieferungen gewinnen Dienstleistungen auch als eigenständige Austauschobjekte im internationalen Wirtschaftsverkehr zusehends an Bedeutung. Dies gilt, bedingt durch den technologischen Abstand der Handelspartner, in besonderem Maße für das Verhältnis der Gemeinschaft zu den Staatshandelsländern.

Die vertragliche Gewährung von westlichem know-how und Lizenzen[6] wird zum reinen Handelsobjekt, sei es, daß die Bezahlung unmittelbar in Devisen erfolgt oder durch Produkte, die mit Hilfe des westlichen know-how auf einen höheren Qualitätsstand gebracht und nach einiger Zeit den westlichen Märkten zugeführt werden. Lohnveredelungsgeschäfte im Rahmen von Kooperationsvereinbarungen machen sich die östlichen Dienstleistungen im Interesse der Verbilligung des Endprodukts zunutze. Die Gegenleistung besteht in vielen Fällen wiederum in einer Dienstleistung, nämlich der Vermittlung des erforderlichen know-how durch den Westpartner[7]. Auch eine Zusammenarbeit bei der gemeinsamen Errichtung von Straßen oder Kraftwerken stellt sich als eine Einbringung von Dienstleistungen durch den westlichen Partner dar[8]. Als weiteres Beispiel kann eine Vereinbarung zwischen der Bundesrepublik Deutschland und der Sowjetunion zur Förderung einer Zusammenarbeit im Bereich des Bank-, Ausstellungs- und Versicherungswesens angeführt werden[9].

---

[5] Dabei handelt es sich nur um die Erbringung von Dienstleistungen, wenn die Techniker sich vorübergehend ins Ausland begeben, nicht aber, wenn sie von Niederlassungen im betreffenden Land aus diese Tätigkeiten vornehmen.

[6] Zur Einordnung des know-how- und Lizenzübertrags als Dienstleistung s. *von der Groeben*, Komm. Art. 60.1.2.

[7] Zum Dienstleistungscharakter der Lohnveredelungen s. *Tomuschat* S. 176 f.

[8] Vereinbarungen in diesen Bereichen werden außer mit der SU in erster Linie mit den erdölproduzierenden Ländern getroffen, s. Die Zeit v. 15. 11. 74 („Pilgerfahrt in die Wüste").

[9] Eine ausdrückliche Zusammenarbeit auf den Gebieten des Bank-, Aus-

Praktische und juristische Erwägungen zwingen zu einer Gemeinschaftskompetenz, Vereinbarungen über außenwirtschaftliche Vorgänge mit Dienstleistungscharakter auf der Grundlage von Art. 113 aushandeln und abschließen zu dürfen[10].

(1) Die enge Verzahnung von Waren- und Dienstleistungselementen beim Export technologischer Güter und Anlagen verbindet den Waren- und Dienstleistungsverkehr zu einem ökonomischen Ganzen. Eine theoretisch mögliche Aufspaltung der Kompetenz in diesem Bereich bedeutet die Zerstörung ökonomischer Einheiten mit juristischen Mitteln.

(2) Die wachsende wirtschaftliche Bedeutung internationaler Dienstleistungsaspekte macht die Entscheidung des Käufers zum Abschluß komplexer Kooperationskontrakte weitgehend von den Konditionen des Verkäufers in diesem Sektor abhängig. Die Mitgliedstaaten werden daher bestrebt sein, ihren Unternehmen nach besten Kräften den Abschluß der Geschäfte durch umfangreiche Förderungsmaßnahmen, die sich auch auf die Dienstleistungen beziehen, zu ermöglichen. Durch die rivalisierenden Praktiken sind regionale, künstliche Schwerpunktbildungen zu befürchten, die mit der Aufgabe der gemeinsamen Handelspolitik, harmonische Verhältnisse im Innern der Gemeinschaft zu bewahren, nicht in Einklang zu bringen ist. Handelspolitik, allein bezogen auf den Warenverkehr, könnte ihre Ordnungsfunktion angesichts der Verbindung von Waren- und Dienstleistungselementen selbst für den Kern des Gemeinsamen Marktes, den freien Warenaustausch, nicht mehr erfüllen.

Kapitel 9: Zahlungsverkehr

I. Kompensation als klassisches Zahlungsmittel

Die Einbeziehung des Zahlungsverkehrs in den Anwendungsbereich der gemeinsamen Handelspolitik wird von der Literatur weitgehend

---

stellungs- und Versicherungswesens wurde als Punkt VII der langfristigen Perspektiven für die Kooperation zwischen der BRD und der SU vereinbart; s. das gemeinsame Kommuniqué der gemischten Kommission des deutsch-sowjetischen Kooperationsabkommens vom 19. 5. 73, abgedruckt bei *Schmitt* S. 199.

[10] Die Mehrzahl der Autoren bejaht ohne nähere Begründung die Zuständigkeit der Gemeinschaft auf dem Gebiet des internationalen Dienstleistungsaustausches, siehe z. B. *Fischer* S. 8. Auch die Praxis folgt zögernd diesem Verständnis. Während sie sich bislang auf die gegenseitige Gewährung der Meistbegünstigung im Dienstleistungssektor beschränkte (vgl. Art. 1 des Handelsabkommens EWG-Argentinien, Abl. L 249/19 v. 10. 11. 71), sind Tendenzen einer Ausweitung sichtbar: vgl. die gemeinsame Erklärung zur Durchführung des Abkommens mit Jugoslawien, besonders den Passus über den Technologieaustausch, s. o. Kap. 2 II.

anerkannt[1] und von der Abkommenspraxis der Gemeinschaft bestätigt[2]. Soweit der Dienstleistungsverkehr der gemeinsamen Handelspolitik zugerechnet wird, gilt dies auch für die auf ihn bezogenen Zahlungen. Die Zuständigkeit der Gemeinschaft zur Aufnahme von Zahlungsklauseln in internationale Abkommen wird mit der engen Verbindung von Waren- und Geldstrom begründet[3]: Zahlungen entsprechen in umgekehrter Richtung den erfolgten Lieferungen zum Zwecke der rechtsgeschäftlichen Erfüllung der Schuld. Als Mittel zur Erfüllung dieser Schuld wird einhellig auf Geld als neutrales Tauschmittel abgehoben[4]. Fraglich ist, ob z. B. angesichts der in den Ost-West-Wirtschaftsbeziehungen auftretenden Kompensationsgeschäfte das Kriterium der Übereignung von Geld für die Qualifizierung einer Regelung als solche des Zahlungsverkehrs unverzichtbar ist.

Das Wesen der Kompensation wird dadurch charakterisiert, daß der Ausgleich einer Forderung nicht bar, sondern durch Ausführung einer Gegenlieferung erfolgt[5]. Die Gegenlieferung kann unmittelbar oder mit einiger Verzögerung erbracht werden. Letzteres ist gerade im Ost-West-Geschäft die Regel: Westliche Lieferungen von Investitionsanlagen werden mit Gütern aus der späteren laufenden Produktion bezahlt. Wirtschaftlich gesehen handelt es sich um den Fall einer verzögerten Zahlung[6].

Bereits in vorgeschichtlicher Zeit erfüllte die Austauschoperation Ware gegen Ware die Funktion moderner Zahlungsmittel. Da es immer komplizierter wurde, einen Abnehmer für seine Ware zu finden, der gleichzeitig über ein für den Anbieter interessantes Gut verfügte, schaltete man Geld als neutrales Tauschmittel in das Anbieter-Nachfrage-Verhältnis ein. Gegenüber der älteren Naturalwirtschaft (direkter Tausch: Ware gegen Ware) schuf Geld durch die Möglichkeiten indirekten Tauschs (Ware gegen Geld, Geld gegen Ware) die Voraussetzung für vielseitigere Bedürfnisbefriedigungen. Der wechselseitige Austausch von Gütern unter den Vertragspartnern ist auf diesem Hintergrund nicht nur irgendeine Form der Zahlung, sondern die Urform aller Zahlungsmodalitäten. Kompensationsgeschäfte stellen insofern einen Rückfall in vergangene Zeiten dar.

---

[1] s. die Literaturübersicht in Fn. 8 von Kap. 4.

[2] Vgl. z. B. Art. 19 I des Abk. EWG-Schweiz, Abl. L 300/192 v. 31. 12. 72.

[3] So z. B. *Börner*, Rechtsfragen S. 116; *Raux / Flaesch-Mougin* S. 266 sprechen von den Zahlungen als „contrepartie logique".

[4] So z. B. *Ehle / Meier* B 212.

[5] *Dr. Gablers WiLex.* „Zahlung kompensiert".

[6] Art. 2 des Kooperationsabkommens zwischen der BRD und der SU vom 30. 10. 74 (Fn. 27 von Kap. 1), spricht ausdrücklich von „Bezahlung". Unter Hervorhebung des „äußeren" grenzüberschreitenden Elements lassen sich die Gegenlieferungen auch als Warenverkehrsoperationen kennzeichnen, vgl. o. Kap. 7 II.

Die handelspolitische Qualifizierung von Kompensationsvereinbarungen kann aber nicht nur darauf gestützt werden, daß es sich in Wahrheit um Regelungen auf dem Gebiet des Zahlungsverkehrs handelt, der nach herrschender Auffassung Art. 113 zurechenbar ist. Auch funktionelle Überlegungen führen zu dem Schluß der notwendigen Einbeziehung derartiger Vereinbarungen in die handelspolitische Regelungsbefugnis der Gemeinschaft: Ob ein Geschäft in bar oder auf Kompensationsbasis abgewickelt wird, ist keineswegs auf ein geschlossenes System zurückführbar. Die Gravität der aktuellen Devisenprobleme des Partners und die Stärke des anbietenden Lieferanten beeinflussen in unterschiedlichem Maße je nach Fallgestaltung den Ausgang der Entscheidung. Gelingt es dem Unternehmen des Mitgliedstaats A, für seine Lieferungen im Gegensatz zu dem die gleiche Ware anbietenden Konkurrenten des Mitgliedstaates B die Bezahlung in Devisen durchzusetzen, führt der Ausschluß des Kompensationsgeschäfts aus dem Anwendungsbereich der gemeinsamen Handelspolitik nicht nur zu einer juristischen Aufspaltung wirtschaftlich einheitlich zu beurteilender Komplexe, sondern letzten Endes auch zu einer Ungleichbehandlung von Gemeinschaftsunternehmen für gleichgelagerte Sachverhalte. Während das Geschäft des Unternehmens aus A in den Genuß einer möglicherweise zwischen der Gemeinschaft und dem betreffenden Drittland bestehenden vertraglichen Förderung käme, würde die Kompensationsvereinbarung des Unternehmens aus B mangels handelspolitischer Qualifikation ohne oder mit nationalstaatlicher Förderung abgewickelt. Die Ziele der Art. 2 und 3, gleiche Startchancen für alle in der Gemeinschaft tätigen Unternehmen zu schaffen, lassen sich unter derartigen Voraussetzungen kaum realisieren[7].

Diese Überlegungen gelten nicht nur für den Fall, daß mit den Gegenlieferungen die Einfuhr von Waren kompensiert werden soll, sondern auch für die Situationen, in denen die Gegenlieferungen die Bezahlung sonstiger, der gemeinsamen Handelspolitik zurechenbarer Transaktionen wie Dienstleistungen etc. zum Ziele haben.

Die obere Grenze der Gemeinschaftskompetenz im Bereich des Zahlungsverkehrs ist durch den sachlichen Anwendungsbereich der Abkommen festgelegt. Art. 113 deckt nur Regelungen für die Zahlungen und kompensatorischen Gegenlieferungen, die sich auf die in den Gemeinschaftsabkommen enthaltenen Operationen beziehen[8].

---

[7] Auf diesem Hintergrund erscheint es unverständlich daß die KOM auf die Frage des Abg. *Glinne*, s. o. Fn. 26 in Kap. 1, ob die handelspolitische Zuständigkeit der Gemeinschaft durch die Verhandlungen über das dt.-sowj. Kernkraftwerk, die im Rahmen des Durchführungsprotokolls zum dt.-sowj. Kooperationsabkommen v. 19. 5. 73 geführt wurden, betroffen werde, antwortet, daß die laufenden Verhandlungen die handelspolitischen Kompetenzen der EWG nicht berühren.

[8] So auch *Waelbrock*, Les Nov. Nr. 1912.

II. Zahlung auf Kreditbasis

Die Kompetenz der Gemeinschaft im Bereich öffentlicher Kreditmaßnahmen für Warenverkehrsoperationen konnte bereits auf den Begriff der Ausfuhrpolitik im Rahmen des Art. 113 gestützt werden[9]. Daneben enthält aber auch der Zahlungsverkehr kreditpolitische Elemente, die den Weg zu einer Gemeinschaftszuständigkeit auf diesem Gebiet öffnen.

Die Koppelung von Kauf- und Kreditgeschäft spielt gerade im Verhältnis zu Kooperationspartnern eine entscheidende Rolle. Die vorhandenen Devisen reichen oftmals nicht zur unmittelbaren Erfüllung der Verbindlichkeiten aus, und den Vereinbarungen von Kompensationsgeschäften sind gewisse Grenzen gesetzt. So wie die Zahlung des Kaufpreises synallagmatisch mit der Lieferung der Ware verbunden ist, sind es weithin der Kredit und die mit ihm verbundenen Leistungen, die untrennbar mit dem Import von Produkten und Großanlagen zusammenhängen. Durch die Kreditierung wird die Zahlung — ähnlich wie bei der Kompensation — lediglich verzögert. Bei der Annahme einer weitläufigen Beziehung zwischen Zahlung und Lieferung[10] kann die Regelungsbefugnis der Gemeinschaft zur Aufnahme von Kreditklauseln auch unter Zahlungsverkehrsgesichtspunkten bejaht werden.

Auch die Praxis der Gemeinschaft bestätigt den handelspolitischen Bezug zwischen Zahlung und kreditierten Operationen: In Art. 19 II des Abkommens EWG—Schweiz[11] heißt es:

> „Die Vertragsparteien wenden keine Devisenbeschränkungen oder verwaltungsmäßigen Beschränkungen betreffend die Gewährung, Rückzahlung und Annahme von kurz- und mittelfristigen Krediten in Verbindung mit Handelsgeschäften an, an denen ein Gebietsansässiger beteiligt ist."

Kapitel 10: Kapitalverkehr

Aus der Sonderregelung des Art. 70 Abs. I EWG-V.[1] wird allgemein der Schluß gezogen, daß Kapitalverkehrsregelungen mit dritten Staaten aus dem Anwendungsbereich der gemeinsamen Handelspolitik gänzlich

---

[9] Dazu s. o. Kap. 7 I. 1. b. bb.

[10] Von dieser weiten Beziehung geht die Mehrheit der Autoren aus, vgl. z. B. *Börner*, Rechtsfragen S. 115 ff.; *Ehle / Meier* B 212 ff. (für die innergemeinschaftlichen Zahlungen).

[11] Abl. L 300/189 v. 31. 12. 72.

[1] Art. 70 I lautet: „Für den Kapitalverkehr zwischen den Mitgliedstaaten und dritten Ländern schlägt die Kommission dem Rat Maßnahmen zur schrittweisen Koordinierung der Devisenpolitik der Mitgliedstaaten vor. Der Rat erläßt einstimmig Richtlinien hierfür. Er wird bemüht sein, ein Höchstmaß an Liberalisierung zu erreichen."

auszuklammern sind[2]. Ohne auf die Schwierigkeiten einer einheitlichen Begriffsbestimmung näher einzugehen[3], kann zunächst festgestellt werden, daß partielle Überschneidungen mit anderen Sachbereichen der Handelspolitik unvermeidbar sind. Dies gilt in erster Linie für den Bereich des Zahlungsverkehrs, da Kapitalverkehrsbewegungen auch in der Zahlungsbilanz ihren Niederschlag finden. So figurieren beispielsweise in der 2. Richtlinie des Rats vom 18. 12. 1962[4] die Gewährung und Rückzahlung von Krediten, die in Verbindung mit Handelsgeschäften oder Dienstleistungen stehen, als Kapitalverkehrsbewegungen, die aber — wie wir gesehen haben — ebenso als Zahlungsverkehrs- oder ausfuhrpolitische Warenverkehrsoperationen qualifiziert werden können[5].

Auch die Abkommenspraxis der Gemeinschaft dokumentiert die handelspolitische Nähe von Kapitalverkehrsbewegungen: Einige Gemeinschaftsabkommen enthalten Regelungen, die sich ausdrücklich auf grenzüberschreitende Vorgänge beziehen, die nach dem Richtlinienkatalog des Rates in den Bereich des Kapitalverkehrs fallen[6].

Kapitalverkehrsbewegungen und handelspolitische Transaktionen schließen also nicht a priori einander aus. Die Einbeziehung bestimmter Kapitalvorgänge in den Anwendungsbereich der gemeinsamen Handelspolitik erscheint von Fall zu Fall vertretbar und geboten, ohne daß hierdurch der Grundsatz des Art. 70 in Frage gestellt wird. Dies gilt z. B. für Transaktionen im Zusammenhang mit der Gründung und dem Betrieb gemischter Gesellschaften. Nicht nur die Einlagen, sondern auch der im Zusammenhang mit dem Unternehmen erwirtschaftete Gewinn, der in das Ausgangsland retransferiert werden soll, gehört zur Kategorie Kapitaltransfer. Auf eine Gemeinschaftskompetenz zur Aufnahme von Rahmenbedingungen über diese Gegenstände in internationale Abkommen kann im Interesse der Zielverwirklichung gemeinsamer Handelspolitik nicht verzichtet werden:

---

2 z. B. *d'Orville* S. 13 m. w. N.

3 Eine Definition des Begriffs Kapitalverkehr liefert der Vertrag nicht. Vereinfacht ausgedrückt deckt Kapitalverkehr einseitige, grenzüberschreitende Wertübertragungen in Form von Gütern oder Geldmitteln, so *Everling*, Komm. Art. 67.2. Anhaltspunkte für die Bestimmung von Kapitalverkehrsbewegungen im einzelnen sind den auf der Grundlage von Art. 69 vom Rat erlassenen zwei Richtlinien zu entnehmen, Abl. 1960 S. 921 und Abl. 1963 S. 62.

4 Abl. 1963 S. 62.

5 Kap. 7 I. 1. b. bb. und Kap. 9 II.

6 Vgl. den in Kap. 9 II. a. E. zitierten Art. 19 II des Abkommens EWG-Schweiz im Verhältnis zur Anlage II, VII der 2. Richtlinie, Abl. 1963 S. 72; in einigen Gemeinschaftsabkommen gewähren sich die Vertragsparteien die Meistbegünstigung bei den Regelungen für Zahlungen im Zusammenhang mit dem Waren- und Dienstleistungsverkehr, *einschließlich der Zuteilung von Devisen und der Überweisung dieser Zahlungen*, s. o. Kap. 7 I. 2. d.

(1) Divergierende Bestimmungen in Einzelabkommen der Mitgliedstaaten mit Drittländern, die z. B. die Retransferierbarkeit der Gewinne betreffen, beeinflussen in unterschiedlichem Maße die Investitionsneigung von Gemeinschaftsunternehmen in diesen Ländern oder von Unternehmen des Vertragspartners in einzelnen Mitgliedstaaten. Eine Intensivierung der Wirtschaftsbeziehungen zwischen den Abkommensparteien, die sich die günstigsten Konditionen auf diesem Gebiet eingeräumt haben, ist die natürliche Folge. Diesen einzelstaatlich gewährten Förderungen stehen als Kehrseite die Chancenverluste der Unternehmen aus den Mitgliedstaaten gegenüber, die weniger vorteilhafte oder u. U. überhaupt keine vertraglichen Vereinbarungen mit diesen Drittstaaten getroffen haben.

(2) Mit der Gründung und dem Betrieb gemischter Absatzgesellschaften wird die Absicht verfolgt, das Volumen der Warenausfuhren zu erhöhen. Damit leistet diese Kooperationsart in vielen Fällen einen Beitrag zum Abbau struktureller Ungleichgewichte. Regelungen mit Kapitalverkehrscharakter, die damit zusammenhängen, dienen also letztlich auch dem Ziel des Art. 110, harmonische, d. h. ausgeglichene Verhältnisse im internationalen Wirtschaftsverkehr herzustellen[7].

In der Praxis zeichnet sich bereits ab, daß die Handelskompetenzen der Gemeinschaft auch derartige Kapitalverkehrsregelungen umfassen: Nachdem noch im Juni 1975 Präsident Ortoli anläßlich seines Jugoslawienbesuchs den Wunsch seiner Gastgeber nach westlicher Kapitalbeteiligung in joint-ventures unter Hinweis auf die Zuständigkeit der Mitgliedstaaten abschlägig beschieden hatte[8], findet diese Kooperationsform gut ein Jahr später bereits ausdrücklich Erwähnung in einer gemeinsamen Erklärung der Gemeinschaft und Jugoslawiens[9]. Noch deutlicher wird die Gemeinschaftsposition im Abkommen mit Kanada: Die Bildung gemischter Gesellschaften ist als eine Kooperationsmöglichkeit im Abkommen selbst vorgesehen[10]. Der kompetenzbezogene Aussagewert wird allerdings dadurch relativiert, daß neben Art. 113 auch Art. 235 als Rechtsgrundlage bemüht wurde[11].

---

[7] Durch den exportstimulierenden Zweck der Absatzgesellschaften kann die Gesamtheit der sie betreffenden Regelungen auch dem Bereich des Warenverkehrs (Ausfuhrpolitik) zugeordnet werden.

[8] Vgl. NZZ v. 18. 6. 75 („Jugoslawische Wunschliste an die EG“).

[9] Siehe oben Kap. 2 II.

[10] Siehe oben Kap. 2 V.

[11] Vgl. dazu Fn. 15 von Kap. 2.

Kapitel 11: Niederlassungsfragen

In Anlehnung an den EWG-intern entwickelten Begriff ist unter Niederlassung im Verhältnis der Gemeinschaft zu Drittländern jede selbständige, wirtschaftlich motivierte Erwerbstätigkeit außerhalb der Zollunion zu verstehen, gleichgültig in welchem Wirtschaftsbereich (Handel, Industrie, Finanzen, Landwirtschaft etc.) sie ausgeübt wird[1]. Hierzu zählen auch alle Formen sekundärer Niederlassung[2]. Überschneidungen zwischen Niederlassungsfragen und dem Dienstleistungs-[3] und Kapitalsektor[4] sind auch im Außenverhältnis unvermeidbar. Die wachsende strukturelle Veränderung der internationalen Wirtschaftsbeziehungen führt zu einem stärkeren Bedürfnis nach Einbeziehung niederlassungsrechtlicher Fragen in internationale Abkommen. Dieser Trend zeichnet sich besonders im Ost-West-Verhältnis trotz systembedingter Schwierigkeiten ab[5].

Staatsunternehmen sozialistischer Länder fassen vermehrt auf westlichen Auslandsmärkten Fuß. Sie genießen dort dieselbe Rechtsstellung wie jedes fremde Unternehmen, und ihre Niederlassungen gelten als „Marktbürger" im Sinne des EWG-Rechts[6]. Während es sich bei den Gründungen östlicher Länder in den Mitgliedstaaten der Gemeinschaft bislang vorwiegend um Vertriebsgesellschaften für Ostprodukte handelte, treten auch Produktions- und Transportunternehmen, Banken und Versicherungen verstärkt auf den Plan[7].

---

[1] Zum Begriff der innergemeinschaftlichen Niederlassung s. *von der Groeben*, Komm. Art. 52. I.

[2] *Mégret* III S. 89; *von der Groeben*, Komm. Art. 52 I. 3.

[3] Hauptunterscheidungsmerkmal der Dienstleistungen ist die Ausübung einer wirtschaftlichen Tätigkeit, ohne im Drittland niedergelassen zu sein; zur Abgrenzung s. *von der Groeben*, Komm. Art. 52, I. 1.; *van Gerven*, Les Nov. Nr. 1856; *Mégret* III S. 88. Die enge Verbindung beider Bereiche demonstriert die Praxis augenfällig durch den Umstand, daß die vom Rat in bezug auf die Realisierung der Niederlassungsfreiheit erlassenen Richtlinien gleichermaßen auf den Dienstleistungsverkehr anwendbar sind.

[4] So sind beispielsweise die für die Niederlassungen erforderlichen Investitionen als Kapitalverkehr zu bezeichnen. Die Investition wird zu einem als Kapitalverkehr und als Niederlassungsrecht zu kennzeichnenden Vorgang, wenn der Anleger infolge der Transaktion als Unternehmer im Ausland erscheint; vgl. *von der Groeben*, Komm. Art. 52. I. 2.

[5] Ausdrückliche Regelungen betr. Niederlassungsfragen enthält z. B. das Kooperationsabkommen zwischen der BRD und Polen mit einer Laufzeit von 5 Jahren, s. Agence Europe v. 14. 11. 75 Nr. 1859.

[6] Vgl. *Seidl-Hohenveldern* S. 200; auch eine voll im ausländischen Besitz befindliche juristische Person kommt in den Genuß der Niederlassungsfreiheit, wenn sie nach den Rechtsvorschriften eines Mitgliedstaates gegründet worden ist und dort ihren Verwaltungssitz hat (Art. 58 I EWG-V.). Eine Sonderbehandlung von Unternehmen, die in den Händen von Staatsangehörigen der Mitgliedstaaten liegen, kennt der EWG-Vertrag nicht; hierzu *Maestripieri* S. 130.

[7] Einzelne Beispiele s. Fn. 48 von Kap. 1.

Auch in west-östlicher Richtung gewinnen niederlassungsrechtliche Operationen zunehmend an Bedeutung. Nachdem einige RGW-Mitglieder die speziellen Rechtsgrundlagen für die Beteiligung ausländischen Kapitals an heimischen Produktionsmitteln geschaffen haben[8], nimmt auch die Zahl der gesetzlichen Ermächtigungen zur Errichtung dauerhafter westlicher Firmenvertretungen zu[9].

Die Zuständigkeit der Gemeinschaft, niederlassungsrechtliche Fragen in Handelsabkommen zu regeln, wird bislang von der Literatur verneint[10]. Dieser Auffassung kann im Lichte zielbezogener Auslegung nicht gefolgt werden.

(1) Unterschiedliche vertragliche Regelungen, die die Mitgliedstaaten hinsichtlich der Niederlassung von Drittlands-Gesellschaften treffen, führen dazu, daß Drittlandsunternehmen bevorzugt Tochtergesellschaften in dem Mitgliedstaat mit der großzügigsten Zulassungspraxis gründen[11]. Eine Konzentration von Drittlands-Gesellschaften in bestimmten Mitgliedstaaten ist die Folge und belastet dadurch das wirtschaftliche Gleichgewicht des Gemeinsamen Marktes. Unter ordnungsfunktionellen Gesichtspunkten besteht daher ein Bedürfnis nach Gemeinschaftsregelungen in diesem Bereich. Ähnliche Störungen sind aufgrund unterschiedlicher Rahmenregelungen für Niederlassungen von Gemeinschaftsunternehmen in dritten Ländern absehbar. Vertragliche Erleichterungen zugunsten der Unternehmen eines Mitgliedstaates beinhalten notwendigerweise eine Benachteiligung in der Ausgangslage anderer Gemeinschaftsunternehmen.

(2) Auch unter Berücksichtigung der positiven Funktion der gemeinsamen Handelspolitik ist die Regelung niederlassungsrechtlicher Fragen auf der Grundlage von Art. 113 gerechtfertigt. Durch die Gründung wechselseitiger Niederlassungen wird langfristig ein Abbau der Schwierigkeiten angestrebt, die einer harmonischen Entwicklung der Wirtschaftsbeziehungen zu einigen Handelspartnern entgegenstehen.

Erste bescheidene Ansätze zur Aufnahme von Niederlassungsfragen in Handelsabkommen der Gemeinschaft enthält das Abkommen EWG—Uruguay[12]. In einer einseitigen Erklärung[13] zu den Investitionen in

---

8 Zu den Rechtsgrundlagen in den einzelnen Ländern s. o. Kap. 1 II. 6.

9 Firmenvertretungen westlicher Unternehmen können eventuelle Kooperationsgeschäfte anbahnen, Großfirmen führen von diesen Repräsentanzen auch ihren Wartungsdienst durch; vgl. hierzu *Bolz / Plötz* S. 148 f. und Dok. ECE R 300 Nr. 32. Zu den jüngsten Lockerungen in der Praxis der CSSR s. NZZ v. 28. 7. 76 („Ausländische Handelsvertretungen in der Tschechoslowakei").

10 *d'Orville* S. 15 m. w. N.

11 So auch *Tomuschat* S. 175.

12 Abl. L 333/2 v. 4. 12. 73; unberücksichtigt bleiben die Regelungen nieder-

Uruguay bekräftigt dieses Land das bereits in seiner Verfassung zum Ausdruck kommende Gebot einer Gleichbehandlung inländischer und ausländischer Unternehmen. Diese einseitige Verpflichtung, die auf den Wunsch der Gemeinschaft zurückgeht[14], hätte ebenso als Vertragsartikel Eingang in das Abkommen finden können. Allerdings signalisiert die räumliche Einbeziehung in den Vertrag bereits ihren handelspolitischen Bezug. Besonders deutlich wird die Aufnahme niederlassungsrechtlicher Fragen in der EG-Vereinbarung mit Kanada. „Gesteigerte und beiderseitig vorteilhafte Investitionen“ finden ausdrücklich als eine Form der Zusammenarbeit Erwähnung[15].

Im Bereich des Versicherungsgewerbes laufen zur Zeit Verhandlungen zwischen der Gemeinschaft und der Schweiz; allerdings wird die Zuständigkeit der Gemeinschaft nicht auf Art. 113, sondern auf das System des Vertrages gestützt. Art. 29 der Richtlinie des Rats vom 24. 7. 1973[16] zur Koordinierung der Rechts- und Verwaltungsvorschriften über die Aufnahme und Ausübung der Tätigkeiten auf dem Gebiet der Direktversicherungen mit Ausnahme der Lebensversicherung bestätigt diese Zuständigkeit rein deklaratorisch.

Kapitel 12: Begleitende Arbeitskräfteregelungen

Die Ausweitung wirtschaftlicher Zusammenarbeit in den internationalen Beziehungen führt notwendigerweise auch zu einer Intensivierung des grenzüberschreitenden Personenverkehrs. Kooperationsprojekte bedürfen zu ihrer Realisierung in vielen Fällen der Unterstützung durch Arbeitskräfte der Vertragspartner[1]. Vertragliche Regelungen in diesem Bereich sind in vielen Varianten vorstellbar. Sie reichen vom regelrechten Austausch von Fachleuten und Praktikanten[2] bis hin zu

---

lassungsrechtlicher Fragen in einigen Assoziationsabkommen; hierbei handelt es sich um gemischte Abkommen, die zusätzlich von den Mitgliedstaaten unterzeichnet wurden.

[13] Erklärung Nr. 9 des Abkommens.

[14] Dies geht ausdrücklich aus dem Wortlaut der Erklärung hervor.

[15] Siehe oben Kap. 2 V. Da das Abkommen zusätzlich auf Art. 235 EWG-V. gestützt wurde, ist der kompetenzbezogene Aussagewert für Art. 113 zweifelhaft.

[16] Abl. L 228/3 v. 16. 8. 75.

[1] Auf die Notwendigkeit technischer Hilfe durch Personal des Vertragspartners wurde bereits im Zusammenhang mit dem Dienstleistungsverkehr (Kap. 8 I.) hingewiesen.

[2] Vgl. den Passus im Kooperationsabkommen zwischen der BRD und Rumänien v. 29. 6. 73, Art. 3: „Die Kooperation zwischen beiden Ländern umfaßt insbesondere: ... sowie die Ausbildung und den Austausch von Fachleuten und Praktikanten“.

allgemeinen Erklärungen, die die großzügige Gewährung der erforderlichen Einreise-, Aufenthalts- und Arbeitsgenehmigungen betreffen.

Abkommen, die unabhängig von den Fragen sonstiger grenzüberschreitender Operationen den Zugang von Arbeitskräften zum Arbeitsmarkt des Vertragspartners regeln, können dem Anwendungsbereich der gemeinsamen Handelspolitik nicht mehr zugerechnet werden[3]. Einzelstaatliche Regelungen über diesen Komplex stehen nicht im Widerspruch zur negativen und positiven Funktion der gemeinsamen Handelspolitik. Durch die Zulassung in einem Mitgliedstaat der Gemeinschaft erwirbt der Staatsangehörige eines Drittlandes nicht ohne weiteres das Recht, im gesamten Gemeinschaftsgebiet frei zu „zirkulieren", wie dies bei Waren- und Dienstleistungen, in eingeschränktem Maße auch bei Niederlassungen der Fall ist[4].

Etwas anderes muß aber für Personenverkehrsregelungen gelten, die in engem Zusammenhang mit durchzuführenden handelspolitischen Transaktionen getroffen werden. Da der Export technologischer Produkte ohne den begleitenden vorübergehenden „Export" qualifizierter Arbeitskräfte kaum zu bewerkstelligen ist, verschmelzen die Ausfuhr von Technologie und die zeitweilige personelle Unterstützung zu einer einheitlichen Operation. Eine unterschiedliche, auf der Staatsangehörigkeit des Lieferanten und seiner Arbeitskräfte beruhende Behandlung kann die Entscheidung über die Vergabe einzelner Projekte sehr wohl beeinflussen[5]. Eine vertragliche Gemeinschaftsregelung, die den Vertragspartner zu einer einheitlichen Behandlung aller EG-Arbeitskräfte zwingt, beugt einer Schwerpunktbildung in den Kooperationsbeziehungen einzelner Mitgliedstaaten zu bestimmten Drittländern vor. Auch der Austausch von Fachleuten und Praktikanten im Zusammenhang mit Kooperationsprojekten trägt handelspolitische Züge. Er dient auf beiden Seiten dem Erwerb von Fähigkeiten, die später bei der Abwicklung von Kooperationsgeschäften zum Einsatz kommen.

Soweit die Gemeinschaft bisher mit Fragen der Arbeitskräfte im Verhältnis zu dritten Ländern konfrontiert wurde, handelte es sich um handels- bzw. kooperationspolitisch unabhängige Komplexe. Dies gilt z. B. für die Problematik jugoslawischer Arbeitskräfte in der Gemein-

---

[3] So auch die h. M.: *Greifelt* S. 136 f., *d'Orville* S. 14 f.

[4] So zutreffend in Übereinstimmung mit der h. M. *Tomuschat* S. 174; allerdings müssen die Mitgliedstaaten beim Abschluß derartiger Abkommen den Primat der Gemeinschaftspräferenz für Angehörige der Gemeinschaft beachten, hierzu s. *von der Groeben*, Komm. Art. 48 III.

[5] So beklagten z. B. Sprecher dt. Unternehmen, daß eine Reihe dt. Spezialisten nur beschränkt Aufenthaltserlaubnisse in Polen erhalten, was beim Bau und bei Montagearbeiten oft zu negativen Konsequenzen führe; vgl. SZ v. 28./29./30. 5. 77 („Polen möchte Kooperation weiter ausbauen").

schaft. In einem das Handelsabkommen mit Jugoslawien[6] begleitenden Briefwechsel teilte der amtierende Ratspräsident der jugoslawischen Seite mit, daß „die *Mitgliedstaaten* der EWG" bereit sind, die Lage jugoslawischer Arbeitskräfte in der Gemeinschaft zu erörtern. Hier wird zu Recht auf die Mitgliedstaaten, nicht auf die Gemeinschaft als solche abgehoben.

Kapitel 13: Begleitende Sozialbestimmungen

Soziale Aspekte treten als international regelbare Materien in Erscheinung, sobald Arbeitskräfte grenzüberschreitend tätig werden. Hierzu zählen beispielsweise allgemeine Arbeitsbedingungen, Gesundheitsschutz etc. Die Notwendigkeit, auf diesem Sektor zu internationalen Vereinbarungen zu gelangen, wird weitgehend von der Anzahl der außerhalb der eigenen Grenzen tätigen Personen sowie der Dauer ihrer Beschäftigung bestimmt. Bei zunehmender Intensivierung der internationalen Wirtschaftskontakte ist nicht auszuschließen, daß dieser Problemkreis an Bedeutung gewinnt. Die Frage einer Zuständigkeit der Gemeinschaft zur Aufnahme sozialer Bestimmungen in Abkommen mit dritten Staaten bedarf in Anlehnung an die zu den Arbeitskräfteregelungen angestellten Erwägungen zunächst einer einschränkenden Vorbemerkung: Grenzüberschreitende, der Handelspolitik zurechenbare Operationen, an die ein Austausch oder ein vorübergehender „Export" von Arbeitskräften gekoppelt ist, müssen den Hauptgegenstand der fraglichen Vereinbarung bilden. Nur unter dieser Voraussetzung ist eine Einbeziehung sozialer Elemente diskutabel. Eigenständige, von weiteren handelspolitischen Transaktionen losgelöste Vereinbarungen sozialen Inhalts sind von Art. 113 nicht gedeckt.

Die Entscheidung, ob der Gemeinschaft für diesen eng begrenzten sozialen Bereich eine Zuständigkeit zuerkannt werden kann, wird von der Funktion beeinflußt, die man den sozialen Aspekten im grenzüberschreitenden Verkehr beimißt. Versteht man soziale Leistungen lediglich als Wert an sich, liegt es nahe, die Zuständigkeit der Gemeinschaft auf der Grundlage von Art. 113 zu verneinen. „Wenn dagegen Sozialpolitik auch ... in ihrer Funktion als Kostenfaktor gewertet wird, der die Wettbewerbslage mitbestimmt"[1], verschiebt sich das Bild. Unterschiedliche soziale Regelungen für die im Zusammenhang mit Kooperationsprojekten im Ausland tätigen Arbeitskräfte schaffen uneinheit-

[6] Abl. L 224/9 v. 13. 8. 73.

[1] So *Ipsen* § 51 I. 1. b; zum wettbewerbsbeeinflussenden Aspekt sozialer Maßnahmen s. *von der Groeben*, Komm. Vorb. 3 zu Art. 117. Auf die wirtschaftliche Bedeutung sozialer Maßnahmen hat der EuGH zuletzt in seinem Urteil v. 8. 4. 76 (Defrenne) hingewiesen, EuGH Slg. 1976 S. 473.

liche Startbedingungen für die Unternehmen beider Handelspartner. Die Zunahme sozialer, als Kostenfaktor zu verstehender Aspekte in den internationalen Wirtschaftsbeziehungen läßt daher unter Beachtung funktioneller Gesichtspunkte die Aufnahme sozialer Begleitklauseln in Gemeinschaftsabkommen von Fall zu Fall geboten erscheinen.

Kapitel 14: Verkehr

I. Transportregelungen als selbständige Vertragsobjekte

Verkehr als „Gesamtheit der Vorgänge, die dazu dienen, mit Personen, Gütern, Energie und Nachrichten Raum zu überwinden“[1], spielt als Gegenstand grenzüberschreitender Zusammenarbeit von alters her eine große Rolle. Transportleistungen, die ohne Grundgeschäft als selbständige Operation über die eigene Grenze hinaus erbracht werden, sind internationalen Regelungen beispielsweise in der Form von Kontingentabsprachen oder Vereinbarungen über die Beförderungsentgelte und Beförderungsbedingungen zugänglich. Derartige Abmachungen erweisen sich besonders im Verhältnis zu den Staatshandelsländern Osteuropas im Interesse der Aufrechterhaltung westlicher Konkurrenzfähigkeit als notwendig. Dank der billigen Tarife, die bei weitem die effektiven Kosten nicht decken, bemühen sich östliche Staaten seit einiger Zeit erfolgreich um Aufträge westlicher Kunden, besonders im Bereich der Binnenschiffahrt[2].

Verkehrsoperationen unterliegen bereits aufgrund ihrer Charakterisierung als Dienstleistungen[3] den Vorschriften über die gemeinsame Handelspolitik. Daß diesen Dienstleistungen ein Sonderkapitel im Vertrag gewidmet ist[4], steht dem nicht entgegen. Die allgemeinen Vorschriften des Vertrages sind grundsätzlich auch auf dem Gebiet des Verkehrs anwendbar[5]. Dies gilt nicht nur von den Binnenmarktregelungen wie etwa der Herstellung der Freizügigkeit[6], sondern auch von den

---

1 Zum Begriff s. *von der Groeben*, Komm. Art. 74. I. 1.

2 Vgl. FAZ v. 29. 10. 75 („Mit Dumping-Preisen durch Europas Kanäle“) und das Zeitgespräch in: Wirtschaftsdienst II/1976 („Konkurrenz durch Ostblockflotten“).

3 Vgl. Art. 61 I: „Für den freien Dienstleistungsverkehr auf dem Gebiet des Verkehrs gelten die Bestimmungen des Titels über den Verkehr.“; zur Einordnung der Dienstleistungen in den Bereich der gemeinsamen Handelspolitik s. Kap. 8.

4 Titel IV des Vertrages.

5 So ausdrücklich der EuGH in seinem Urteil v. 4. 4. 74 in der Rs 167/73, EuGH Slg. 1974 S. 359 (371).

6 Für diesen Sachbereich stand die Anwendbarkeit der Verkehrsvorschriften in der Rs 167/73 zur Diskussion, siehe oben Fn. 5.

Vorschriften über die gemeinsame Handelspolitik, denen ebenso grundlegende Bedeutung zukommt[7]. Dabei beschränkt sich die handelspolitische Regelungskompetenz nicht nur auf die Bereiche Eisenbahn, Straßen- und Binnenschiffsverkehr, sondern erfaßt ebenso die Seeschiffahrt und Luftfahrt. Die vorläufige Ausklammerung dieser beiden Sektoren ist nur für den innergemeinschaftlichen Verkehr bedeutsam[8].

Dieses Ergebnis läßt sich auch auf ordnungsfunktionelle Gesichtspunkte stützen: Die einzelstaatliche Aufnahme verkehrsbezogener Klauseln in bilaterale Abkommen der Mitgliedstaaten zieht zwangsläufig Wettbewerbsverzerrungen nach sich, die innergemeinschaftlich ihren Niederschlag finden. Gemeinschaftsregelungen allgemeiner Art, wie etwa die Gewährung der Meistbegünstigung oder der Steuerfreiheit für anlaufende Schiffe, erweisen sich auf diesem Hintergrund im Interesse gleicher Startchancen für die in der Gemeinschaft ansässigen Transportunternehmen als unerläßlich[9].

Einen ersten Schritt auf dem Weg zu einer Gemeinschaftskompetenz im Bereich des Drittland-Seeverkehrs stellt das Vorgehen der Kommission gegenüber dem Übereinkommen der Vereinten Nationen über einen Verhaltenskodex der Seeschiffahrtskonferenzen dar. Nachdem Frankreich, Belgien und die Bundesrepublik das Abkommen unabhängig von den Gemeinschaftsorganen unterzeichnet hatten, leitete die Kommission ein Vertragsverstoßverfahren beim EuGH ein, das erst dann nicht weiter betrieben wurde, als sich die betreffenden Mitgliedstaaten verpflichtet hatten, den Verhaltenskodex vorerst nicht zu ratifizieren und eine gemeinsame Position innerhalb der Gemeinschaft anzustreben[10].

II. Begleitende Verkehrsbestimmungen

Neben den vom Grundgeschäft gelösten Verkehrsvereinbarungen bieten sich Transportklauseln auch im Zusammenhang mit der Durchführung umfassender Handels- und Kooperationsverträge an. Aus

---

[7] Vgl. EuGH Slg. 1975 S. 475 (Defrenne).

[8] Die Einbeziehung von Luftfahrt und Seeschiffahrt in eine gemeinsame Verkehrspolitik, die in Art. 84 EWG-V. vorgesehen ist, stößt z. Z. noch bei den Mitgliedstaaten auf große Reserven; eine Mitteilung der Kommission zu diesem Fragenkomplex liegt dem Rat vor (Beilage 16/73 zum Bull.EG). Zum jüngsten Stand s. 10. GB-EG Nr. 451.

[9] Die genannten Beispiele bilden den Gegenstand eines deutsch-chinesischen Schiffahrtsabkommens, das im Okt. 1975 in Peking unterzeichnet wurde; vgl. FAZ v. 30. 8. 75 („Schiffahrtsabkommen mit Peking") und NZZ v. 1./2. 11. 75 („Unterzeichnung dt.-chinesischer Abk.").

[10] Vgl. VWD/Nachrichten für den Außenhandel v. 8. 11. 76 und 10. GB-EG Nr. 451.

devisenpolitischen Gründen liegt es nahe, daß manche Handelspartner der Gemeinschaft darauf bestehen, den Im- und Export der vom Abkommen erfaßten Waren mit eigenen Verkehrsträgern abzuwickeln. Für derartige Fälle ist die Aufnahme nicht-diskriminierender, die Gleichheit der Behandlung sicherstellender Klauseln in die Abkommen angebracht. Kompetenzmäßig stehen der Aufnahme derartiger Bestimmungen in Gemeinschaftsabkommen keine Bedenken entgegen, nachdem bereits selbständige Transportvereinbarungen dem Zuständigkeitsbereich der Gemeinschaft zugerechnet werden konnten.

Dieser Auffassung hat sich die Praxis der Gemeinschaft bislang nicht angeschlossen. Die Abkommen mit Argentinien, Uruguay, Brasilien[11] und Mexiko[12] berühren Transportfragen, genauer Seeschiffahrtsfragen, nur am Rande. Die zusätzliche Unterzeichnung der Briefwechsel auf Gemeinschaftsseite durch die Mitgliedstaaten verdeutlicht die Zurückhaltung der Praxis im Bereich abkommensbezogener Verkehrsfragen[13].

Kapitel 15: Steuern

Steuerliche Maßnahmen sind durch ihre vielfältige Ausgestaltungsmöglichkeit in besonderem Maße geeignet, grenzüberschreitende Operationen auf der Ein- und Ausfuhrseite wettbewerbsverfälschend zu beeinflussen. Steuerliche Belastungen eingeführter Produkte verfolgen das Ziel, importierte Waren zu verteuern, während Steuerentlastungen für einheimische exportbestimmte Produkte zu einer künstlichen Förderung der Exporte führen. Neben diesen klassischen Steuerbe- und -entlastungen spielen im Bereich der modernen Wirtschaftsbeziehungen u. a. Steuerbedingungen für Investitionen eine zunehmende Rolle[1]. Dies gilt nicht nur für die Konditionen ausländischer Investoren in den Mitgliedstaaten der Gemeinschaft, sondern auch für Gemeinschaftsinvestitionen in dritten Ländern. Die Bildung gemischter Gesellschaften z. B. wirft Gewinnprobleme auf, an die wiederum Transfer- und Steuerprobleme geknüpft sind. So wird beispielsweise der ins Ausland überwie-

---

[11] Siehe oben Kap. 2 I.

[12] Siehe oben Kap. 2 IV.

[13] Nach *Fischer* S. 12 Fn. 23, berechtigt diese Lösung „aber nicht ohne weiteres zu dem Schluß, daß alle Mitgliedstaaten der Auffassung sind, daß diese Briefwechsel nicht in die handelspolitische Kompetenz der Gemeinschaft fallen. Die Ratsmitglieder sind bekanntlich im allgemeinen mehr an politischen als an Rechts- und institutionellen Fragen interessiert und sind deswegen in letzteren Fragen oft schnell zu Kompromissen bereit. Bei der vorherrschenden Praxis, durch „Konsensus“ statt durch Abstimmung zu beschließen, kann also ein einzelner Mitgliedstaat nicht selten seine abweichende Rechtsauffassung durchsetzen.“

[1] Dazu *von der Groeben*, Komm. V. 4) zu Art. 95.

sene Teil des Gewinns aus dem Betrieb einer gemischten Gesellschaft in einigen Ländern mit einer zusätzlichen Transfersteuer belegt[2]. Anknüpfungspunkte für vertragliche Regelungen auf dem Gebiet des Steuerrechts sind also auch insoweit gegeben.

Eine umfassende Außenkompetenz der Gemeinschaft für den Steuersektor läßt sich auf Art. 113 nicht stützen. Ebensowenig wäre aber der grundsätzliche Verzicht auf die Aufnahme steuerlicher Fragen in Handelsabkommen der Gemeinschaft haltbar: Die traditionell enge Verbindung zwischen steuerlichen Maßnahmen und Einfuhr- bzw. Ausfuhrhemmnissen sonstiger Art, die in einigen Fällen bis zur Austauschbarkeit der Instrumente reicht[3], macht eine Einbeziehung von umfassenden nichtdiskriminierenden Steuerbestimmungen in Abkommen der Gemeinschaft erforderlich. Der Abbau nichtsteuerlicher Handelshemmnisse hätte wenig Sinn, wenn die wettbewerbsverzerrenden Effekte mit wirkungsgleichen, nur auf anderen Methoden beruhenden Mitteln aufrechterhalten werden könnten. Diesem Umstand hat die Gemeinschaft in ihrer Abkommenspraxis Rechnung getragen: Umfassende steuerliche Nichtdiskriminierungsklauseln enthalten beispielsweise die Abkommen mit den nicht beitrittswilligen EFTA-Staaten[4].

Die Kompetenz der Gemeinschaft ist jedoch nicht auf derartige klassische Nichtdiskriminierungsklauseln im Steuersektor beschränkt. Sie umfaßt auch steuerliche Fragen, die in engem Zusammenhang mit kooperationspolitischen Instrumenten, z. B. der Gründung gemischter Gesellschaften, stehen. Unterschiedliche steuerliche Abkommensregelungen der Mitgliedstaaten, die sich auf die Niederlassung und Investitionstätigkeit von Drittlandsgesellschaften beziehen, „schaffen wettbewerbsverzerrende Sogwirkungen für die Plazierung und den Fluß von Investitionen zwischen den EG-Mitgliedstaaten und dem Drittland. Solange jedoch für Investoren aus dem Drittland Anreize bestehen, in der EWG vorzugsweise in dem einen oder anderen Mitgliedstaat Fuß zu fassen, ... ist die Wirtschaftsunion nach außen hin brüchig[5]." Ähnliche Überlegungen gelten auch für EG-Investoren in Drittländern:

---

2 Bezogen auf das Beispiel Rumäniens s. *Lingelsheim* S. 147.

3 Vgl. hierzu das Beispiel der dt. Sonderumsatzsteuer auf ausgeführte Waren, Kap. 7 I. 1. a. cc., Fn. 24.

4 Vgl. z. B. Art. 18 des Abk. EWG-Schweiz, Abl. L 300/189 v. 31. 12. 72: „Die Vertragsparteien wenden keine Maßnahmen oder Praktiken interner steuerlicher Art an, die unmittelbar oder mittelbar eine diskriminierende Behandlung der Erzeugnisse einer Vertragspartei und gleichwertiger Ursprungserzeugnisse der anderen Vertragspartei bewirken. Für Waren, die in das Gebiet einer Vertragspartei ausgeführt werden, darf keine Erstattung für inländische Abgaben gewährt werden, die höher ist als die auf diese Waren unmittelbar oder mittelbar erhobenen Abgaben."

5 *von der Groeben*, Komm. Vorb. V 4 zu Art. 95.

Eine unterschiedliche Besteuerung von Gemeinschaftsfirmen, z. B. beim Transfer der erzielten Gewinne, findet in den ungleichen Startchancen dieser Unternehmen ihren Niederschlag und widerspricht damit der Zielsetzung eines einheitlichen Marktes.

Kapitel 16: Wettbewerb

Private Vereinbarungen über die mengenmäßige Festsetzung von Quoten auf der Einfuhr- oder Ausfuhrseite sind exemplarische Zeugen der engen Verzahnung von Wettbewerbs- und Außenhandelspolitik[1]. Das Verhalten der staatlichen Vertragspartner auf solche und andere wettbewerbsbeschränkende Praktiken kann entscheidenden Einfluß auf den zwischenstaatlichen Waren- oder Dienstleistungsverkehr und damit auf die beiderseitigen Märkte haben. Auf diesem Hintergrund bieten sich auch wettbewerbspolitische Regelungen grundsätzlicher Art als Gegenstand internationaler Vereinbarungen an. Voraussetzung hierfür ist allerdings eine vergleichbare Wirtschaftsstruktur der Vertragspartner, die der Privatinitiative einen Spielraum beläßt, um derartige Praktiken überhaupt erst zu ermöglichen.

Die Aufnahme wettbewerbspolitischer Klauseln in Handelsabkommen der Gemeinschaft ist bislang unter Hinweis auf die binnenmarktbezogene Regelung derartiger Fragen an anderer Stelle des Vertrages[2] von der Literatur, soweit sie überhaupt diskutiert wird, verneint worden[3]. Die Praxis der Gemeinschaft hat diese Auffassung widerlegt. Erstmalig fanden wettbewerbsbezogene Bestimmungen im Rahmen eines Handelsabkommens in den Freihandelsvereinbarungen der Gemeinschaft mit den Rest-EFTA-Staaten Berücksichtigung[4]. Der zum

---

[1] Zur Entscheidungspraxis der Kommission im Bereich der Exportkartelle s. Abl. L 10/12 v. 13. 1. 1971; Abl. L 168/22 v. 10. 7. 1969; s. dazu auch *Spormann* S. 169 und *Markert* S. 107; zur grundsätzlichen Problematik der Außenhandelssteuerung durch private Selbstbeschränkung s. *Ullrich* S. 357 ff.

[2] Art. 85 ff.

[3] z. B. *Greifelt* S. 153 ff.

[4] Vgl. z. B. Art. 23 des Abk. EWG-Schweiz, Abl. L 300/189 v. 31. 12. 1972 und die dazugehörige Erklärung der EWG im Anhang an das Abkommen. Art. 23 I lautet:

„Mit dem guten Funktionieren des Abkommens sind unvereinbar, soweit sie geeignet sind, den Warenverkehr zwischen der Gemeinschaft und der Schweiz zu beeinträchtigen,

— alle Vereinbarungen zwischen Unternehmen, Beschlüsse von Unternehmensvereinigungen und aufeinander abgestimmte Verhaltensweisen zwischen Unternehmen, welche eine Verhinderung, Einschränkung oder Verfälschung des Wettbewerbs bezüglich der Produktion und des Warenverkehrs bezwecken oder bewirken;

Teil hohe Industrialisierungsstand und die starke Wettbewerbsfähigkeit der meisten nicht-beitrittswilligen EFTA-Länder machte eine Einbeziehung derartiger Klauseln im Interesse der Funktionsfähigkeit des zwischen den jeweiligen Parteien abzuwickelnden Handelsverkehrs und der hiervon betroffenen Märkte unerläßlich. Das Fehlen einer gemeinsamen Regelung auf diesem Gebiet wäre einer harmonischen Entwicklung des Handels zwischen den Vertragsparteien abträglich gewesen[5]. Diese Praxis fand in den Beziehungen der Gemeinschaft zu Kanada ihre Fortsetzung[6].

Kapitel 17: Wirtschaftliche Zusammenarbeit als modernes Instrument der gemeinsamen Handelspolitik

Die vorstehenden Erörterungen haben gezeigt, daß zahlreiche öffentliche Maßnahmen, die allgemein dem Begriff Kooperation zugerechnet werden, in Wirklichkeit u. a. als Regelungen auf dem Gebiet des Waren-, Dienstleistungs- und Zahlungsverkehrs charakterisiert werden können und damit Bereiche berühren, die nach Ansicht der Mehrheit der Autoren und der Praxis der gemeinsamen Handelspolitik unterliegen. Diese Vermischung klassischer handelspolitischer Maßnahmen mit kooperationspolitischen Aktivitäten macht es sehr schwer, wenn nicht unmöglich, zu beurteilen, „welche Handelstransaktionen zwischen Kooperationspartnern als integrierter Bestandteil von Kooperationsgeschäften und welche Transaktionen als isolierte Handelsgeschäfte zu betrachten sind“[1]. Vor allem die Staatshandelsländer machen aus der Affinität von Handel und Kooperation keinen Hehl. So heißt es bei-

---

— die mißbräuchliche Ausnutzung einer beherrschenden Stellung auf dem gesamten Gebiet der Vertragsparteien oder auf einem wesentlichen Teil desselben durch ein oder mehrere Unternehmen;

— jede staatliche Beihilfe, die den Wettbewerb durch Begünstigung bestimmter Unternehmen oder Produktionszweige verfälscht oder zu verfälschen droht.“

Bezugnahmen auf Wettbewerbsregeln finden sich schon in den Assoziationsabkommen mit Griechenland und der Türkei (Abl. 1963 S. 294 bzw. Abl. 1964 S. 3687). Rechtlich lassen sich hieraus jedoch keine Schlüsse ableiten, da es sich in beiden Fällen um sogenannte gemischte Abkommen handelt.

[5] Zur grundsätzlichen wirtschaftlichen Bedeutung der Klausel s. die Botschaft des Schweizerischen BR an die BV v. 16. 8. 72, FF 72 S. 645 ff.; ebenso Sonderdruck Bull.-EG 9/1972 S. 10.

[6] In Art. II Abs. 2 des Rahmenabkommens (Abl. L 260/2 v. 24. 9. 76) heißt es: „Die Vertragsparteien bemühen sich nach Kräften, in Übereinstimmung mit ihren Rechtsvorschriften Wettbewerbsbeschränkungen durch Unternehmen ihrer jeweiligen Industrien einschließlich wettbewerbsverzerrender Preispraktiken zu unterbinden.“

[1] *Bolz / Plötz* S. 19; ähnlich *Spicer*, Dok. EP 380/76.

spielsweise in der sowjetischen Zeitschrift für Außenhandel Nr. 11/72: „Die industrielle Kooperation hat den Beweis erbracht, daß sie ein Mittel ist, um einige der von den kapitalistischen Staaten errichteten Hemmnisse abzubauen, die den Handel mit dem Osten künstlich einengen[2]." Handel und Kooperation bilden also ein Gesamtpaket, wobei sich die Schwerpunkte von den traditionellen Instrumenten zunehmend in den Bereich der „Handelspolitik der zweiten Generation"[3] verschieben. Kooperation ersetzt nicht den traditionellen Handel, sondern erweist sich als sein „modernstes" Instrument[4]. Auf diesem Hintergrund ist Kooperation nicht nur eine Erscheinungsform der gemeinsamen Handelspolitik, sondern die künftige Erscheinungsform moderner Handelspolitik überhaupt. Nur ein solches Verständnis trägt dem dynamischen und evolutiven Charakter[5] der gemeinsamen Handelspolitik Rechnung und verhindert, daß die grundlegende Bestimmung des Art. 113 durch äußere Änderungsformen außenwirtschaftlicher Vereinbarungen unterlaufen wird. Es muß daher zusammenfassend festgestellt werden, daß sich bereits de lege lata die handelspolitische Regelungskompetenz der Gemeinschaft auch auf Kooperationsabkommen der zwischen den EG-Mitgliedstaaten und den Staatshandelsländern Osteuropas geschlossenen Art erstreckt[6].

Auch der Umstand, daß die kooperationspolitischen Aktivitäten der EG-Mitgliedstaaten zu dem Zeitpunkt verstärkt in Erscheinung treten, der den Ablauf der nationalen vertraglichen Handelspolitik markiert, legt nahe, daß Kooperation im Grunde die Fortsetzung der Handelspolitik mit anderen Mitteln ist[7]. Die in der derzeitigen Gemeinschaftsentwicklung zu beobachtenden Renationalisierungstendenzen verstärken

---

[2] Zitiert nach *Jahn*, Dok. EP 359/73 Nr. 11 (eig. Übersetzung); vgl. zuletzt die kontingentbezogenen Erörterungen im Rahmen der deutsch-sowjetischen Kooperationsgespräche, FAZ vom 31. 3. 1976 („Deutsch-sowjetische Wirtschaftsgespräche in Moskau").

[3] *Dahrendorf*, Plädoyer S. 160.

[4] So die Formulierung von *Mercator* S. 13; in diesem Sinne auch *Bystricky* S. 37: „Il est à souligner que la coopération économique et industrielle ne vise pas à remplacer les relations commerciales mais qu'elle s'insère comme une nouvelle catégorie juridico-économique dans le cadre général des relations Est-Ouest."

[5] Vgl. die Formulierung des GH in seinem Gutachten 1/75 EuGH Slg. 1975 S. 1355 (1363): „Die gemeinsame Handelspolitik ist vor allem das Ergebnis einer allmählichen Entwicklung ..." Ähnlich *Deniau*, Bull. EG 7/69 S. 24: „Ein für allemal zu bestimmen, was Handelspolitik ist, wird auch nie möglich sein. Diese Politik ist eben ein Werkzeug, das wie jedes Werkzeug dem Bedürfnis angepaßt werden muß."

[6] So auch *Ehle*, AWD 1976 S. 678 und *Sachs* S. 74, der wohl nur zur Klarstellung die Aufnahme einer vertragsergänzenden Formulierung, die Kooperationsabkommen ausdrücklich erwähnt, in Art. 113 vorschlägt.

[7] Zur Simultaneität beider Vorgänge s. *Mercator* S. 9 f. u. Dok.KOM (73) 1275 endg. S. 7.

den Eindruck, daß es sich hierbei um den Versuch handelt, die der Gemeinschaft vertraglich zugewiesenen Befugnisse durch Änderungen der äußeren Abkommensmerkmale zu umgehen[8].

[8] Zur Gefahr der Umgehung der Gemeinschaftszuständigkeit in diesem Bereich s. Dok. KOM (72) 4500 endg. S. 30; KOM-Info 50/73 S. 10; Mercator S. 9.

TEIL D

Das Verhältnis der gemeinschaftlichen zu den nationalen handelspolitischen Vertragsschlußbefugnissen

Die Frage nach dem Verhältnis der gemeinschaftlichen vertraglichen Handelskompetenzen zu den entsprechenden nationalen Befugnissen reduziert sich im Kern auf die Alternative einer ausschließlichen oder konkurrierenden Gemeinschaftszuständigkeit. Die Rechtsinstitute der ausschließlichen und konkurrierenden Zuständigkeit sind dem Bundesstaatenrecht entlehnt und dienen innerstaatlich der Aufteilung der Rechte zur Gesetzgebung zwischen Zentralstaat und Gliedstaaten.

Kapitel 18: Die These von der ausschließlichen Gemeinschaftszuständigkeit

Die Aufteilung zwischen Zentralstaat und Gliedstaaten wird nach der These von der ausschließlichen Zuständigkeit in der Weise vorgenommen, daß entweder die Gliedstaaten von der Gesetzgebung ausgeschlossen sind, soweit sie nicht durch den Bund hierzu ermächtigt werden[1], oder daß die Gliedstaaten auf bestimmten Gebieten eine Befugnis besitzen, die den Zentralstaat völlig ausschließt. An dieser Art der Kompetenzaufteilung ist wesentlich, daß die Ausschließlichkeit von vornherein verfassungsrechtlich einem bestimmten Zuständigkeitsträger zugewiesen ist[2].

Übertragen auf den Bereich der gemeinsamen Handelspolitik bedeutet die ausschließliche Gemeinschaftszuständigkeit, daß mit Ablauf der Übergangszeit alle handelspolitischen Rechte auf die Gemeinschaft übergegangen sind. Seit dem 1. 1. 1970 haben die Mitgliedstaaten folglich ihre handelspolitischen Befugnisse verloren, soweit ihnen diese nicht auf dem Wege einer wirksamen Gemeinschaftsermächtigung vorbehalten worden sind.

---

1 Vgl. Art. 71 des dt. GG.

2 Zur Unterscheidung von der nachträglichen, i. E. auch ausschließlichen Zuständigkeit im Bereich der konkurrierenden Gesetzgebung, nachdem der Bund von seiner Kompetenz Gebrauch gemacht hat; vgl. hierzu *Mangoldt / Klein*, Art. 71 Anm. III.

Die Mehrheit der Autoren folgt, z. T. gestützt auf den Wortlaut von Art. 113, z. T. ohne nähere Begründung, dieser These[3].

Kapitel 19: Die These von der konkurrierenden Zuständigkeit

Nach der These von der konkurrierenden Zuständigkeit behalten die Gliedstaaten die Befugnis zur Gesetzgebung, solange und soweit der Bund von seinem Gesetzgebungsrecht keinen Gebrauch macht[1]; hat der Bund eine Materie geregelt, so haben die Gliedstaaten auf diesem Gebiet ihre Regelungsbefugnis eingebüßt.

Im Bereich der vertraglichen Handelspolitik führt die Anwendbarkeit der These von der konkurrierenden Zuständigkeit zu folgenden Ergebnissen:

(1) Solange die Gemeinschaft dritten Ländern gegenüber durch den Abschluß von Gemeinschaftsabkommen noch keinen Gebrauch von ihrer handelspolitischen Zuständigkeit gemacht hat[2], sind die Mitgliedstaaten weiterhin berechtigt, selbständig Abkommen im Bereich der gemeinsamen Handelspolitik mit diesen Ländern zu schließen. Hierbei sind lediglich die Grenzen einzuhalten, die jeder mitgliedstaatlichen Tätigkeit gesetzt sind. Dazu gehört vor allem die Beachtung der in Art. 5 niedergelegten Pflichten. Einen konkreten Verstoß hiergegen würde z. B. der Abschluß unkündbarer oder erst nach sehr langen Zeiträumen kündbarer Abkommen bedeuten, da dies die Realisierung einer gemeinschaftlichen vertraglichen Regelung mit dem betreffenden Drittland unmöglich machen bzw. ungebührlich lange verzögern würde.

(2) Im Verhältnis zu Drittstaaten, zu denen bereits vertragliche Beziehungen auf Gemeinschaftsebene bestehen, können die Mitgliedstaaten bilaterale Abmachungen handelspolitischer Art treffen, soweit diese nicht Sachbereiche zum Gegenstand haben, die bereits von den Gemeinschaftsabkommen erfaßt werden. Diese Einschränkung ergibt sich sowohl aus Art. 228 Abs. 2, wonach die von der Gemeinschaft geschlossenen Abkommen auch für die Mitgliedstaaten verbindlich sind, als auch aus Art. 5. Dieser verpflichtet die Mitgliedstaaten, alle Maßnahmen zu unterlassen, die eine Verwirklichung der Gemeinschaftsziele, in die-

---

[3] z. B. *Mégret* S. 529 ff.; *Lörcher* S. 129 f.; *Pescatore*, Les Nov. II Nr. 2309; *Léonard / Simon* S. 109; *Kovar* S. 805 f.; *Raux* S. 253 (267); für den Bereich der Kooperation ausdrücklich *Ehle*, AWD 1976 S. 677.

[1] Vgl. Art. 72 I des dt. GG.

[2] Im autonomen Bereich liegt ein Gebrauchmachen im Erlaß interner Gemeinschaftsrechtsakte.

sem Fall vor allem die Durchführung der Gemeinschaftsabkommen, gefährden könnten.

Die These von der konkurrierenden Zuständigkeit wird in der Literatur von einer Minderheit vertreten: Für das gesamte Zuständigkeitsfeld der gemeinsamen Handelspolitik wird sie — soweit ersichtlich — nur von *Wurzbacher* und *Bleckmann* angewendet. Nach der Auffassung *Wurzbachers* kann „aus Art. 113 EWG-V. letztlich doch nur eine alternativ-konkurrierende Zuständigkeit hergeleitet werden, die erst dann zu einer ausschließlichen wird, wenn und soweit der betreffende handelspolitische Bereich durch Gemeinschaftsrecht in allen Mitgliedstaaten einheitlich geregelt ist“[3]. Auch *Bleckmann*[4] kommt zu dem Schluß, „daß die Mitgliedstaaten auch nach Ablauf der Übergangszeit neben der EWG für die Handelspolitik zuständig bleiben, soweit die EWG nicht gehandelt hat“. Zur Begründung verweist er auf Art. 115 Abs. 1 EWG-V., aus dem hervorgehe, daß er auch nach Beendigung der Übergangszeit anwendbar sei, sowie auf „unerträgliche Lücken im System der staatlichen und europäischen Kompetenzen“, die bei einer ausschließlichen Gemeinschaftskompetenz entstünden. Für *Ehlermann* ist die Antwort auf die Frage nach einer ausschließlichen oder konkurrierenden Zuständigkeit im vertraglichen handelspolitischen Bereich vom Gegenstand der Vereinbarung abhängig[5]. Unter Berufung auf die Schutzfunktion der gemeinsamen Handelspolitik ist nach seiner Auffassung für eine Zuständigkeit der Mitgliedstaaten insoweit kein Raum, als es sich um den Schutz des freien Warenverkehrs innerhalb der Zollunion handelt: Zölle, mengenmäßige Beschränkungen und gleichgestellte Maßnahmen seien im innergemeinschaftlichen Verkehr absolut verboten, und es bedürfe eines einheitlichen Außenregimes, um einen Rückgriff auf die Schutzklausel des Art. 115 zu vermeiden. Außerhalb dieses Kernbereiches sei die handelspolitische Zuständigkeit jedoch konkurrierend; dies gelte beispielsweise für den Bereich der Beihilfen, die ja im Innern nicht absolut verboten, sondern nur verbietbar seien, und den Bereich der Dienstleistungen, deren Freiheit im Innern nur Staatsangehörigen der Mitgliedstaaten zukomme.

---

[3] *Wurzbacher* S. 69.

[4] *Bleckmann* S. 369, 372.

[5] *Ehlermann,* Ref. S. 10 ff.

Kapitel 20: Die Auffassung der Gemeinschaftsorgane

I. Kommission/Rat

Im Jahre 1969 hatte der Ministerrat in seiner Entscheidung „über die schrittweise Vereinheitlichung der Abkommen über die Handelsbeziehungen zwischen den Mitgliedstaaten und dritten Ländern und über die Aushandlung von Gemeinschaftsabkommen“[1] erkennen lassen, daß er einer ausschließlichen Gemeinschaftskompetenz im Bereich der vertraglichen Handelspolitik zuneigt[2]. In der einleitenden Erwägung zur Verordnung heißt es:

„Wenn alle Verhandlungen im Hinblick auf den Abschluß von neuen Verträgen, Abkommen oder Übereinkünften oder die Änderung bestehender Rechtsakte dieser Art nach Ablauf der Übergangszeit nach einem gemeinschaftlichen Verfahren geführt werden müssen ...“

In der Folgezeit mehrten sich die Anzeichen für ein Abrücken von dieser Ausgangsposition: In ihrer Mitteilung an den Rat über die durch die Kooperationsabkommen aufgeworfenen Probleme[3] kam die Kommission zu dem Schluß, daß die nationalen Kooperationsabkommen in der Sache die gemeinsame Handelspolitik berühren[4]. Im Vorschlag an den Rat zur Einführung eines Konsultationsverfahrens heißt es abgeschwächt[5]: „Die Aushandlung und die Durchführung der sog. Kooperationsabkommen ... können die Handelsbeziehungen ... beeinflussen.“ Nach der These von der ausschließlichen Gemeinschaftskompetenz hätte es nahegelegen, die Verhandlungs- und Abschlußbefugnis der Mitgliedstaaten zu verneinen[6]. Inhaltlich zielte der Vorschlag auf die Einführung eines Konsultationsverfahrens bei Verhandlungen der Mitgliedstaaten über den Abschluß von Kooperationsabkommen und auf die Aufnahme einer sog. Revisionsklausel in diese Abkommen. Die Revisionsklausel, die nach dem Vorbild der Entscheidung des Rats vom 20. 7. 1960[7] konzipiert war, wurde vom Rat nicht in die Verordnung über die Einführung eines Konsultationsverfahrens[8] aufgenommen. Das vorsichtige Taktieren der Kommission und die Reaktion des Rates sind Ausdruck einer gewissen Verlegenheit: Einerseits wird die handelspolitische Relevanz der Kooperationsabkommen nicht verkannt, andererseits aber geht

1 Abl. L 326/39 (40) vom 29. 12. 1969.

2 So auch *Fiumel* S. 290 und *Wurzbacher* S. 69; ähnlich *d'Orville* S. 151 f.

3 Dok. KOM (73) 1273 endg. v. 3. 10. 73.

4 Die Kommission vermied es aus politischen Gründen, der Gemeinschaft oder den Mitgliedstaaten ausdrücklich eine handelspolitische Kompetenz auf diesem Sektor zuzusprechen.

5 Dok.KOM (73) 1275 endg. v. 3. 10. 73.

6 *Ehlermann*, Ref. S. 5.

7 Siehe oben Kap. 3 I.

8 Abl. L 208/23 vom 30. 7. 74.

diese nicht so weit, daß die Gemeinschaft allein zu ihrem Abschluß befugt ist.

Weitere Indizien für die Auffassung der Kommission zur vertikalen Zuständigkeitsfrage sind ihrer Reaktion auf nationale Kooperationsabkommen zu entnehmen. So stieß z. B. die Gewährung der Meistbegünstigung in Art. 2 des Kooperationsabkommens zwischen Italien und Rumänien vom 22. 5. 1973 auf ihren Widerstand. Sie leitete ein Vertragsverletzungsverfahren gem. Art. 169 EWG-V. ein, das jedoch nicht weiter betrieben wurde, nachdem mündliche Zusagen der italienischen Regierung vorlagen[9]. Mit diesem Verhalten verdeutlichte die Kommission ihre Position zu den Grenzen nationaler Kooperationspolitik: Soweit Regelungen des sog. Kernbereichs gemeinsamer Handelspolitik Aufnahme in nationale Abkommen finden, ist mit ihrem Einschreiten zu rechnen. Unterhalb dieser Schwelle werden nationale Abkommensregelungen nicht angegriffen. Diese Praxis bedeutet indes nicht, daß sich die Gemeinschaft in ihren Verhandlungen mit Drittstaaten auf diesen Kernbereich zu beschränken hat. Die Abkommen der Gemeinschaft beweisen, daß kooperationspolitische Regelungen auch auf Gemeinschaftsebene getroffen werden können[10].

Die Existenz gemeinschaftlicher, kooperationspolitischer Abkommensregelungen und das Fortbestehen nationaler Kooperationsabkommen legen die Annahme nahe, daß Kommission und Rat der These von der konkurrierenden Zuständigkeit im handelspolitischen Bereich folgen. Das Rahmenabkommen der Gemeinschaft über eine handelspolitische und wirtschaftliche Zusammenarbeit mit Kanada[11] festigt diese Vermutung: In Art. III Absatz 4 wird ausdrücklich unterstrichen, daß durch dieses Abkommen und alle auf seiner Grundlage getroffenen Maßnahmen in keiner Weise die Befugnisse der Mitgliedstaaten der Gemeinschaft berührt werden, „im Bereich der wirtschaftlichen Zusammenarbeit mit Kanada bilateral tätig zu werden und gegebenenfalls neue Abkommen über wirtschaftliche Zusammenarbeit mit Kanada zu schließen“[12].

---

[9] Gleiche oder ähnliche Reaktionen riefen auch andere Abkommen, etwa das Kooperationsabkommen zwischen der BRD und Rumänien vom 29. 6. 73 (Art. 2) hervor. Auch einige Briefwechsel im Zusammenhang mit bilateralen Kooperationsabkommen wurden einer kritischen Beurteilung unterzogen, so z. B. Art. 6 und 10 des belgischen Briefes an die polnische Regierung vom 22. 11. 73, der Liberalisierungsmaßnahmen für Kooperationsprodukte betraf.

[10] Vgl. die Untersuchung der gemeinschaftlichen Abkommenspraxis in Kap. 2.

[11] Siehe oben Kap. 2 V.

[12] Diese Klausel ist das Ergebnis eines politischen Junktims: Die Zustimmung einiger Mitgliedstaaten zum Abschluß dieses reinen Gemeinschaftsabkommens war an die Bedingung geknüpft, daß die nationale Kompetenz im Bereich der wirtschaftlichen Zusammenarbeit nicht angetastet würde; vgl. NZZ v. 15./16. 2. 76 („EG-Verhandlungen mit Kanada“).

Auf diesem Hintergrund läßt sich die gegenwärtige Haltung von Kommission und Rat zur vertikalen handelspolitischen Kompetenzfrage zusammenfassend wie folgt charakterisieren: Gemeinschaft und Mitgliedstaaten sind konkurrierend zum Abschluß von Abkommen im Bereich der gemeinsamen Handelspolitik befugt. An der ausschließlichen Gemeinschaftskompetenz wird nur noch insoweit festgehalten, als der Kernbereich der gemeinsamen Handelspolitik (Zölle, Kontingente etc.) in Frage steht.

II. Europäischer Gerichtshof

Interessante Hinweise auf die Auffassung des Gerichtshofs in der Frage der handelspolitischen Zuständigkeitsverteilung zwischen Gemeinschaft und Mitgliedstaaten enthält das Gutachten 1/75 vom 11. 11. 1975[13]. Die Kommission beantragte gemäß Art. 228 Absatz 1, Unterabsatz 2 EWG-V. erstmalig in der Geschichte der Gemeinschaft ein Gutachten, in dem es um die Frage ging, ob der Abschluß eines im Rahmen der OECD ausgearbeiteten Entwurfs einer „Vereinbarung über eine Norm für die lokalen Kosten" durch die Mitgliedstaaten mit dem EWG-Vertrag vereinbar sei. Gegenstand der fraglichen Vereinbarung, die Norm für die lokalen Kosten, war eine ausfuhrpolitische Maßnahme und damit eine Regelung im Bereich der gemeinsamen Handelspolitik. Zu der konkreten Frage, ob die Gemeinschaft ausschließlich zuständig sei, an dieser multilateralen Vereinbarung teilzunehmen, führte der Gerichtshof u. a. aus[14]:

> „Diese Politik ist in Art. 113 auf das Funktionieren des Gemeinsamen Marktes hin und zum Schutz des Gesamtinteresses der Gemeinschaft konzipiert; die Sonderinteressen der Mitgliedstaaten müssen sich innerhalb des Rahmens, den das Gesamtinteresse setzt, einander anpassen. Mit dieser Konzeption wäre es ganz offensichtlich unvereinbar, wenn sich die Mitgliedstaaten unter Berufung auf eine parallele Zuständigkeit einen Freiraum vorbehalten könnten, um in den Außenbeziehungen die gesonderte Befriedigung ihrer Eigeninteressen zu suchen, auf die Gefahr hin, einen wirksamen Schutz der Gesamtinteressen der Gemeinschaft zu hintertreiben ...
>
> Aus den Artikeln 113 und 114 des Vertrages, welche die Voraussetzungen für den Abschluß von Abkommen auf dem Gebiet der Handelspolitik regeln, geht hervor, daß eine parallele Zuständigkeit der Mitgliedstaaten und der Gemeinschaft in diesem Bereich ausgeschlossen ist.
>
> Diese Anerkennung einer solchen Zuständigkeit würde bedeuten, daß die Mitgliedstaaten in den Beziehungen mit Drittländern eine den Absichten der Gemeinschaft zuwiderlaufende Haltung einnehmen könnten; damit würde das institutionelle Zusammenspiel verfälscht, das Vertrauensverhältnis innerhalb der Gemeinschaft erschüttert und die Gemeinschaft

---

[13] EuGH Slg. 1975 S. 1355 ff.

[14] EuGH Slg. 1975 S. 1363 f.

gehindert, ihre Aufgabe zum Schutz des gemeinsamen Interesses zu erfüllen."

Im Vordergrund richterlicher Erwägungen steht die Kohärenz der gemeinschaftlichen Außenbeziehungen. Rivalisierende Praktiken der Mitgliedstaaten sollen den Schutz der Gesamtinteressen der Gemeinschaft, die als Bezugsobjekt wiederholt Erwähnung finden, nicht beeinträchtigen.

Wenngleich das Gutachten nur einen Ausschnitt aus dem im übrigen ausdrücklich in Art. 113 figurierenden Sektor der Ausfuhrbeihilfen betrifft, legen es die sehr allgemein gehaltenen und ins Grundsätzliche gehenden Überlegungen nahe, der gutachtlichen Konsequenz: „Die Gemeinschaft besitzt die ausschließliche Zuständigkeit an der im Antrag auf ein Gutachten genannten Vereinbarung über eine Norm für die lokalen Kosten teilzunehmen", eine über den konkreten Fall hinausgehende Bedeutung beizumessen.

Kapitel 21: Bedenken gegen die These von der konkurrierenden Zuständigkeit

I. Integrationspolitische Bedenken

Das Rechtsinstitut der konkurrierenden Zuständigkeit ist begrifflich durch einen Wettbewerb unter den Zuständigkeitsträgern geprägt, dessen Ausgang durch das zwischen ihnen bestehende Kräfteverhältnis bestimmt wird. Erfahrungswerte federaler Systeme zeigen, daß sich dieser Zuständigkeitswettbewerb stets zugunsten des stärkeren Zuständigkeitsträgers auswirkt[1]. Das zwischen den Organen der Gemeinschaft und den Mitgliedstaaten im augenblicklichen Integrationsstand bestehende Kräfteverhältnis ist durch eine starke Nationalgewalt gekennzeichnet. Bei Annahme einer konkurrierenden Zuständigkeit ist nicht nur zu befürchten, daß eine Anreicherung handelspolitischer Inhalte auf Gemeinschaftsebene unterbleibt, sondern durch die mit diesem Zuständigkeitsmodell verbundenen praktischen Schwierigkeiten[2] sogar bereits auf die Gemeinschaft überführte Befugnisse im Zuständigkeitskampf wieder an die Mitgliedstaaten verloren gehen.

Zur Realisierung der Gemeinschaftsziele ist der EWG-Vertrag auf eine „dynamische, Statik überwindende Konzeption" angelegt[3]. Da die fortschreitende Integration nicht das Resultat einer Eigengesetzlichkeit darstellt, wurden die Gemeinschaftsorgane in einer Reihe von Vertrags-

---

1 So zutreffend *Sasse* S. 702 unter Hinweis auf das dt. Beispiel.

2 Siehe unten Punkt III dieses Kapitels.

3 *Ipsen* § 8 III 3.

bestimmungen beauftragt, innerhalb bestimmter Fristen tätig zu werden[4]. Dies gilt auch von der gemeinsamen Handelspolitik, die *nach Ablauf der Übergangszeit* nach einheitlichen Grundsätzen zu gestalten ist. Die Anwendung konkurrierender Zuständigkeitsgrundsätze auf den Bereich der termingebundenen gemeinsamen Handelspolitik käme einer Verschiebung der vertraglich vorgesehenen Ziele gleich und stünde damit im Widerspruch zu der integrationspolitischen Konzeption des Vertrages.

II. Juristische Bedenken

Sasse meldet zu Recht Zweifel an, ob der Begriff der konkurrierenden Zuständigkeit auf den Bereich der auswärtigen Beziehungen übertragbar ist. „Dieses Institut hat seinen Sitz im innerstaatlichen und innergemeinschaftlichen Bereich, wo es sinnvoll ist, Regelungskompetenzen verschiedener Zuständigkeitsträger nach dem Prinzip der Subsidiarität einander zuzuordnen. Im Verhältnis zur Außenwelt dagegen geht es darum, den handlungsbefugten Verband eindeutig zu bestimmen und so aus Gründen politischer Kohärenz und internationalen Vertrauensschutzes Kompetenzüberschneidungen auszuschließen[5].“

In Anlehnung an bundesstaatliche Rechtsüberlegungen ist zudem fraglich, ob nicht die Gemeinschaft z. B. durch den Abschluß eines Rahmenabkommens über wirtschaftliche Zusammenarbeit den Komplex „wirtschaftliche Zusammenarbeit“ — zumindest im Verhältnis zum betreffenden Vertragspartner — „erschöpfend“ geregelt hat, so daß die Mitgliedstaaten ihre Zuständigkeit auf diesem Gebiet eingebüßt hätten. Nach Ansicht einiger Autoren wird die konkurrierende Zuständigkeit bereits mit dem Erlaß von Rahmenregelungen durch den höheren Zuständigkeitsträger zu einer ausschließlichen Kompetenz[6]. Folgt man dieser Auffassung, läßt sich eine mitgliedstaatliche Zuständigkeit in diesem Bereich nur noch mit einer Rahmenkompetenz auf Gemeinschaftsebene begründen. Hiernach verbleibt die Verhandlungs- und Abschlußkompetenz grundsätzlich bei den Mitgliedstaaten, die ihr Verhalten lediglich an gemeinschaftlichen Rahmenbedingungen auszurichten haben[7]. Die Konstruktion einer Rahmenkompetenz würde allerdings die Möglichkeit umfassender Gemeinschaftsregelungen verbauen.

---

[4] *Ipsen* § 54 VI. 1. bezeichnet den Zeitfaktor als „Strukturelement des Integrationsrechts“.

[5] *Sasse* S. 702; ihm folgend *Sachs* S. 90 ff., der in einem Vergleich föderativer Verfassungssysteme zu der Feststellung gelangt, daß der Bereich der auswärtigen Politik in fast allen föderativen Systemen dem Bund zusteht.

[6] z. B. *Mangoldt / Klein,* Art. 72 Anm. III.

[7] Vgl. Art. 75 des dt. GG.

III. Praktische Bedenken

Wie wir gesehen haben, hat die These von der konkurrierenden Zuständigkeit im vertraglichen Bereich der gemeinsamen Handelspolitik u. a. zur Folge, daß Gemeinschaft und Mitgliedstaaten nicht nur mit verschiedenen, sondern auch mit demselben Vertragspartner — wenn auch nur innerhalb bestimmter Grenzen — Kooperationsvereinbarungen treffen können[8]. Im Rahmenabkommen über eine handelspolitische und wirtschaftliche Zusammenarbeit mit Kanada ist diese Doppelspurigkeit ausdrücklich normiert[9]. Die Vielfalt handelspolitischer Aktivitäten, ihre inhaltliche Verknüpfung und die daraus resultierende Schwierigkeit, zu beurteilen, ob eine konkrete Maßnahme dem sachlichen Anwendungsbereich des Gemeinschaftsabkommens oder dem der nationalen Kooperationsvereinbarung zugerechnet werden kann, führt bewußt oder unbewußt zu Überschneidungen der Aktivitäten. Dies gilt in noch stärkerem Maße auf der Durchführungsebene der Abkommen. Kollisionen zwischen den parallel arbeitenden Ausschüssen und Unterausschüssen, soweit sie überhaupt sichtbar werden, dürften sich kaum vermeiden lassen[10]. Die in diesem Fall erforderliche gegenseitige Abstimmung stößt aus personellen und sachlichen Gründen auf Schwierigkeiten[11].

Kapitel 22: Bedenken gegen die These von der ausschließlichen Zuständigkeit

I. Diskontinuität vertraglicher Handelsbeziehungen

Der nach der These von der ausschließlichen Zuständigkeit mit Ablauf der Übergangszeit eingetretene nationale Kompetenzverlust konnte nicht in allen Fällen durch entsprechende handelspolitische Aktivitäten der Gemeinschaft ausgeglichen werden. Im Bereich der vertraglichen Handelspolitik blieb das Ziel, nationale Handelsabkommen in Handelsabkommen der Gemeinschaft fristgerecht zu überführen, um ein nahtloses Ineinandergreifen zu gewährleisten, in vielen Fällen unerreicht. Einerseits waren und sind einige Drittländer nicht bereit, die Gemeinschaft als Vertragspartner anzuerkennen, andererseits fehlen auf Gemeinschaftsseite die sachlichen und personellen Voraussetzungen, sub-

---

8 Vgl. o. Kap. 19 (2).

9 Art. III Abs. 4, s. Kap. 2. V.

10 Auf die negativen Folgen dieser Doppelspurigkeit weist der ehem. Ratspräsident Soames vor dem EP hin, Verhandlungen des EP, Mai 1976, S. 156.

11 Hierzu näher s. o. Kap. 3 IV 2.

stantielle Kooperationsabkommen, wie sie z. B. zwischen den Mitgliedstaaten und den Staatshandelsländern Osteuropas bestehen, in eigener Regie abzuschließen und durchzuführen. Angesichts dieser Situation bedeutet das konsequente Festhalten an der These einer ausschließlichen Gemeinschaftszuständigkeit den Verzicht auf vertragliche Bindungen mit einigen Handelspartnern, die nicht nur für die Mitgliedstaaten, sondern auch für die Gemeinschaft als solche wirtschaftlich interessant sind. Im Verhältnis der Gemeinschaft zu den Staatshandelsländern wäre vor allem der bedeutsamen zwischenbetrieblichen Kooperation das schützende Dach zwischenstaatlicher Vereinbarungen entzogen. Autonome Regelungen auf Gemeinschaftsseite vermögen dieses Vakuum nur unzulänglich zu füllen; die wirtschaftlich und politisch unbefriedigenden Ergebnisse dieser Lösung lassen sich damit nicht überbrücken[1].

II. Rechtsfolgen der nach dem 1. 1. 1970 durch die Mitgliedstaaten geschlossenen Handelsabkommen

Die erwähnten Schwierigkeiten, alle nationalen Abkommen durch Gemeinschaftsabkommen termingerecht zum 1. 1. 1970 zu ersetzen, veranlaßten die Mitgliedstaaten, ihre nationalen Handelsbeziehungen zum Teil auch nach Ablauf der Übergangszeit im Verhältnis zu dritten Staaten fortzusetzen. Soweit die Verträge ohne Genehmigung der Gemeinschaft verlängert oder durch Neuabschlüsse ersetzt wurden, ergeben sich Zweifel an ihrer Rechtsgültigkeit im Hinblick auf die Vereinbarkeit mit Art. 113 EWG-V. Dies gilt vor allem für die sog. Kooperationsabkommen der EG-Mitgliedstaaten, die nach dem 1. 1. 1970 vermehrt in Erscheinung traten und von einer Gemeinschaftsderogation nicht abgedeckt waren.

(1) Innergemeinschaftlich haben die Mitgliedstaaten durch den Abschluß dieser Abkommen gegen die aus Art. 113 EWG-V. ableitbare Verpflichtung verstoßen, sich jeglicher Tätigkeit auf handelspolitischem Gebiet zu enthalten, nachdem die entsprechenden Kompetenzen mit Ablauf der Übergangszeit auf die Gemeinschaft übergegangen waren. Als Hüterin des Vertrages wäre die Kommission verpflichtet, gegen die Mitgliedstaaten mit der Klage wegen Vertragsverletzung nach Art. 169 EWG-V. vorzugehen[2]. In diesem Verfahren hätte der Gerichtshof die

---

[1] Auf diese Diskontinuität im Falle ausschließlicher Gemeinschaftszuständigkeit stützen *Ehlermann*, Ref. S. 8 und *Wurzbacher* S. 71 u. a. ihre These von der konkurrierenden Zuständigkeit. Nach *Wurzbacher* ist „nur eine derartige flexible Konzeption in der Lage, den vom Vertrag angestrebten bruchlosen Übergang der Handelspolitiken der Mitgliedstaaten in eine gemeinsame Handelspolitik der Gemeinschaft zu gewährleisten." Ähnlich *Bleckmann*, siehe oben Kap. 19 Fn. 6.

[2] Zur str. Frage, ob die KOM über ein Ermessen zum Einschreiten verfügt, s. *von der Groeben*, Komm. Art. 169 IV. 1.

angegriffenen Rechtshandlungen der Mitgliedstaaten[3] für nichtig zu erklären. Die Akte wären als „ungeschehen anzusehen"[4], und den Abkommen und den in ihrer Durchführung ergangenen Entscheidungen würde rückwirkend die Rechtsgültigkeit entzogen.

(2) Zu den gemeinschaftlichen Folgeproblemen tritt die Problematik des Bestandes internationaler Verträge, die unter Verletzung innerstaatlicher Zuständigkeitsregeln abgeschlossen wurden[5]. Nur eine Minderheit in der völkerrechtlichen Literatur vertritt die Auffassung, daß ein unter Verletzung der innerstaatlichen Verfassung abgeschlossener Vertrag nicht nur innerstaatlich, sondern auch völkerrechtlich nichtig ist. Die Mehrheit der Autoren und die Praxis[6] gehen indes zu Recht im Hinblick auf die Bedürfnisse der politischen Praxis davon aus, daß die Verletzungen verfassungsrechtlicher Zuständigkeitsgesetze die völkerrechtliche Geltung eines Vertrages nicht berührt. Dieser Auffassung liegt die Erwähnung zugrunde, daß ein Staat berechtigterweise davon ausgeht, daß der Außenminister eines anderen Staates diesen durch die Abgabe einer in seinen Kompetenzbereich fallenden Erklärung binden kann. Die spätere Berufung auf verfassungsrechtliche Bedenken ist in der Regel nach Treu und Glauben ausgeschlossen.

III. Mangelnde Durchführungsgewalt der Gemeinschaft

Internationale Vereinbarungen verpflichten die Vertragspartner, zur Erreichung der oft nur vage formulierten Ziele bestimmte Ausführungsmaßnahmen zu ergreifen. Hiervon ausgenommen sind nur die Verträge, die „Rechtssätze enthalten, die ihrer Beschaffenheit und Bestimmtheit nach alle Voraussetzungen aufweisen, um ... unmittelbare Rechtsfolgen auszulösen"[7]. Die erforderlichen Durchführungsmaßnahmen, die sich vor

---

[3] Art. 174 EWG-V. Hierbei würde es sich um die jeweiligen nationalen Transformationsgesetze handeln; für die BRD vgl. Art. 59 II GG.

[4] So der GH in seiner AETR-Entscheidung, EuGH Slg. 1971 S. 263 (279).

[5] Zur Diskussion dieses Problemkreises in der völkerrechtlichen Literatur s. *Seidl-Hohenveldern*, Völkerrecht Nr. 175 ff. m. w. N.

[6] Vgl. Art. 46 der Wiener Konvention über das Vertragsrecht v. 23. 5. 1969, abgedruckt in: Friedensvölkerrecht, Textsammlung S. 405 (424, 425):

1. Ein Staat kann sich nicht darauf berufen, daß die Tatsache, daß seine Zustimmung, durch einen Vertrag gebunden zu werden, unter Verletzung einer Vorschrift seines innerstaatlichen Rechts im Hinblick auf die Vertragsabschlußkompetenz ausgedrückt wurde, diese Zustimmung ungültig mache, außer die Verletzung war offenkundig und betraf eine Regel seines innerstaatlichen Rechts von grundlegender Bedeutung.

2. Die Verletzung ist offenkundig, wenn sie für jeden Staat, der in dieser Angelegenheit der gewöhnlichen Praxis gemäß und nach Treu und Glauben handelt, objektiv ersichtlich war.

[7] *Wurzbacher* S. 93. In diese Kategorie dürfte z. B. die Verpflichtung einzuordnen sein, den Einfuhrzoll zu einem bestimmten Zeitpunkt um den

allem im Erlaß neuer oder in der Anwendung bestehender Rechtsvorschriften konkretisieren, setzen voraus, daß auf beiden Seiten das entsprechende rechtliche oder tatsächliche Instrumentarium hierzu vorhanden ist. Verspricht ein Abkommenspartner Maßnahmen, „die er weder selbst vornehmen noch erzwingen kann, so bleibt abgesehen von einer etwaigen Verfassungsänderung nur die Wahl zwischen der Nichterfüllung des Vertrages unter Verletzung des Völkerrechts und der Vertragserfüllung unter Mißachtung der Staatsverfassung“[8].

Beim Abschluß umfassender EG-Handels- und Kooperationsabkommen ist die Voraussetzung, daß die von der Gemeinschaft abgeschlossenen Verträge von ihr auch selbst durchgeführt werden können, nicht immer erfüllt. Sobald die Abkommen inhaltlich über Regelungen im sog. Kernbereich der Handelspolitik (Zölle, mengenmäßige Beschränkungen etc.) hinausgehen, ist die Gemeinschaft auf die ausführende Hilfe der Mitgliedstaaten angewiesen. So kann z. B. das Verbot, Waren oder Investitionen aus einem bestimmten Drittland steuerlich zu diskriminieren, nur von den Mitgliedstaaten selbst beachtet werden, da ihnen z. Z. noch die staatliche Regelung dieser Materie obliegt. Angesichts dieser Situation, die durch eine Inkongruenz von Abschluß- und Durchführungsbefugnis gekennzeichnet ist, wird zu prüfen sein, ob an der ausschließlichen handelspolitischen Kompetenz der Gemeinschaft auch insoweit festgehalten werden kann, als sie Regelungen umfaßt, zu deren innergemeinschaftlicher Ausführung sie selbst nicht berechtigt und fähig ist. Nur wenn sichergestellt werden kann, daß das Zusammenspiel von Vertragsschlußbefugnis und Durchführungsgewalt auch in diesem Fall funktioniert, ist das Modell der globalen ausschließlichen Handelskompetenzen in den auswärtigen Beziehungen der Gemeinschaft verwertbar[9].

Kapitel 23: Die Unvereinbarkeit nationaler handelspolitischer Zuständigkeit mit der Schutzfunktion der gemeinsamen Handelspolitik

Die Antwort auf die Frage, ob die Gemeinschaft ausschließlich oder nur konkurrierend im Bereich der vertraglichen Handelspolitik zuständig ist, hat sich in erster Linie an den Zielen und Aufgaben der gemein-

---

Prozentsatz x zu senken. Kooperationsabkommen zählen weitgehend zur Vertragsgruppe der nicht unmittelbar anwendungsfähigen Verträge.

[8] *Bernhardt*, Abschluß völkerrechtlicher Verträge S. 24.

[9] Zur Frage der Kompetenzverteilung zum Vertragsschluß und zum Erlaß der notwendigen Ausführungsbestimmungen im innerstaatlichen vergleichenden Verfassungsrecht s. die ausführliche Untersuchung bei *Bernhardt*, Abschluß völkerrechtlicher Verträge S. 27 ff.

samen Handelspolitik im Vertrag zu orientieren[1]. Wenn die wichtigste Aufgabe der gemeinsamen Handelspolitik darin besteht, das harmonische Funktionieren des Binnenmarktes gegen störende Einflüsse von außen abzusichern, hängt die Wahl des Rechtsinstituts der konkurrierenden oder ausschließlichen Zuständigkeit von seiner Eignung ab, dieser Aufgabe gerecht zu werden.

I. Der Umfang der handelspolitischen Schutzaufgabe

1. Freier Warenverkehr

Unter Hinweis auf die Schutzaufgabe der gemeinsamen Handelspolitik fordert bereits *Ehlermann* eine a priori ausschließliche Gemeinschaftskompetenz für unmittelbar zollunionbezogene Maßnahmen, d. h. für Maßnahmen auf dem Gebiet des Warenverkehrs, wie Zölle, mengenmäßige Beschränkungen und dergleichen[2]. In der Tat ist der wirksame Schutz des intern weitgehend vergemeinschafteten Warenverkehrssektors an die Bedingung einer ausschließlichen Gemeinschaftskompetenz geknüpft: Divergierende nationale Warenverkehrsbestimmungen in Abkommen mit dritten Staaten ziehen Verkehrsverlagerungen auf dem Binnenmarkt nach sich, die in kurzer Zeit die Zollunion als Grundlage der Gemeinschaft in Frage stellen. Derartige Verkehrsverlagerungen sind z. B. als Folge unterschiedlicher Kontingentgrößen vorstellbar, so daß Waren über das Gebiet des Partners mit der liberalsten Praxis in den Wirtschaftsraum der übrigen Mitgliedstaaten eindringen.

2. Sonstige Regelungsbereiche

Es erscheint fraglich, ob von diesem Grundsatz ausschließlicher Handelskompetenzen abgewichen werden kann, sobald vertragliche Regelungen den Kernbereich des freien Warenverkehrs und damit die Zollunion im engen Sinne überschreiten.

Zweifel ergeben sich bereits aus der Fülle und Komplexität moderner außenwirtschaftlicher Vorgänge; beide erschweren in zunehmendem Maße die Qualifikation einer Maßnahme als einer solchen des Warenverkehrs oder der eines anderen Sachbereichs[3]. Doch selbst Regelungen,

[1] Diese Fragestellung ist das Ergebnis der in Teil B gewonnenen Erkenntnisse.

[2] *Ehlermann*, Ref. S. 12. Bei diesem Verständnis ist nicht überzeugend, warum Ausfuhrbeihilfen aus dem Feld ausschließlicher Kompetenzen ausgeklammert werden. Der Umstand, daß staatliche Beihilfen im Innern der Gemeinschaft nicht absolut verboten, sondern nur verbietbar sind, ändert nichts daran, daß unterschiedliche nationale Ausfuhrbeihilferegelungen das ordnungsgemäße Funktionieren des freien Warenverkehrs, soweit sich die Beihilfen hierauf beziehen, beeinträchtigen.

[3] Dies wird besonders im Bereich der Kooperation deutlich; vgl. Kap. 17.

die eindeutig als nicht-warenverkehrsbezogen charakterisiert werden, können sich infolge ihrer engen Verbindung mit dem Sachbereich des Warenverkehrs[4] negativ auf den Kernbereich der Zollunion auswirken. Die Verflechtung nationaler Volkswirtschaften innerhalb der Gemeinschaft geht weit über das mit der Zollunion verbundene Maß hinaus und führt zu einer zunehmenden Durchdringung aller Gebiete. Durch diese wechselseitige Abhängigkeit einzelner Sektoren und ganzer Märkte greifen Störungen in einem Gebiet notwendigerweise auch auf andere Bereiche über, nicht zuletzt auch auf die Grundlage der Gemeinschaft, die Zollunion. Ein wirksamer Schutz der Zollunion läßt sich auf diesem Hintergrund nicht allein durch einheitliche Regelungen auf dem Gebiet der Zölle, der mengenmäßigen Beschränkungen und gleichgestellter Maßnahmen sicherstellen.

Die gemeinsame Handelspolitik hat mehr als den Schutz des Warenverkehrs im Auge. Schutzobjekt ist die Gesamtheit der internen Wirtschaftsabläufe. Dazu zählt der Dienstleistungssektor ebenso wie das Feld der Niederlassungen. Wollte man die Schutzaufgabe der handelspolitischen Bestimmungen auf den reinen Warenverkehr beschränken, wäre dies mit den aus Art. 2 und 3 EWG-V. ableitbaren umfassenden Schutzaufgaben der gemeinsamen Handelspolitik nicht in Einklang zu bringen[5]. Dies wird durch den Gerichtshof in seinem Gutachten 1/75 bestätigt[6].

> „Diese Politik ist in Art. 113 auf das Funktionieren des Gemeinsamen Marktes hin und zum Schutze der Gesamtinteressen der Gemeinschaft konzipiert."

Wenig später heißt es noch deutlicher:

> „... damit würde das institutionelle Zusammenspiel verfälscht, das Vertrauensverhältnis innerhalb der Gemeinschaft erschüttert und die Gemeinschaft gehindert, ihre Aufgabe zum Schutze der gemeinsamen Interessen zu erfüllen."

3. Die Entbehrlichkeit umfassender interner Regelungen

Die vorangegangenen Feststellungen erlauben nicht den Schluß auf eine exklusive Gemeinschaftszuständigkeit auch für die Regelungsgebiete der gemeinsamen Handelspolitik, die gemeinschaftsintern noch einer Vereinheitlichung bedürfen. Differenzierungen, die sich aus dem unterschiedlichen Integrationsstand der einzelnen Sachbereiche ergeben, finden möglicherweise in einer „abgestuften Notwendigkeit" ausschließlicher vertraglicher Handelskompetenzen ihren Niederschlag. Ein Zu-

[4] Beispielsweise die Kooperationsform der Lieferung und Erstellung industrieller Großprojekte; vgl. Kap. 8 und 17.

[5] Vgl. die allgemeinen Ausführungen in Kap. 6 III. 1.

[6] EuGH Slg. 1975 S. 1363 f.

sammenhang zwischen internen Integrationsfortschritten und der Notwendigkeit entsprechender ausschließlicher Außenkompetenz ist nicht zu leugnen; er ergibt sich zwingend aus dem Begriff der Schutzfunktion: Um die Aufgabe der Sicherung überhaupt erfüllen zu können, ist das Vorhandensein eines Schutzobjektes Voraussetzung. Welchen Charakter müssen nun aber die jeweils zur Diskussion stehenden Abkommensregelungen innergemeinschaftlich haben, um als schutzwürdiges Objekt der gemeinsamen Handelspolitik qualifiziert werden zu können? Müssen die betreffenden Sachbereiche bereits einer umfassenden Vergemeinschaftung zugeführt worden sein oder ist es ausreichend, daß unvollständige Binnenmarktregelungen existieren?

Wegweisend ist auch hier die Überlegung, daß das einseitige vertragliche Vorgehen der Mitgliedstaaten dazu führt, daß die Gemeinschaftsunternehmen selbst auf den Gebieten, die bislang gemeinschaftsintern noch nicht geregelt werden konnten, an der Außenflanke unterschiedlichen Startvoraussetzungen ausgesetzt werden und damit der Wettbewerb zwischen ihnen verfälscht zu werden droht. Die Gefahr einer solchen Wettbewerbsverzerrung dürfte bei Sachbereichen, für die innerhalb des Gemeinsamen Marktes bereits einheitliche Bedingungen existieren, eher bejaht werden können als bei solchen, deren Integration weniger weit fortgeschritten ist. Ein Beispiel aus dem Bereich der Luft- und Seeschiffahrt soll verdeutlichen, daß die Gefahr einer Wettbewerbsbeeinträchtigung aber auch dann vorliegt, wenn die Gemeinschaft bislang nur erste Schritte auf dem Wege zu einer internen Regelung unternommen hat und auf nationaler Ebene noch erhebliche Unterschiede in der Behandlung der in diesen Branchen tätigen Unternehmen bestehen[7]:

> Durch den Abschluß divergierender Frachtratenvereinbarungen, die zwischen dem Mitgliedstaat A bzw. B und dem Drittland D getroffen werden, können auf dem Umweg über diese internationalen Abkommen zusätzliche wettbewerbsverfälschende Situationen im Innern der Gemeinschaft auftreten, indem sich A und B durch den Abschluß mit D noch weiter vom bisherigen verzerrten Konkurrenzniveau entfernen.

Ohne das Ausschließlichkeitsrecht der Gemeinschaft, derartige Regelungen in eigener Kompetenz in internationale Abkommen aufzunehmen, läßt sich die in Art. 2 und 3 EWG-V. zum Ausdruck kommende Zielsetzung der gemeinsamen Handelspolitik, den Gemeinsamen Markt vor jeglichen Wettbewerbsverfälschungen zu schützen, die an der Außenflanke der Zollunion ihren Ausgang nehmen, nicht verwirklichen.

---

[7] Zum derzeitigen Stand der innergemeinschaftlichen Bemühungen auf dem Gebiet der Luft- und Seeschiffahrt s. 9. GB-EG Nr. 374 ff.

Zwei weitere Gesichtspunkte stützen die Auffassung, daß ein zeitlich vorgeschalteter Abbau innergemeinschaftlicher Wettbewerbsverzerrungen in bestimmten Regelungsbereichen entbehrlich ist, um diese Materien in Handelsabkommen aufzunehmen. Auch im Bereich des Warenverkehrs ist die ausschließliche Vertragskompetenz der Gemeinschaft z. B. für Maßnahmen gleicher Wirkung wie mengenmäßige Einfuhrbeschränkungen unangefochten[8], obwohl es bisher noch nicht gelungen ist, dieses Feld gemeinschaftsintern umfassend zu lösen[9]. Die Forderung nach zeitlich vorgeschalteter interner Vergemeinschaftung verwischt zudem die Grenzen zu den Grundsätzen, mit denen die Außenkompetenz der Gemeinschaft als Antwort auf die Existenz innergemeinschaftlicher Normen begründet wird[10]. Die weitgehende Austauschbarkeit beider Kompetenzgrundlagen wird der eigenständigen Rolle von Art. 113 als grundlegender umfassender Schutznorm nicht gerecht.

Diese Feststellungen zum Umfang der handelspolitischen Schutzaufgabe lassen erkennen, daß das Rechtsinstitut der konkurrierenden Zuständigkeit kaum geeignet sein dürfte, diesen globalen Auftrag befriedigend zu erfüllen. Die Entscheidung, ob und wann die Gemeinschaft bestimmte Bereiche durch den Abschluß von Gemeinschaftsabkommen für die Mitgliedstaaten sperrt, wird mehr von politischen Gesichtspunkten und der gemeinschaftsinternen Entwicklung auf diesen Gebieten als von der Notwendigkeit bestimmt, die Gesamtinteressen der Gemeinschaft zu schützen. Nur die These von der ausschließlichen Gemeinschaftszuständigkeit ist geeignet, die durch die grundlegende Bedeutung von Art. 113 angestrebte Kohärenz der Außenwirtschaftsbeziehungen dadurch zu gewährleisten, daß gemeinschaftliche Regelungen an der Außenflanke das gesonderte Vorgehen der Mitgliedstaaten ersetzen und dadurch Wettbewerbsverzerrungen entgegenwirken oder vorbeugen.

II. Lösungsversuche zur Überwindung der Bedenken gegen die These von der ausschließlichen Gemeinschaftszuständigkeit

Der Konzeption ausschließlicher Gemeinschaftszuständigkeit stehen allerdings die in Kapitel 22 aufgezeigten Bedenken entgegen, so daß zu prüfen sein wird, ob unter diesen Gesichtspunkten an der These exklusiver globaler Gemeinschaftskompetenz festgehalten werden kann.

---

[8] *Ehlermann*, Ref. S. 12.

[9] Vgl. 9. GB-EG Nr. 88.

[10] Dieser Grundsatz wurde vom EuGH erstmalig in der AETR-Entscheidung, EuGH Slg. 1971 S. 163 ff. entwickelt und durch das Kramer-Urteil, EuGH Slg. 1976 S. 1279 ff. erneut bestätigt.

1. Vorübergehende Ermächtigung durch die Gemeinschaft zum Abschluß nationaler Abkommen

Eine Unterbrechung vertraglicher Handelsbeziehungen der Mitgliedstaaten mit dritten Ländern kann nicht nur auf dem Wege einer konkurrierenden Zuständigkeit vermieden werden. Als Monopolzuständigkeitsträger hat die Gemeinschaft die Möglichkeit, den Mitgliedstaaten nach dem Vorbild der Entscheidung des Rats vom 16. 12. 1969[11] vorübergehend einen Dispens zum Abschluß nationaler Abkommen zu erteilen. Diese Regelung ist jedoch nur als Übergangsmodalität bis zu dem Zeitpunkt ins Auge zu fassen, in dem die Gemeinschaft in eigener Regie umfassend kooperationspolitisch tätig werden kann[12]. Allerdings darf hierbei die rechtliche Problematik der Wirksamkeit einer solchen Genehmigung nicht übersehen werden[13]. Es ist fraglich, ob der Rat durch einfache Ratsentscheidung eine Primärnorm im Range einer Verfassungsbestimmung wirksam derogieren kann.

Ausdrücklich ist die Möglichkeit einer Ermächtigung an die Mitgliedstaaten auf dem Gebiet der ausschließlichen Gemeinschaftszuständigkeit — etwa vergleichbar der Regelung des Art. 71 des deutschen Grundgesetzes[14] — nicht normiert. In Anlehnung an deutsche Verfassungsgrundsätze liegt es daher nahe anzunehmen, daß die Gemeinschaft den Mitgliedstaaten Ausschnitte der ihr in Art. 113 ausschließlich zugewiesenen Regelungsmaterien durch einfache Ratsentscheidung nicht wirksam überlassen kann[15]. Diese Annahme wird durch den Umstand gestützt, daß der EWG-Vertrag in Einzelfällen, so etwa in Art. 14 VII[16], Abweichungen von den vertraglich festgelegten Regelungen durch autonome Ratsentscheidungen vorsieht. Im Umkehrschluß läßt sich hieraus entnehmen, daß in allen übrigen Fällen eine Vertragsänderung durch einfache Ratsentscheidung nicht zulässig ist. Auch der Europäische Gerichtshof scheint dieser restriktiven Auffassung zu folgen. Im Defrenne-Urteil weist er darauf hin, daß der vom Vertrag in einigen Fällen vorgesehene Endtermin nicht ohne weiteres durch einstimmige Ratsentscheidungen verzögert werden kann[17]:

---

[11] Titel III der Entscheidung, Abl. L 326/39 v. 29. 12. 69.

[12] Vgl. insoweit die Überlegungen des Gerichtshofs im Kramer-Urteil, EuGH Slg. 1976 S. 1312.

[13] *Sasse*, EA 1974 S. 703 und *Sachs* S. 95 gehen ohne weiteres von der Zulässigkeit einer solchen Derogation aus. Zur Einordnung vertragsmodifizierender Ratsentscheidungen in die Kategorie der EG-Rechtsakte s. *Morand* S. 250 f.

[14] Art. 71 GG lautet: Im Bereich der ausschließlichen Gesetzgebung des Bundes haben die Länder die Befugnis zur Gesetzgebung nur, wenn und soweit sie hierzu in einem Bundesgesetz ausdrücklich ermächtigt werden.

[15] Vgl. *Maunz / Dürig*, Art. 71 Anm. 10.

[16] Weitere Beispiele: Art. 165 IV, 166 III, 157 I bzw. Art. 10 des Fusionsvertrages.

„Die Entschließung der Mitgliedstaaten vom 30. Dezember 1961 konnte unbeschadet der Wirkung, die sie gehabt hat, soweit sie die vollständige Durchführung von Art. 119 fördern und beschleunigen sollte, den vom Vertrag festgelegten Endtermin nicht wirksam ändern; denn Änderungen des Vertrages sind — vorbehaltlich etwaiger Sondervorschriften — nur im Wege des Änderungsverfahrens nach Art. 236 möglich.“

Diese Ansicht erscheint integrationspolitisch zwingend: Würde man eine Änderung des Vertrages zur Disposition des Gesetzgebers stellen, liefe man Gefahr, Kernstücke des Vertrages dem Integrationsprozeß, der bewußt und gewollt an einen Zeitfaktor gekoppelt wurde[18], zu entziehen.

Trotz dieser Befürchtung muß angezweifelt werden, ob alle Ratsentscheidungen, die eine Abweichung von der vertraglich vorgesehenen Regelung zum Gegenstand haben und nicht von etwaigen Sondervorschriften gedeckt sind, insbesondere eine Derogation im Rahmen der gemeinsamen Handelspolitik, als unzulässige Änderungen des Vertrages angesehen werden müssen.

(1) Juristische Ansprüche, die an nationale Rechtsordnungen gestellt werden, können nicht ohne weiteres auf das Recht der Europäischen Gemeinschaften übertragen werden. „Die Gemeinschaftsverträge sind nach Rechtsgehalt und Systematik mit den herkömmlichen Vorstellungen des nationalen Rechtsquellensystems nicht zu erfassen. Sie sind eigenständige Rechtsordnungen, die in Gehalt und System nach den Maßstäben des nationalen Rechts nur partiell und punktuell charakterisiert werden können[19].“ Insbesondere können die Gemeinschaftsverträge nicht nationalen Verfassungen gleichgesetzt werden, da sie „weder Kodifikationen des Gemeinschaftsrechts noch nur Verfassungen oder Organisationsstatute der Gemeinschaften sind“[20]. Das aus dem deutschen Verfassungsrecht stammende Erfordernis einer in der Verfassung selbst vorgesehenen Ermächtigung für eine Derogation ist folglich nicht ohne weiteres auf den EWG-Vertrag anwendbar.

(2) Im Defrenne-Urteil[21] hatte der Gerichtshof über die Abweichung von einer Norm mit self-executing-Charakter zu befinden. Derartige Durchgriffsnormen besitzen die Eigenschaft, unmittelbar und ohne jede Form des Einschreitens staatlicher Normsetzung dem Marktbürger „subjektive Rechte zu verschaffen, auf die er sich auch gegenüber

---

[17] EuGH Slg. 1976 S. 455 (478). In einer Entschließung vom 30. 12. 1961 hatten die Mitgliedstaaten die Durchführung des in Art. 119 bis zum 1. 1. 1962 vorgesehenen Grundsatzes in der gleichen Entlohnung von Mann und Frau nach Maßgabe eines Stufenplans hinausgeschoben.

[18] Zum „Zeitmaß als Strukturelement“ des Vertrages s. *Ipsen* § 5 II. 4. b.

[19] *Ipsen* § 3. III.

[20] *Ipsen* § 3. III.

[21] Siehe oben Fn. 17.

nationalen Rechtsanwendungsorganen berufen kann"[22]. Den Vorschriften über die gemeinsame Handelspolitik, insbesondere Art. 113, kann eine solche Eigenschaft indes nicht zuerkannt werden. Voraussetzung für die Durchgriffswirksamkeit einer Norm ist u. a. die Fähigkeit, dem Inhalte nach überhaupt unmittelbare Rechtswirkungen zu entfalten. Diese Bedingung erfüllt Art. 113 aufgrund der unbestimmten Formulierung (Gestaltung nach einheitlichen Grundsätzen) nicht.

(3) Die verfassungsrechtliche Konstruktion, Änderungen des Vertrages durch einfache Ratsentscheidungen für unzulässig zu erklären, findet ihre rechtspolitische Rechtfertigung in der Befürchtung, daß andernfalls die im Vertrag vorgesehene Programmgestaltung relativ einfach hinausgeschoben werden könnte, sobald gemeinschaftsintern vermeintliche oder tatsächliche Hindernisse auftauchen. Die Ursachen für die nicht rechtzeitige Realisierung einer umfassenden vertraglichen Handelspolitik liegen jedoch weitgehend in der Weigerung einiger Drittländer, die Gemeinschaft als Verhandlungspartner anzuerkennen. Sie sind somit teilweise außerhalb des eigentlichen Integrationsbereiches anzusiedeln und entziehen sich der integrationspolitischen Willensbildung der Mitgliedstaaten. Derartige Konstellationen werden nicht vom Sinn und Zweck des Verbots erfaßt, Änderungen des Vertrages durch einfache Ratsentscheidungen vorzunehmen.

(4) Eine vorübergehende Ermächtigung an die Mitgliedstaaten im Bereich der ausschließlichen EG-Handelskompetenzen ist nicht gleichbedeutend mit einem Verzicht der Gemeinschaft auf die ihr nach dem Zeitplan des Vertrages zugewiesenen Kompetenzen. Eine Derogation hat nicht zwingend zur Folge, daß die Mitgliedstaaten weiterhin in eigener Zuständigkeit handelspolitisch auf den von der Ermächtigung gedeckten Gebieten tätig werden, sei es, daß insoweit die Kompetenzen gar nicht erst auf die Gemeinschaft überführt werden, sei es, daß die Gemeinschaft die ihr einmal zugewiesenen Kompetenzen an die Mitgliedstaaten zurücküberträgt. Mit Ablauf der Übergangszeit haben die Mitgliedstaaten ihre handelspolitischen Befugnisse unwiderruflich auf die Gemeinschaft als alleinigen Zuständigkeitsträger überführt[23]. Danach verbleibt für nationale Maßnahmen im Bereich der gemeinsamen Handelspolitik kein Raum mehr. In den Fällen spezieller Ermächtigung werden die Mitgliedstaaten daher nicht in eigenem Namen, sondern gewissermaßen kraft Gemeinschaftsauftrags oder stellvertretend für die Gemeinschaft auf einem ihnen an sich bereits verschlossenen Gebiet tätig[24].

---

[22] *Ipsen* § 5 II. 3.

[23] Vgl. die Formulierung des EuGH im Urteil Donckerwolcke, EuGH Slg. 1976 S. 1921 (1937), zitiert unter Punkt II. 1. (5). dieses Kapitels.

[24] Zur vergleichbaren Problematik im Verfassungsrecht der Bundesrepu-

(5) Auch der Europäische Gerichtshof geht trotz der im Defrenne-Urteil[25] geäußerten Ansicht implizit von der Zulässigkeit einer Derogation auf handelspolitischem Gebiet aus. Im Urteil Donckerwolcke[26] wird ausdrücklich die Möglichkeit, gleichzeitig aber auch die Notwendigkeit einer besonderen Gemeinschaftsermächtigung unterstrichen, ohne die die Mitgliedstaaten nach dem 1. 1. 1970 nicht mehr handelspolitisch tätig werden können. Gegenstand des Rechtsstreits war u. a. die Rechtmäßigkeit einer französischen Einfuhrlizenz, die im Hinblick auf die mögliche Anwendung von Art. 115 für alle Textilprodukte gefordert wurde, die aus Drittländern stammten, aber über das Hoheitsgebiet eines EG-Mitgliedslandes nach Frankreich exportiert wurden. Bevor der Gerichtshof diese Lizenz als eine durch Art. 30 EWG-V. verbotene mengenmäßige Beschränkung qualifizierte, führte er aus:

> „Da durch Artikel 113 Absatz 1 die Zuständigkeit für die Handelspolitik insgesamt auf die Gemeinschaft übertragen worden ist, sind nationale handelspolitische Maßnahmen seit dem Ende der Übergangszeit nur mit einer besonderen Ermächtigung durch die Kommission zulässig."

Eine unter diesen Gesichtspunkten wohl zulässige Derogation zwänge die Mitgliedstaaten, jedes einzelne auszuhandelnde Abkommen im handelspolitischen Bereich der Gemeinschaft zur Genehmigung vorzulegen[27]. Dieses System hätte den Vorteil, daß die Gemeinschaft nicht den Überblick über nationale handelspolitische Aktivitäten verlöre und konsequent eine Koordinierung der nationalen Handelsbeziehungen in Angriff nehmen könnte[28]. Zudem ließen sich mit Hilfe einer Derogation die Schwierigkeiten überwinden, die sich im Falle einer konkurrierenden Gemeinschaftszuständigkeit unter dem Gesichtspunkt der internationalen Rechtssicherheit ergeben[29]. Die Konstruktion einer ausschließlichen Gemeinschaftszuständigkeit mit der Möglichkeit einer vorübergehenden ausdrücklichen Ermächtigung an die Mitgliedstaaten läßt international klar erkennen, daß als Gesprächs- und Verhandlungspartner nur die Gemeinschaft in Betracht kommt. Sie allein hat darüber

---

blik s. *Mangoldt / Klein*, Bd. II, Art. 71 Anm. IV. 10, der von einer dezentralisierten Bundesgesetzgebung mittels Landesgesetzgebung ohne Begründung einer Landeskompetenz spricht. Anders die h. M. (Nachweise bei *Mangoldt / Klein*), die das ausschließliche Recht des Bundes für „verzichtbar" hält und folglich das aufgrund der Ermächtigung von den Ländern geschaffene Recht nicht als delegiertes Bundesrecht, sondern als Landesrecht ansieht.

[25] Siehe oben Fn. 17.

[26] EuGH Slg. 1976 S. 1921 (1937).

[27] Zur verwaltungstechnischen Vereinfachung ist auch eine Ermächtigung denkbar, die mehrere nationale Abkommen im voraus summarisch abdeckt. Allerdings wäre die Kontrolle der Gemeinschaft in diesem Fall schwächer und die Gefahr der Umgehung größer.

[28] So auch *Sachs* S. 95.

[29] Siehe oben Kap. 2 III. (1). Diese Schwierigkeiten ergeben sich auch beim Abschluß sog. vermischter Abkommen, vgl. Einleitung (Fn. 14 und 15).

zu befinden, ob sie in Ausnahmefällen die Mitgliedstaaten zu Verhandlungen und zum Abschluß von Abkommen im handelspolitischen Bereich ermächtigt.

Die wirtschaftliche Bedeutung der durch die Abkommen eingesetzten Gemischten Ausschüsse[30] macht es erforderlich, auch alle in diesen Organen geplanten Durchführungsmaßnahmen einer Genehmigung durch die Gemeinschaft zu unterwerfen. Nur auf diese Weise ist sichergestellt, daß die konkreten Einzelvorhaben, die in besonderem Maße eine Gefahr für die gemeinsame Handelspolitik darstellen[31], in einem engmaschigen Kontrollnetz der Gemeinschaft gesammelt werden. Um das Genehmigungsverfahren für derartige Einzelprojekte verwaltungstechnisch nicht unnötig zu belasten, empfiehlt es sich, einen Kommissionsvertreter zu den Sitzungen der Gemischten Ausschüsse zu entsenden, der auf diese Weise bereits „vor Ort" auf die geplanten Maßnahmen Einfluß nehmen kann.

2. Nichtigkeit nationaler Kooperationsabkommen mit Wirkung ex nunc

Was die innergemeinschaftliche Rechtsfolge der Nichtigkeit nationaler Kooperationsabkommen angeht, die nach dem 1. 1. 1970 ohne Genehmigung der Gemeinschaft geschlossen worden sind, so könnte die Überschreitung der im EWG-V. verfassungsrechtlich festgelegten Zuständigkeitsgrenze ausnahmsweise dazu führen, daß die Rechtsgültigkeit der angegriffenen Akte und der auf ihrer Grundlage ergangenen Entscheidungen bis zum Urteilsspruch des EuGH unberührt bliebe[32]. Die weitreichenden Konsequenzen einer ex tunc-Wirkung könnten den Gerichtshof veranlassen, auf den Ausspruch der Nichtigkeit der mit dem EWG-V. unvereinbaren Abkommensregelungen zu verzichten. Das deutsche Bundesverfassungsgericht hat sich mehrfach zu einer solchen Spruchpraxis bekannt[33]. Weitergehende Zugeständnisse indes, etwa in der Form, daß der Zeitpunkt der Unvereinbarkeit auf den Ablauf einer „angemessenen Frist" verlegt wird[34], dürften daran scheitern, daß Art. 113 den Gemeinschaftsorganen zur Realisierung des Auftrags einen klaren Termin gesetzt hat.

---

[30] Siehe oben Kap. IV. 2.

[31] Vgl. *Fischer* S. 15.

[32] Auf die Möglichkeit, Ausnahmen vom Grundsatz rückwirkender Nichtigkeit zuzulassen, weist bereits *von der Groeben*, Komm. Art. 174. II hin.

[33] Vgl. z. B. BVerfG 33.303 (347 f.); 34.9 (43 f.).

[34] Eine solche Lösung wurde vereinzelt vom dt. BVerfG entwickelt, vgl. BVerfG 23.242 (257 f.). Der Schwerpunkt dieses Beschlusses liegt in dem Ausspruch, daß dem Gesetzgeber zur Herstellung verfassungsgemäßer Zustände eine „angemessene Frist" eingeräumt wurde.

Im Interesse der Rechtssicherheit und der zukunftsgerichteten Anwendung des Rechts muß zunächst betont werden, daß nur schwerwiegende Gründe ein Abweichen vom Grundsatz rückwirkender Nichtigkeit erlauben[35]. Als solche kommen im konkreten Fall zwei Umstände in Betracht:

a) Aus politischen und wirtschaftlichen Gründen war es den Mitgliedstaaten nicht zumutbar, auf eine Fortsetzung der bilateralen Kooperationspolitik zu verzichten, nachdem die Kommission keinerlei Vorkehrungen getroffen hatte, dieses Gebiet in Gemeinschaftsregie zu übernehmen. Die niemals zum Ausdruck gebrachte Absicht der Kommission, gegen die Mitgliedstaaten ein Verfahren auf der Grundlage von Art. 169 EWG-V. einzuleiten, insbesondere der Verzicht der Gemeinschaftsorgane auf eine Derogation nach dem Muster von Titel III der Entscheidung vom 16. 12. 1969, konnte für die Mitgliedstaaten nicht ganz unberechtigt den Eindruck erwecken, daß Art. 113 für das Feld der wirtschaftlichen Zusammenarbeit überhaupt nicht, oder wenn, dann nur konkurrierend anwendbar sei[36].

b) Die Maßnahmen, die die Mitgliedstaaten ergreifen müßten, um die Vereinbarkeit der nationalen Rechtshandlungen mit dem EWG-V. wiederherzustellen, würden zugleich in die völkerrechtliche Sphäre der Abkommen eingreifen. Bei dieser Sachlage dürfte dem Vertrauensschutz des drittländischen Vertragspartners und der Kontinuität der Beziehungen[37] ein höherer Stellenwert beizumessen sein als dem Interesse an der Aufrechterhaltung rechtssicherer Zustände im Innern der Gemeinschaft.

Beide Erwägungen lassen es angezeigt erscheinen, eine Ausnahme vom Grundsatz rückwirkender Nichtigkeit zuzulassen und die Rechts-

---

[35] Daß sehr strenge Maßstäbe an das Vorliegen eines Ausnahmefalles gelegt werden müssen, ist dem GH in seinem Urteil Defrenne, EuGH Slg. 1975 S. 480, zu entnehmen. Zur Diskussion stand u. a. die Rechtsgültigkeit nationaler Akte, die zu Art. 119 in Widerspruch standen, den das Gericht seit dem 1. 1. 62 für „voll und unumkehrbar" anwendbar erklärte. Angesichts der wirtschaftlichen Folgen der „Unbekanntheit des Gesamtbetrages", der im Falle rückwirkender Nichtigkeit von Gemeinschaftsunternehmen zugunsten einer Vielzahl von Gemeinschaftsbürgern zu entrichten gewesen wäre, erklärte der Gerichtshof, daß „zwingende Erwägungen der Rechtssicherheit, die sich aus der Gesamtheit der beteiligten öffentlichen und privaten Interessen ergeben, es grundsätzlich" ausschlössen, „die Entgelte für in der Vergangenheit liegende Zeiträume noch in Frage stellen zu lassen".

[36] Vgl. die ähnlichen Erwägungen im Defrenne-Urteil des EuGH, siehe oben Fn. 35.

[37] Die Kontinuität der Beziehungen zu dritten Ländern war für den GH auch im AETR-Urteil, EuGH Slg. 1971 S. 263 ff. entscheidend, um trotz der Existenz gemeinsamer Regelungen im Innern die Fortsetzung der Verhandlungen mit dritten Ländern durch die Mitgliedstaaten als vertragskonform anzusehen. Allerdings lag hier der Beginn der Verhandlungen und ein beachtlicher Teil der Arbeiten zeitlich vor dem durch die VO 543/69 bewirkten Übergang der Zuständigkeit auf die Gemeinschaft.

folge der Nichtigkeit nationaler Abkommen im Bereich des Art. 113 auf die Zukunft zu beschränken.

3. Unmittelbare Durchführungspflicht der Mitgliedstaaten aus Art. 228 II i. V. mit Art. 5

Adressat der völkerrechtlichen Verpflichtung im Falle des Abschlusses von EG-Abkommen sind auf Gemeinschaftsseite sowohl die Organe der Gemeinschaft als auch die Mitgliedstaaten. Dies ist in Art. 228 II ausdrücklich normiert:

> „Die unter diesen Voraussetzungen geschlossenen Abkommen sind für die Organe der Gemeinschaft und für die Mitgliedstaaten verbindlich."

Damit ist sichergestellt, „daß ein von der Gemeinschaft abgeschlossener Vertrag in jedem Mitgliedstaat dieselbe Wirkung hat wie ein von diesem selbst abgeschlossener Vertrag"[38]. Gemeinschaft *und* Mitgliedstaaten haben dem EG-Abkommenspartner gegenüber[39] für die von der Gemeinschaft eingegangene völkerrechtliche Verpflichtung einzustehen. Dies gilt auch und gerade für innerstaatliche Durchführungsmaßnahmen[40]. Art. 228 II bekräftigt die bereits generell aus Art. 5 I S. 1 ableitbare Mitwirkungspflicht der Mitgliedstaaten an der Durchführung des EWG-Vertrages speziell für die völkerrechtlichen Verpflichtungen der Gemeinschaft[41]. Die Vertragsschlußkompetenz der Gemeinschaft ist daher nicht an ihre Fähigkeit gekoppelt, das rechtliche Dürfen in ein praktisches Können umzusetzen[42]. Dies läßt sich auch dem Gutachten 1/75 des Europäischen Gerichtshofs entnehmen[43]:

> „Unerheblich ist, daß die mit der Ausführung der beabsichtigten Abkommen verbundenen Pflichten und finanziellen Lasten unmittelbar den Mitgliedstaaten obliegen. Die ‚internen' wie ‚externen' Maßnahmen, welche die Kommission im Rahmen der gemeinsamen Handelspolitik ergreift, setzen für ihre Vereinbarkeit mit dem Vertrag nicht notwendig voraus, daß die mit ihnen etwa verbundenen Pflichten und finanziellen Lasten den Organen der Gemeinschaft aufgebürdet werden. Mit diesen Maßnahmen soll nur erreicht werden, daß ein auf einheitlichen Grundsätzen beruhendes gemeinsames Vorgehen für die gesamte Gemeinschaft an die

---

[38] *Everling*, Komm. Art. 228.22.

[39] Nur eine Mindermeinung in der Lit. vertritt die Auffassung, daß Art. 228 II allein die interne Bindungswirkung der Mitgliedstaaten gegenüber der Gemeinschaft regelt; zu diesem Streit s. *d'Orville* S. 76 ff.

[40] So die h. M.; s. *d'Orville* S. 87 m. w. N. Vgl. exemplarisch *von der Groeben*, Komm. Art. 228.12: „Die Mitgliedstaaten sind also verpflichtet, von der Gemeinschaft unter den Voraussetzungen des Art. 228 geschlossene Abkommen sowohl nach außen zu erfüllen, als auch gegebenenfalls alle zu ihrer innerstaatlichen Durchführung erforderlichen Maßnahmen zu treffen."

[41] In diesem Sinne auch *Lörcher* S. 164 und andeutungsweise *von der Groeben*, Komm. Art. 228.12.

[42] Gemeint ist hier die Umsetzung durch dasselbe Zuständigkeitssubjekt.

[43] EuGH Slg. 1975 S. 1364.

Stelle des einseitigen Vorgehens der Mitgliedstaaten in der betreffenden Materie tritt."

Da sich die Durchführungspflicht der Mitgliedstaaten für die von der Gemeinschaft eingegangenen Verpflichtungen unmittelbar aus Art. 228 II i. V. mit Art. 5 ergibt, bedarf es insoweit auch keiner normativen Intervention durch die Gemeinschaftsorgane in Form von Empfehlungen, Richtlinien und Verordnungen.

Pescatore resümiert die Eigenständigkeit der mitgliedstaatlichen Durchführungspflicht wie folgt[44]:

„Les accords communautaires entrent dans l'ordre juridique interne des états membres, tout comme les autres règles juridiques issues des Communautés; aux termes de l'art. 5 du traité, les états membres doivent prendre toutes mesures, générales ou particulières, propres à assurer l'exécution des obligations découlant du traité ou résultant des actes posés par les institutions de la Communauté. Par l'effet de cette disposition, les états membres sont tenus de prendre, par les moyens d'action nationaux — réglementaires ou administratifs — qui sont à leur disposition, les mesures appropriées pour assurer, dans la sphère de leur compétence nationale, la mise en application des accords conclus par la Communauté. On voit donc que dans la CEE le système est pensé de telle manière que les accords puissent déployer pleinement leur effets."

Zur Durchführung der Abkommen müssen indes nicht beide Zuständigkeitsträger — Gemeinschaft und Mitgliedstaaten — notwendigerweise gemeinsam tätig werden. Ob dies der Fall ist, hängt sowohl von der Natur der eingegangenen Verpflichtung als auch von der Fähigkeit beider Subjekte ab, die erforderlichen Durchführungsmaßnahmen zu ergreifen. Hierbei sind drei Fallgestaltungen denkbar:

(1) Der völkerrechtliche Vertrag enthält Regelungen, deren Umsetzung allein mit Hilfe gemeinschaftlicher Maßnahmen möglich ist. Ein Aktivwerden der Mitgliedstaaten ist in diesen Fällen entbehrlich. Dies gilt insbesondere für Abkommen im sog. Kernbereich der Handelspolitik. Auf diesem Gebiet (Zölle, mengenmäßige Beschränkungen u. a.) kann die Gemeinschaft allein ohne Mitwirkung der Mitgliedstaaten durch den Erlaß entsprechender Rechtssetzungsakte die im Abkommen übernommenen Pflichten wie Zollsatzänderungen oder Liberalisierungen erfüllen[45]. In der Praxis ist diese Fallgestaltung auf die streng klassischen Handelsabkommen beschränkt, die nur den eng umrissenen Regelungsbereich des Warenverkehrs betreffen.

(2) Die von der EG geschlossenen Vereinbarungen bedürfen zu ihrer Durchführung ausschließlich nationalstaatlicher Maßnahmen, da auf

---

[44] *Pescatore*, Rec. S. 135.

[45] Als Rechtsgrundlage für diese Maßnahmen ist im industriell-gewerblichen Sektor Art. 113 heranzuziehen, im Agrarbereich greift Art. 43 als lex specialis ein, vgl. *d'Orville* S. 90.

Gemeinschaftsebene entsprechende Kompetenzen und Instrumente nicht oder noch nicht vorhanden sind. Diese Situation, in der das Abschlußrecht die Durchführungsmöglichkeit überschreitet, dürfte nur auf wenige Gemeinschaftsabkommen zutreffen. Exemplarisch kann hier die Beteiligung der Gemeinschaft am Übereinkommen der Vereinten Nationen über einen Verhaltenskodex der Seeschiffahrtskonferenzen angeführt werden[46]. Die Durchführung der in dieser multilateralen Vereinbarung vorgesehenen Pflichten wie z. B. die Einhaltung bestimmter Frachtkonditionen könnte nur von den Mitgliedstaaten sichergestellt werden, da gemeinschaftliche Regelungen auf diesem Gebiet noch nicht existieren[47].

(3) Die dritte Fallkonstellation ist eine Kombination der beiden vorstehend skizzierten Situationen. Gegenstand der EG-Vereinbarung sind hierbei nicht nur Regelungen im sog. Kernbereich, sondern gleichzeitig und darüber hinausgehend Sachbereiche, die innergemeinschaftlich noch nicht vereinheitlicht sind und in denen gemeinschaftseigene Instrumente noch nicht oder nur unzureichend zur Verfügung stehen. In diese Kategorie fallen die der Gemeinschaftskompetenz zuzurechnenden umfassenden Handels- und Kooperationsabkommen, die eine Vielzahl außenwirtschaftlicher Regelungsbereiche betreffen, so etwa den Waren- und Kapitalverkehr, Niederlassungs- und Verkehrsfragen etc. Auf diesen Gebieten müssen die Mitgliedstaaten neben der Gemeinschaft oder u. U. sogar allein zur Erfüllung der Abkommen nationale Ausführungsmaßnahmen treffen. Ein Beispiel aus dem Steuersektor soll dies verdeutlichen. Die in einem EG-Abkommen eingegangene Verpflichtung, Waren aus einem bestimmten Drittland steuerlich nicht zu diskriminieren, kann nur von den Mitgliedstaaten selbst beachtet und realisiert werden, während z. B. die tarifliche Behandlung der Waren ausschließlich durch Gemeinschaftsakte sichergestellt werden kann.

Die aus Art. 228 II i. V. mit Art. 5 direkt d. h. ohne den Erlaß weiterer Gemeinschaftsbefehle ableitbare Verpflichtung für die Mitgliedstaaten, in ihrem Zuständigkeitsbereich die zur Durchführung notwendigen Maßnahmen zu ergreifen, wirft indes neben Fragen der technischen Realisierung auch Schwierigkeiten auf, die sich hierbei aus dem Verhältnis der internen zur externen Harmonisierung bestimmter Regelungsbereiche ergeben.

(1) Die zur Einhaltung der EG-Abkommensverpflichtung erforderlichen rechtssetzenden oder rechtsanwendenden nationalstaatlichen Akte

---

46 Obwohl die Gemeinschaft als solche nicht am Übereinkommen beteiligt ist, dokumentiert das Vorgehen der Kommission gegen das gesonderte Vorgehen der Mitgliedstaaten auf diesem Gebiet die Aktualität und Realitätsbezogenheit des Beispiels; vgl. dazu Kap. 14 I.

47 Zur Situation der innergemeinschaftlichen Behandlung des Seeverkehrs s. 10. GB-EG Nr. 451.

variieren in den einzelnen Mitgliedstaaten aufgrund der unterschiedlichen Rechtsordnungen vor allem in der Wahl der Mittel. Zudem ist keineswegs sicher, daß alle Mitgliedstaaten derartige Maßnahmen ergreifen müssen: Steuerliche Nichtdiskriminierungsklauseln in EG-Abkommen setzen ja nicht unbedingt voraus, daß jeder Mitgliedstaat derartige Diskriminierungen praktiziert. Darüber hinaus möchte natürlich jeder Mitgliedstaat die Gewähr dafür haben, daß auch die übrigen Mitglieder der Gemeinschaft der Abkommensverpflichtung nachkommen. Ohne gemeinschaftliche Bestandsaufnahme und einheitliche Leitlinien fehlt es den Mitgliedstaaten an Orientierungshilfen und Garantien für die allseitige Durchführung der im EG-Abkommen übernommenen Verpflichtung. Eine Lösung dieses Problems bietet sich über die Diskussionen im Gemischten Ausschuß des EG-Abkommens an. In diesem Organ sammeln sich die Klagen der EG-Abkommenspartner über nationalstaatliche Praktiken, die mit dem Abkommen unvereinbar sind. Die Kommission nimmt diese Beanstandungen entgegen und reicht sie an die Mitgliedstaaten informativ weiter. Diese haben nach eigenen Mitteln und Wegen zu suchen, einen völkerrechtlich vertragskonformen Zustand herzustellen. Erfüllen die Mitgliedstaaten diese Verpflichtung nicht, hat die Kommission nach Art. 169 die Möglichkeit, den Gerichtshof anzurufen[48].

(2) Die direkte und unmittelbare Erfüllung der EG-Abkommensverpflichtungen durch die Mitgliedstaaten kann in einigen Fällen dazu führen, daß nationale Regelungen oder Praktiken z. B. im Steuerbereich oder auf dem Gebiet der Seeschiffahrt im Außenverhältnis ohne den Erlaß gemeinschaftlicher Rechtsakte gleichsam autonom durch die Mitgliedstaaten vereinheitlicht werden, obgleich im Innenverhältnis der Mitgliedstaaten auf diesen Sektoren noch erhebliche Unterschiede vorhanden sind und eine Harmonisierung oft kompetenzmäßig auf Schwierigkeiten stößt. Art. 113 ermöglicht damit de facto auf der Durchführungsebene Rechtsangleichungen nach außen, die nicht einmal im Innern der Gemeinschaft vollzogen werden können. Die Tragweite dieser Konsequenz muß jedoch in ihrer wahren Dimension gesehen werden: Die Fälle, in denen die Mitgliedstaaten kraft internationaler EG-Vereinbarung Verpflichtungen eingehen, die von ihnen im Verhältnis zu Drittländern mehr verlangen als der EWG-Vertrag ihnen im Verhältnis untereinander abfordert, dürften sehr selten sein. Häufiger dagegen können die Fälle auftreten, in denen von den Mitgliedstaaten qualitativ andere Konzessionen an Drittstaaten verlangt werden als sie im Verhältnis zu den EG-Partnerländern überhaupt vorgesehen oder denkbar sind. Es könnte sich hierbei um spezifische Maßnahmen handeln, die aufgrund struktureller oder systembedingter Unterschiede nur im Ver-

---

[48] Vgl. *von der Groeben*, Komm. Art. 228.12.

hältnis Mitgliedstaat—Drittland Anwendung finden. Denkbar wäre etwa die Verpflichtung, mögliche steuerliche Belastungen abzubauen, die für sog. Lohnveredelungsgeschäfte[49] eingeführt werden könnten, um deren negative Auswirkungen auf die Beschäftigungslage in der Gemeinschaft aufzufangen oder abzumildern[50]. Derartige Lohnveredelungsgeschäfte werden im Verhältnis der Mitgliedstaaten untereinander nicht abgewickelt; folglich entfallen auch die damit verbundenen spezifischen steuerlichen Maßnahmen als innergemeinschaftliche Hindernisse. Andererseits ist zu berücksichtigen, daß die nationale Durchführung der Abkommensverpflichtungen nichts anderes ist als die Konsequenz aus der EG-Vertragsschlußbefugnis, die die Mitgliedstaaten selbst geschaffen haben[51]. Dies wird besonders deutlich, wenn die Gemeinschaft im Einzelfall von dieser Kompetenz Gebrauch macht. Die Mitgliedstaaten haben sich über den Rat wichtige Entscheidungen im Bereich der handelspolitischen Vertragsschlußkompetenzen vorbehalten: Zur Eröffnung der Verhandlungen bedarf die Kommission zunächst der Ermächtigung durch den Rat (Art. 113 III S. 1); im Laufe der Verhandlungen verfügt der Rat über Weisungs- und Kontrollrechte, um die Interessen und Vorstellungen der Mitgliedstaaten auch noch in dieser Phase geltend zu machen (Art. 113 III S. 2); schließlich ist dem Rat das eigentliche Abschlußrecht vorbehalten, wodurch sichergestellt ist, daß für die Mitgliedstaaten unannehmbare Abkommen nicht wirksam werden können (Art. 114). Angesichts dieser umfangreichen Möglichkeiten der Mitgliedstaaten, auf den Inhalt der Abkommen Einfluß auszuüben, erscheint es vertretbar, den Mitgliedstaaten auch die sich aus den Abkommen ergebenden Verpflichtungen auf der Durchführungsebene in vollem Umfang aufzuerlegen.

III. Teleologische Abschlußkontrolle

Nachdem die Auslegung von Art. 113 ergeben hat, daß konkurrierende Zuständigkeitsgrundsätze den Zielen der gemeinsamen Handelspolitik nicht gerecht werden, und nachdem die Bedenken gegen die These von der ausschließlichen Zuständigkeit überwunden werden konnten, ist dieses Ergebnis abschließend einer teleologischen Kontrolle zu unterziehen. Diese besteht in der „vernünftigen Einbeziehung der Macht-

---

[49] Zum Begriff s. o. Kap. 1. II. 3.

[50] Auf die beschäftigungspolitischen Aspekte der Kooperationsgeschäfte zielt die schriftliche Anfrage des Abg. *Glinne*, Abl. C 167/9 v. 21. 7. 76. Während ihm kooperationspolitische Transaktionen im Verhältnis zu Entwicklungsländern „sozial gerechtfertigt“ erscheinen, hält er es für „absurd und sogar gefährlich, Fabriken nach Osteuropa zu liefern und insbesondere Klauseln festzulegen, die den Verkauf der in diesen Fabriken produzierten Erzeugnisse auf dem Markt der Gemeinschaft vorsehen.

[51] Vgl. *Pescatore*, Les Nov. I Nr. 357.

und Interessenlagen"[52]. Als maßgebend gilt demnach „diejenige Bedeutung des auszulegenden Rechtssatzes, die im Vergleich mit den zu regelnden Lebensverhältnissen den vernünftigsten Sinn ergibt"[53]. „Durch Auslegung angenommene Resultate ohne Chance praktischer Realisierbarkeit sind untauglich, da i. S. der Vertragsziele ungeeignet und deshalb nach Interessenwertung abzulehnen[54]."

Der Gesichtspunkt einer praktikablen und vernünftigen Lösung geht von der selbständigen Einwirkung der den Vertrag umgebenden Sozialordnung auf den normativen Gehalt einer Bestimmung aus. Eine Rechtfertigung hierfür läßt sich aus der generellen Funktion des Rechts ableiten: Rechtsnormen führen kein normatives Eigenleben, sondern dienen der Gestaltung sozialer Beziehungen. Insoweit kann nicht unbeachtet bleiben, „daß das Recht — zumindest auch — ein soziales Phänomen darstellt"[55]. In dieser Funktion ist es verständlich, Wirkungen und Konsequenzen der Auslegung rechtlicher Vorschriften in die Überlegungen einzubeziehen[56]. Der grundlegende Unterschied zwischen Rechtsauslegung und Rechtsanwendung wird damit trotz enger Verbundenheit[57] nicht angetastet[58].

Die Berücksichtigung der Praktikabilität oder der Vernünftigkeit eines bestimmten Auslegungsergebnisses ist indes nicht unproblematisch. Der Gefahr, „daß die faktische Entwicklung die Norm bei einer bestimmten Auslegung unwirksam macht"[59], entspricht das Risiko, vor politischen Realitäten vorschnell zu kapitulieren. So wie die völlige Übergehung der politischen Realisierbarkeit den Auslegungsaufgaben nicht gerecht wird, ist „jeder Versuch zurückzuweisen, die Vertragsbestimmungen zu jederzeit wandelbaren Satelliten einer wirklichen oder gewollten Realität zu degradieren"[60].

Nicht nur internationale Gerichte haben wiederholt erklärt, für die Revision von bestehenden Verträgen unzuständig zu sein[61], auch der

---

[52] *Zuleeg* S. 105; ähnlich *Ipsen* § 5 III. 1. b.

[53] *Lüchinger* S. 17, der das Kriterium der Vernünftigkeit terminologisch unter dem Begriff der „teleologisch objektiv zeitgemäßen Auslegung" einordnet.

[54] *Ipsen* § 5 III. 1. b.

[55] *Bernhardt* S. 163.

[56] *Zuleeg* S. 105.

[57] Vgl. *Bernhardt* S. 32: „Erst in der Anwendung erfüllt die Norm ihren Zweck und bedarf hierzu der Klärung."

[58] So heißt es beispielsweise in Art. 164 EWG-V.: „Der Gerichtshof sichert die Wahrung des Rechts bei der *Auslegung* und *Anwendung* dieses Vertrages." Vgl. dazu auch *Bernhardt* S. 32 ff.

[59] *Zuleeg* S. 105.

[60] *Bernhardt* S. 163.

[61] Nachweise bei *Bernhardt* S. 49 ff.

EuGH hat zu erkennen gegeben, daß einer bestimmten Rechtsauslegung trotz entgegenlaufender konstanter Praxis Grenzen gesetzt sind. Im Defrenne-Urteil[62] führt er aus:

> „Es trifft zwar zu, daß bei allen gerichtlichen Entscheidungen ihre praktischen Auswirkungen sorgfältig erwogen werden müssen; dies darf aber nicht so weit gehen, daß die Objektivität des Rechts gebeugt und seine zukünftige Anwendung unterbunden wird; ...
>
> Änderungen des Vertrags sind — vorbehaltlich etwaiger Sondervorschriften — nur im Wege des Änderungsverfahrens nach Art. 236 möglich."

Seit 1970 haben sich nicht zuletzt durch die Haltung der Kommission Art. 113 zuwiderlaufende Praktiken eingebürgert, die durch ihre Kontinuität vollendete Tatsachen geschaffen haben. Ob sich diese Praktiken bereits so verfestigt haben, daß vernünftigerweise an ihnen mit juristischen Mitteln nicht mehr gerüttelt werden kann, ob m. a. W. der These von der ausschließlichen Gemeinschaftszuständigkeit eine Chance praktischer Realisierbarkeit nicht mehr zuerkannt werden kann, hängt von der individuellen Beurteilung der Situation ab. Der Lösungsvorschlag einer vorläufigen Derogation für die nationale Gestaltung von Handelsbeziehungen zu politisch schwierigen Partnern sowie die Aussicht auf eine nachträgliche Legalisierung bisher vertragswidriger Praktiken stellen bereits Konzessionen an die politischen Realitäten dar und öffnen den Weg zu einer vertragskonformen Handelspolitik in der Zukunft. Obwohl der Gerichtshof in seinem Gutachten 1/75 seine Tendenz zugunsten ausschließlicher Kompetenzen im handelspolitischen Bereich angedeutet hat, zögert die Kommission, die versäumten Schritte nunmehr einzuleiten. Aus dem resignierten und streitlosen Verhalten eines Gemeinschaftsorgans kann indes nicht abgeleitet werden, daß der konsequenten Anwendung ausschließlicher Zuständigkeitsgrundsätze realisierbare Chancen nicht eingeräumt werden können.

Nach alledem ist an dem Grundsatz der These von der ausschließlichen Gemeinschaftszuständigkeit im gesamten Bereich der vertraglichen Handelspolitik gemäß Art. 113 EWG-Vertrag festzuhalten.

---

[62] Siehe oben Fn. 17.

Zusammenfassung

Das Ergebnis dieser Arbeit läßt sich wie folgt zusammenfassen:

1. Zur Ermittlung des Umfangs der handelspolitischen Vertragsschlußbefugnis und zur Antwort auf die Frage, ob Art. 113 eine ausschließliche Zuständigkeit der Gemeinschaft begründet oder nationale Kompetenzen für die gemeinsame Handelspolitik bestehen läßt, sind die im Gemeinschaftsrecht als vorrangig anerkannten Auslegungsgrundsätze, die sich an den Aufgaben und Zielen des Vertrages orientieren, heranzuziehen.
2. Ziel der gemeinsamen Handelspolitik ist es,
   — harmonische Wirtschaftsabläufe im Innern der Gemeinschaft gegen Störungen zu schützen, die durch rivalisierende Praktiken der Mitgliedstaaten oder durch das Verhalten dritter Länder an der Außenseite der Zollunion ausgelöst werden, und
   — zur Entwicklung harmonischer, d. h. ausgeglichener Verhältnisse in den internationalen Wirtschaftsbeziehungen beizutragen.
3. Im Bereich der „horizontalen" Abschlußbefugnis führen diese Erkenntnisse zu dem Schluß, daß neben den klassischen Handelsinstrumenten bei fortschreitender Entwicklung auch Maßnahmen im Bereich der wirtschaftlichen Zusammenarbeit dem sachlichen Anwendungsbereich der gemeinsamen Handelspolitik zugerechnet werden müssen.
4. Bei der Frage nach der Aufteilung dieser Befugnisse zwischen der Gemeinschaft und den Mitgliedstaaten zwingt die Schutzfunktion der gemeinsamen Handelspolitik zur Annahme einer ausschließlichen Gemeinschaftszuständigkeit im vertraglichen Bereich der gemeinsamen Handelspolitik.

Schlußbetrachtung

Das maximal anmutende Ergebnis dieser Arbeit verkennt nicht den politischen Hintergrund, auf dem die untersuchten Fragen letztlich ausgetragen werden. Die beharrliche Weigerung einiger Mitgliedstaaten, einer Kompetenzanreicherung auf Gemeinschaftsebene im handelspolitischen Bereich zuzustimmen, und das resignierte und streitlose Verhalten der Kommission sind symptomatisch für die Entwicklungstendenzen des aktuellen Gemeinschaftsrechts.

Die Anzeichen mehren sich, daß die Gemeinschaft einen qualitativen Wandel vom ursprünglichen Konzept des Vertrages zu den klassischen Formen internationaler Zusammenarbeit durchmacht; Änderungen im Selbstverständnis der Kommission legen hiervon ebenso Zeugnis ab wie die angestrebte Erweiterung der Gemeinschaft auf Griechenland, Portugal und Spanien. Die Vision einer europäischen Freihandelszone mit starker wirtschaftlicher Verflechtung zeichnet sich ab.

Angesichts dieser Entwicklung ist der mit den Rechtsfragen der Gemeinschaft befaßte Jurist vor die grundsätzliche Frage gestellt, ob er den sich im realpolitischen Bereich abzeichnenden Wandel juristisch nach- oder bestenfalls mitvollzieht, oder ob er an den elementaren Ausgangspositionen des Vertragskonzeptes festhält, wobei er das Risiko einer Kollision mit der „verfaßten" Gemeinschaftsordnung einzukalkulieren hat.

Diese Arbeit hat sich für die zweite Alternative entschieden. Das Bekenntnis hierzu wurde durch die Perspektive erleichtert, daß bei fortschreitendem Trend der Internationalisierung der Gemeinschaft Konflikte mit der Gemeinschaftsverfassung auch für die Vertreter realpolitischer Positionen auf Dauer kaum zu vermeiden sein dürften. Rechtzeitige Klarheit über die Grenzen nationalstaatlicher Regelungsbefugnis in grundlegenden Bereichen gemeinschaftlicher Aktivitäten ist nicht nur um ihrer selbst willen wünschenswert; sie gibt die juristische Verantwortung in die Hände der politischen Instanzen zurück, die über die Zukunft der europäischen Einigung zu entscheiden haben.

Literaturverzeichnis

I. Dokumente

A. Bundesrepublik Deutschland

Bulletin des Presse- und Informationsamtes der Bundesregierung

Deutscher Bundestag, Sitzungsprotokolle

B. Europäische Gemeinschaft

1. Allgemeines

Abl. C Amtsblatt der Europäischen Gemeinschaften, Bekanntmachungen und Mitteilungen

Abl. L Amtsblatt der Europäischen Gemeinschaften, Gesetze

Dokument über die europäische Identität, angenommen von den Außenministern der Mitgliedstaaten der EG am 14. 12. 1973 in Kopenhagen, abgedruckt in: EA 2/74 S. D 50 ff.

Erklärung der Staats- bzw. Regierungschefs der Mitgliedstaaten der erweiterten Gemeinschaft vom 19./20. 10. 72 in Paris, abgedruckt in: EA 21/1972 S. D 502 ff.

Kommuniqué über die Konferenz der Staats- bzw. Regierungschefs der EG am 9./10. 12. 1974 in Paris, abgedruckt in: EA 2/1975 S. D 41 ff.

2. Kommission

Bull. EG	Bulletin der Europäischen Gemeinschaft mit Beilagen und Sonderdrucken
Dok. KOM (69) 683 endg.	Mitteilung der Kommission an den Rat v. 28. 7. 1969 zur Festlegung einer gemeinsamen Ausfuhrregelung
Dok. KOM (69) 4500 endg.	Mitteilung der Kommission an den Rat vom 20. 12. 1972 über die vertragliche und autonome Handelspolitik gegenüber den Staatshandelsländern (französische Fassung)
Dok. KOM (73) 1275 endg.	Mitteilung der Kommission an den Rat vom 3. 10. 1973 über die durch die Kooperationsabkommen aufgeworfenen Probleme
Dok. KOM (74) 3539 endg.	Mitteilung der Kommission an den Rat vom 2. 10. 1974 über die vertraglichen Beziehungen zu den Staatshandelsländern (französische Fassung)
Dok. KOM (75) 500	Mitteilung der Kommission an den Rat vom 23. 7. 1975 betr. die Gründung einer europäischen Exportbank

GB-EG — Gesamtberichte über die Tätigkeit der Europäischen Gemeinschaft

KOM Info 50/73 — Kommission der Europäischen Gemeinschaften, INFORMATION, Auswärtige Beziehungen: Die Europäische Gemeinschaft und der Osten, 50/73

3. *Rat*

Dok. RAT/3181/74 — Note des Rates der EG betr. die Handelspolitik gegenüber den Staatshandelsländern — Veröffentlichung der 2 Erklärungen vom 12. 11. 74, Anhang II

4. *Parlament*

Boano — Entwurf eines Berichtes über die Beziehungen der Gemeinschaft zu den Staatshandelsländern, Dok. EP 36.125

Hahn — Bericht über die schrittweise Errichtung der gemeinsamen Handelspolitik, Dok. EP 3/65 - 66

Hahn — Bericht über die Probleme der Handelsbeziehungen zwischen der Gemeinschaft und den Staatshandelsländern Osteuropas, Dok. EP 205/68

Jahn — Bericht über die Vorschläge der KOM an den RAT für
I. eine Mitteilung über die durch die Kooperationsabkommen aufgeworfenen Probleme und
II. eine Entscheidung des RATS über die Einführung eines Konsultationsverfahrens für Kooperationsabkommen der Mitgliedstaaten mit dritten Ländern, Dok. EP 359/73

Jahn — Stellungnahme des politischen Ausschusses zum Bericht Klepsch, Dok. EP 425/74 S. 33 ff.

Klepsch — Bericht über die Beziehungen der Europäischen Gemeinschaft zu den osteuropäischen Staatshandelsländern und dem COMECON, Dok. EP 425/74

Löhr — Bericht über die Fragen der gemeinsamen Handelspolitik der Gemeinschaft gegenüber Staatshandelsländern, Dok. EP 10/65 - 66

Spicer — Bericht über die Zweckmäßigkeit, die Gemeinschaftskompetenzen auf die Gesamtheit der Außenwirtschaftsbeziehungen der Mitgliedstaaten auszudehnen, Dok. EP 380/76 (französische Fassung)

Verhandlungen des Europäischen Parlaments, Anhang Nr. 203, Mai 1976, S. 152 ff.

5. *Europäischer Gerichtshof*

EuGH Slg. — Sammlung der Rechtsprechung des Europäischen Gerichtshofes

C. Vereinte Nationen

Bulletin économique pour l'Europe, Genève, vol. 25

ECE-Bericht — Commission Économique pour l'Europe; Rapport analytique sur la coopération industrielle entre les pays de la Commission Économique pour l'Europe, Dok. E/ECE/844/Rev. 1, Genève 1973

ECE-Dok. R 300 — Commission Économique pour l'Europe; Revue des tendances, des politiques et des problèmes récents du commerce intrarégional (Note du secrétariat), TRADE/R. 300 du 30. 10. 1974

ECE-Dok. R 320 — Commission Économique pour l'Europe, Note du secrétariat du 26. 8. 1975

II. Bücher und Aufsätze

Anselme-Rabinovitch, L.: La politique commerciale de la CEE, in: Banque 1970 S. 1083 ff.

Béraud, R. Ch.: Les mesures d'effet équivalent au sens des articles 30 et suivants du Traité de Rome, in: RTDE 1968 S. 265 ff.

Bernhardt, R.: Die Auslegung völkerrechtlicher Verträge, insbesondere in der Rechtsprechung internationaler Gerichte. Beiträge zum ausländischen öffentlichen Recht und Völkerrecht, Köln—Berlin 1963

— Der Abschluß völkerrechtlicher Verträge im Bundesstaat. Beiträge zum ausländischen öffentlichen Recht und Völkerrecht, Köln—Berlin 1957 (zit.: Bernhardt, Abschluß völkerrechtlicher Verträge)

Beseler, J. F.: Die gemeinsame Ausfuhrregelung der EWG, in: AWD BB 1970 S. 109 ff.

Bijok, W.: Deutsches und europäisches Außenhandelsrecht, in: AWD BB 1974 S. 19 ff.

Bleckmann, A.: Europarecht — Das Recht der Europäischen Wirtschaftsgemeinschaft, Köln—Berlin—Bonn—München 1976

— Die Kompetenz der Europäischen Gemeinschaft zum Abschluß völkerrechtlicher Verträge, in: EuR 1977 S. 109 ff. (zit.: Bleckmann, Kompetenz)

Börner, B.: Rechtsfragen des Zahlungs- und Kapitalverkehrs in der EWG, in: EuR 1966 S. 97 ff. (zit.: Börner, Rechtsfragen)

Bolz, K.: Geringe Hoffnungen, in: Wirtschaftsdienst II/1976 S. 62 (zit.: Bolz, Wirtschaftsdienst)

Bolz, K. / *Kunze,* B.: Wirtschaftsbeziehungen zwischen Ost und West — Handel und Kooperation, Hrsg. CEPES, Deutsche Gruppe e.V., Bonn 1972

Bolz, K. / *Plötz,* P.: Erfahrungen aus der Ost-West-Kooperation, Veröffentlichung des HWWA-Instituts für Wirtschaftsforschung, Hamburg 1974

Bosch, U.: Meistbegünstigung und Staatshandel; zur Technik der Handelsverträge mit dem Osten unter besonderer Berücksichtigung des GATT, Schriften zum Völkerrecht Bd. 17 (1971)

Brinkhorst, L. J.: La politique commerciale de la Communauté Européenne, in: Les relations extérieures de la Communauté Européenne unifiée, Actes du troisième colloque sur la fusion des C E, Liège S. 223 ff.

Bystricky, R.: La coopération économique et industrielle entre l'Est et l'Ouest et les lois dites de l'édification socialiste, in: Annales d'Études Internationales, vol. 5/1974, Genève

Carstens, K.: Die Errichtung des gemeinsamen Marktes in der Europäischen Wirtschaftsgemeinschaft, Atomgemeinschaft und Gemeinschaft für Kohle und Stahl, in: ZaöRV Bd. 18 (1958) S. 459 ff.

Dahrendorf, R.: Plädoyer für die Europäische Union, München—Zürich 1973 (zit.: Dahrendorf, Plädoyer)

Degan, V. D.: Procédés d'interprétation tirés de la jurisprudence de la Cour de Justice des Communautés Européennes, in: RTDE 1966 S. 188 ff.

Deniau, J.-F.: Grundsätze einer modernen Handelspolitik, in: Bull. EG 7/69 S. 19 ff.

Deringer, A. / *Sedemund*, J.: Europäisches Gemeinschaftsrecht, in: NJW 1976 S. 453 ff.

Drach, M.: Le financement des relations économiques Est-Ouest, in: Revue de l'Est, vol. 5 Nr. 3, 7/74 S. 1 ff.

Dr. Gablers Wirtschaftslexikon, 9. A. (1975)
(zit.: Dr. Gablers WiLex)

Dubois, A.: Les dispositions du Traité CEE dans le domaine de la politique commerciale et des relations économiques internationales et leur mise en oeuvre; unveröffentlichtes Referat, gehalten auf dem Kolloquium vom 8./9. 10. 1975 in Louvain über „Les efforts d'intégration dans la CEE et dans le COMECON"
(zit.: Dubois, Ref.)

Dumesnil, C.: Les relations entre la CEE et les pays de l'Est, in: RMC 1975 S. 57 ff.

Ehle, D.: Gemeinsame Handelspolitik der EG-Mitgliedsländer gegenüber den Staatshandelsländern, in: AWD 1976 S. 673

Ehle, D. / *Meier*, G.: EWG-Warenverkehr, Außenhandel — Zölle — Subventionen, Köln 1971

Ehlermann, C. D.: Gemeinschaftsrechtliche Probleme der Kooperation mit Osthandelsländern, unveröffentlichtes Referat, gehalten am 30. 11./1. 12. 1973 auf dem Ost-West-Kolloquium in Mainz
(zit.: Ehlermann, Ref.)

— Kommentar zu Art. 30 - 37 EWG-V., in: Handbuch für Europäische Wirtschaft, Hrsg.: von der Groeben / Boeckh / Thiesing, Loseblattsammlung, Bd. 3
(zit.: Ehlermann, HB)

— Handelspartner DDR, Innerdeutsche Wirtschaftsbeziehungen. Schriftenreihe zum Handbuch für Europäische Wirtschaft Bd. 76 (1975)
(zit.: Ehlermann, Handelspartner)

Wohlfarth, E. / *Everling*, U. / *Glaesner*, H. J. / *Sprung*, R.: Die Europäische Wirtschaftsgemeinschaft, Kommentar zum Vertrag, Berlin—Frankfurt 1960
(zit.: Everling, Komm.)

Everling, U.: La politique commerciale de la Communauté Européenne, in: Les relations extérieures de la Communauté Européenne unifiée, Actes du troisième Colloque sur la fusion des C E, Liège 1969, S. 187 ff.
(zit.: Everling, Ref.)

Fischer, R. C.: Der Umfang der Befugnis der Europäischen Gemeinschaft zum Abschluß von Handels- und Assoziierungsabkommen, in: KSE 25 S. 1 ff.

Fiumel, H.: Aspects juridiques de la politique commerciale commune de la CEE à l'égard des pays socialistes, in: CDE 1974 S. 288 ff.

Friedensvölkerrecht, Textsammlung Athenäum-Texte Bd. 4, 1970

Gehring, H.-C.: Die Harmonisierung der staatlichen Ausfuhrbeihilfen gemäß Art. 112 EWG-V. am Beispiel der Exportkreditversicherung. Kölner Dissertation 1968

Gericke, H.-P.: Allgemeine Rechtsetzungsbefugnis nach Art. 235 EWG-Vertrag. Hamburger Dissertation 1969

Graf, M.: Der Begriff „Maßnahmen gleicher Wirkung wie mengenmäßige Einfuhrbeschränkungen" im EWG-Vertrag, Schriften zum Wirtschafts-, Handels-, Industrierecht, Bd. 3, Köln 1972

Greifelt, W.: Die Verträge der EWG im Bereich der gemeinsamen Handelspolitik. Göttinger Dissertation 1972

von der Groeben, H. / *von Boeckh,* H. / *Thiesing,* J.: Kommentar zum EWG-Vertrag, Bd. I und II, 2. A., Baden-Baden 1974
(zit.: von der Groeben, Komm.)

Hallstein, W.: Die Europäische Gemeinschaft, 2. A., Düsseldorf—Wien 1974

Henzler, R.: Außenhandel, Wiesbaden 1961

Hermes, P.: Wirtschaftliches Engagement der BRD im Osten, in: EA 1/1973 S. 7 ff.

Huber, E. R.: Deutsche Verfassungsgeschichte seit 1789, Bd. I (1957); Bd. II (1960); Bd. III (1963)
(zit.: Huber I bzw. II bzw. III)

Ipsen, H. P.: Europäisches Gemeinschaftsrecht, Tübingen 1972

Ipsen, H. P. / *Nicolaysen,* G.: Haager Kongreß für Europarecht und Bericht über die aktuelle Entwicklung des Gemeinschaftsrechts, in: NJW 1964 S. 339 ff.
(zit.: Ipsen / Nicolaysen)

Kim, C.-O.: La CEE dans les relations commerciales internationales, Bruxelles 1971

Knieper, R.: Probleme des Absicherungsgesetzes vom 29. 11. 68, in: NJW 1969 S. 215 ff.

Knirsch, P.: Vom Ost-West-Handel zur Wirtschaftskooperation?, in: EA 2/1973 S. 61 ff.

Kölner Schriften zum Europarecht, Bd. 1: „10 Jahre Rechtsprechung des EuGH"

Kovar, R.: L'affaire de l'AETR devant la Cour de Justice des Communautés Européennes et la compétence internationale de la CEE, in: AFDI 1970 S. 783 ff.

Krenzler, H. G.: Exportselbstbeschränkungen — ein aktuelles Problem der Handelspolitik der Europäischen Gemeinschaft, in: EuR 1977 S. 176 ff.

Küng, E.: Handelsverträge, in: Handwörterbuch der Sozialwissenschaften, Bd. 5, S. 16 ff.
(zit.: Küng, HWB)

Lebahn, A.: Die juristische Kompetenz und faktische Einflußmöglichkeit des RGW auf die Regelung der Westhandelsbeziehungen mit der EG, ihren Mitgliedstaaten und deren Privatwirtschaft. Göttinger Dissertation 1975

Mensuel d'informations économiques 12/74, Hrsg.: Secrétariat général du gouvernement français — Direction de la documentation — Centre français du commerce extérieur
(zit.: Le Courrier des pays de l'Est)

Leptin, G.: Probleme von Kompensationsgeschäften, in: Osteuropa Wirtschaft 1/1975 S. 19 ff.

Léonard, G. / *Simon*, D.: La mise en oeuvre de la politique commerciale commune: passage de la période de transition à la période définitive, in: RTDE 1971 S. 107 ff.

Le Tallec, G.: Die Auswirkungen der Handelspolitik auf das Vorgehen der Gemeinschaft und ihrer Mitgliedstaaten, in: AWD BB 1971 S. 105 ff.

von Lingelsheim-Seibicke, W.: Kooperation mit Unternehmen in Staatshandelsländern Osteuropas, Köln 1974
(zit.: Lingelsheim)

Lörcher, G.: Der Abschluß völkerrechtlicher Verträge nach dem Recht der drei Europäischen Gemeinschaften (EGKS, EWG und EAG). Ein Beitrag zur Rechtsstellung organisierter Staatenverbindungen. Tübinger Dissertation 1965

Lüchinger, H. G.: Die Auslegung der Schweizerischen Bundesverfassung. Züricher Dissertation 1954

Mádl, F.: Die Neuregelung wirtschaftlicher Assoziationen mit ausländischer Beteiligung in Ungarn, in: AWD BB 1973 S. 121 ff.

Maas, H. H.: Außenwirtschafts- und Zollrecht in der EWG, in: Angleichung des Rechts der Wirtschaft in Europa, KSE Bd. 11 S. 465 ff.

Maestripieri, G.: La libre circulation des personnes et des services dans la CEE, 1972

von Mangoldt, H. / *Klein*, F.: Das Bonner Grundgesetz, Kommentar, Bd. II, 2. Auflage, Berlin—Frankfurt 1966

Markert, K.: Zur gegenwärtigen Situation der Exportkartelle, in: AWD BB 1970 S. 99 ff.

Maunz, Th. / *Dürig*, G. / *Herzog*, R.: Grundgesetz — Kommentar, Loseblattsammlung, 2. Bd. München 1974
(zit.: Maunz / Dürig)

Mégret / Louis / Vignes / Waelbroek: Le droit de la Communauté Économique Européenne, Commentaire du Traité et des textes pris pour son application, vol. I et III
(zit.: Mégret I bzw. III)

Mégret, J.: Le pouvoir de la CEE de conclure des accords internationaux, in: RMC 1964 S. 529 ff.
(zit.: Mégret, RMC)

Meier, G.: Währungsabsicherungsgesetz und EWG-Vertrag, in: AWD BB 1969 S. 1 ff.

Mercator: La CEE et les pays de l'Est, in: Revue des sciences économiques 1973 S. 1 ff.
(zit.: Mercator)

Moecke, H.-J.: Einfache und erweiterte Ost-West-Kooperationen, Vertragsprobleme und Vertragsgestaltung, in: AWD BB 1973 S. 64 ff.

Morand, Ch.-A.: La législation dans les Communautés Européennes; Bibliothèque de Droit International, Paris 1968

Nötzold, J.: Ost-West-Kooperation und -Kommunikation, in: Außenpolitik 1974 S. 291 ff.
(zit.: Nötzold, AP 74)

— Organisationsformen der Ost-West-Kooperation, in: Außenpolitik 1975 S. 17 ff.
(zit.: Nötzold, AP 75)

d'Orville, M.: Die rechtlichen Grundlagen für die gemeinsame Zoll- und Handelspolitik der EWG. Kölner Dissertation 1971

Ophüls, C. F.: Über die Auslegung der Europäischen Gemeinschaftsverträge, in: Festschrift Müller-Armack, 1961 S. 279
(zit.: Ophüls, Festschrift)

Ost-West-Statistik 1974, in: Structure et évolution du commerce de la CEE avec les pays de l'Est, Hrsg.: Office de statistique des CE, 1975
(zit.: Ost-West-Statistik 1974)

Pescatore, P.: Les relations extérieures des Communautés Européennes, in: R.C.A.D.I., 1961 II, S. 3 ff.
(zit.: Pescatore, Rec.)

— Les objectifs de la Communauté Européenne comme principes d'interprétation dans la jurisprudence de la Cour de Justice, in: Miscellanea W. J. Ganshof von der Meersch, 1972 Bd. II, S. 325 ff.
(zit.: Pecatore, Miscellanea)

— Les Communautés en tant que personnes de Droit International, in: Droit des Communautés Européennes — Les Novelles, Nr. 326 ff.
(zit.: Pescatore, Les Nov. I)

— La politique commerciale, in: Droit des Communautés Européennes — Les Novelles, Nr. 2287 ff.
(zit.: Pescatore, Les Nov. II)

Rambow, G.: Die Rechtsfragen einer Außenhandelspolitik, in: Einführung in die Rechtsfragen der Europäischen Integration, Köln 1969
(zit.: Rambow, Rechtsfragen)

Raux, J.: Les relations extérieures de la CEE, Paris 1966

— La Cour de Justice des Communautés Européennes et les relations extérieures de la CEE, in: RGDIP 1972 S. 36 ff.
(zit.: Raux, RGDIP)

Raux, J. / *Flaesch-Mougin*, C.: Les accords externes de la CEE, in: RTDE 1975 S. 227 ff.
(zit.: Raux / Flaesch-Mougin)

Rittershausen, H.: Internationale Handels- und Devisenpolitik, Frankfurt/M. 1955

Sachs, K. M.: EG-Handelspolitik und zwischenstaatliche Kooperationsabkommen, Schriftenreihe Europäische Wirtschaft Bd. 85

Sasse, Ch.: Kooperationsabkommen und EG-Handelspolitik, Parallelität oder Konflikte, in: EA 1974 S. 695 ff.

Scelle, G.: Précis de droit des gens, Bd. II, Paris 1934

Schiller, K.: Wirtschaftspolitik, in: Handwörterbuch der Sozialwissenschaften, Bd. 12 S. 210 ff.
(zit.: Schiller, HWB)

Schmitt, M.: Industrielle Ost-West-Kooperation, Stuttgart 1974

Schumacher, H. H.: Kooperationsverträge und RGW — Sackgasse für die Gemeinsame Handelspolitik, in: EuR 1977 S. 26 ff.

Seidl-Hohenveldern, J.: Völkerrechtsfragen der Wirtschaftsbeziehungen mit zentralwirtschaftlichen Handelspartnern, in: Osteuropa Recht 1974 S. 193 ff.

— Völkerrecht, 2. A. 1969
(zit.: Seidl-Hohenveldern, Völkerrecht)

Spormann, K.: Die Entwicklung der Europäischen Wettbewerbspolitik, in: AWD BB 1970 S. 169 ff.

Standke, K. H.: Der Handel mit dem Osten — Die Wirtschaftsbeziehungen mit den Staatshandelsländern, Schriftenreihe Europäische Wirtschaft Bd. 36, Baden-Baden 1972

Strauß, W.: Zölle und mengenmäßige Beschränkungen in der Rspr. des Gerichtshofs der EG zum Recht der EWG, in: Festschrift für Hallstein, S. 515 ff.
(zit.: Strauß, Festschrift)

Strupp-Schlochauer (Hrsg.): Wörterbuch des Völkerrechts in 3 Bänden, Berlin 1960
(zit.: Strupp-Schlochauer, WB)

Tomuschat, Ch.: Die wirtschaftliche Zusammenarbeit zwischen der BRD und der VR Polen im Lichte der bestehenden vertraglichen Bindungen beider Staaten, in: WiR 1974 S. 154 ff.

— Die auswärtige Gewalt der EWG erhält feste Konturen, in: EuR 1977 S. 157 ff.
(zit.: Tomuschat, Anmerkung)

Ullrich, H.: Außenhandelssteuerung durch private Selbstbeschränkung, in: AWD BB 1974 S. 357 ff.

Unger, F.: Außenhandelsfinanzierung, Frankfurt 1963

Van Gerven, L.: Le droit d'établissement et la libre prestation de services, in: Droit des Communautés Européennes — Les Novelles Nr. 1855 ff.
(zit.: Van Gerven, Les Nov.)

Voigt, H.: Handbuch der langfristigen Exportfinanzierung in der BRD, Frankfurt/M. 1971

Waelbroek, M.: La libre circulation des paiements, in: Droit des Communautés Européennes — Les Novelles Nr. 1911 ff.
(zit.: Waelbroek, Les Nov.)

— Diskussionsbeitrag, in: Les relations extérieures de la Communauté Européenne unifiée, Actes du troisième Colloque sur la fusion des C E, Liège 1969, S. 263 ff.
(zit.: Waelbroek, Diskussionsbeitrag)

Wurzbacher, H.: Die Aufteilung von Vertragsschlußkompetenzen zwischen der EWG und den Mitgliedstaaten (Die Möglichkeiten innerstaatlicher, gemeinschafts- und völkerrechtlicher Konflikte und ihrer Lösungen), Münchener Dissertation 1973

Zimmer, R.: Zur Problematik von Exportselbstbeschränkungen, in AWD BB 1969 S. 297 ff.

Zuleeg, M.: Die Auslegung des Europäischen Gemeinschaftsrechts, in: EuR 1969 S. 97 ff.

Sachwortregister

FSC
www.fsc.org
MIX
Papier | Fördert
gute Waldnutzung
FSC® C083411

Kolibri 360 GmbH
Ferdinand-Jühlke-Straße 7
99095 Erfurt, Deutschland
produktsicherheit@kolibri360.de

Druck:
CPI Druckdienstleistungen GmbH
im Auftrag der
Kolibri 360 GmbH
Ferdinand-Jühlke-Str. 7
99095 Erfurt